KB006607

압축세계사

A Short History of The World

Original edition published in 2014 Crux Publishing Ltd, UK.
Korean translation rights arranged with Christopher Lascelles, UK.
and Writing House, Korea through PLS Agency, Seoul.
Korean translation edition ©2016 by Writing House, Korea.

5000년 인류 역사의 핵심을 36장의 지도로 읽는다

압축세계사

A short
HISTORY
of the WORLD

크리스토퍼 라셀레스 지음

박홍경 옮김

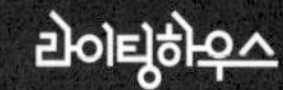

◆

역사에 무지한 사람은 영원히 어린아이로 사는 것과 같다.

—**마르쿠스 툴리우스 키케로**, 로마 연설가

◆

과거를 지배하는 자는 미래를 지배한다.

현재를 지배하는 자는 과거를 지배한다.

—**조지 오웰**, 작가

CONTENTS

V 서양 세계의 부상 • 147

VI 현대 • 225

VII 20세기 • 275

지도목차

33
33
30
32
23
26
26
31

◆ 서문 ◆

우리는 보통 역사를 단편적이고 부분적으로 배워 왔기 때문에 전체적인 맥락에서 각각의 사건이 어떻게 연결되어 있는지를 이해하지 못한다. 런던 대화재, 크리스토퍼 콜럼버스, 제2차 세계대전을 배우기는 하나 큰 그림에서 각 사건들이 어떻게 유기적인 연관성을 가지는지 이해할 기회가 거의 없는 것이다.

문득 어릴 적에 역사를 더 이상 공부하지 않겠다는 결정을 내려 버렸던 기억이 난다. 엉터리로 배운 데다 기억하고 싶지 않은 날짜들이 홍수처럼 쏟아지는 탓에 흥미를 잃고 말았다. 어디에서 사건이 발생하는지 지리적 정보가 도통 머릿속에 그려지지 않는다는 점도 절망적이었다. 나폴레옹이 워털루에서 대패했다는데, 대체 워털루는 어디에 있는 거지?

세계 역사에 대한 상식을 쌓고자 하는 사람들은 이내 시간이 부족하거나 너무 많은 정보의 바다에서 헤매고 있는 자신을 발견하게 된다. 그래서 열의를 가지고 있더라도 긴 역사책을 읽어 낼 시간이나 집중력이 부족한 사람들이 생기는 것이다.

『압축세계사』는 이런 문제들에 도움을 주고자 집필되었다. 독자들이 문명의 발생으로부터 20세기의 현대사까지를 짧은 시간 안에 쉽고 흥미롭게 따라잡을 수 있도록, 인류 역사에서 핵심적인 발전과 사건들을 개괄적으로 다루었다. 짧은 시간 내에 세계사의 개괄을 마스터하고 싶은 독자들에겐 먼저 36장의 지도를 통해 역사적 사건이 일어난 장소들을 눈으로 확인한 다음 각각의 사건들이 어떻게 연결되어 있는지를 본문에서 재확인하는 독서법을 추천한다.

이 책은 새로운 통찰력을 주거나 신선한 정보를 발굴해 내려는 취지에서 집필되지는 않았다. 그런 작업은 해당 분야에 훨씬 더 탁월한 능력을 가진 수많은 역사가들의 몫으로 남겨 두겠다. 필자는 그저 일반적으로 수용되는 역사를 주류의 시각에서 압축적이고 단순한 선형 구조로 전달하고자 했다. 사실 이 책에 나온 나라와 핵심 인물, 운동과 발견 등은 따로 떼어 다룰 경우 모두 한 권의 책으로 엮일 만한 주제들이다. 이 책에서는 독자들이 최대한 짧은 시간 안에 넓은 시각으로 세계사의 큰 흐름을 따라잡을 수 있도록 간략하게 다루었음을 밝힌다. 그런 목적을 지닌 독자들에겐 이 책이 최고의 선택이 될 것임을 확신한다.

모쪼록 독자 분들이 이 책에서 재미와 지식을 얻기를 바란다.

런던에서

크리스토퍼 라셀레스

◆

이 책을 쓸 수 있도록 도와준

수지 아노트, 에이드리언 빅넬, 제임스 크랜머, 바트 코이퍼,

그리고 인내심을 가지고 기다려 준

아내 에바에게 바칩니다.

I
선사시대
빅뱅~기원전 3500년

기원

과학계의 정설에 따르면 우리가 속한 우주는 137억 년 전에 대폭발, 즉 '빅뱅'이 일어나면서 순식간에 존재하게 되었다. 또 빅뱅으로 소용돌이치는 물질과 에너지 덩어리가 생겨났는데, 여기에 수십억 년 동안 정전기력에 의한 인력이 작용하면서 은하와 항성, 그리고 지구 같은 행성이 만들어졌다.

은하와 은하는 어마어마하게 멀리 떨어져 있다. 사실 지구는 우리가 은하수(Milky Way)라 부르는 은하에 있는 작은 행성에 불과하다. 우리 은하에 정확히 몇 개의 별이 있는지 모르지만 대략 1,000억~4,000억 개가 존재하는 것으로 추정된다. 더욱 놀라운 것은 지금까지 파악된 우주에만 이런 은하가 1,000억 개 이상 존재한다는 사실이다. 항성 간 거리가 평균 48조 킬로미터인 점을 감안하면 우주는 그야말로 무수한 별이 존재하는 어마어마한 크기의 공간인 셈이다.

45억 년 전에는 가스와 고체 및 기타 물질 사이에 인력이 작용하여 지구라는 행성이 탄생했다. 이로부터 수백만 년 후에는 (행성일지도 모를) 거대한 물체가 지구와 충돌했는데, 그 여파로 지구는 위성체를 만들어 낼 정도로 거대한 물질을 내뿜었다. 이렇게 해서 밤하늘의 달이 생겨났다. 말 그대로 지축을 뒤흔들었던 충돌 사건 이후 지구가 식는 데 수백만 년이 걸렸다.

지구의 물은 유성이 충돌하는 과정에서 얼음 형태로 전달됐을 가능성이 있다. 지표면의 열기가 식어 가자 새로 형성된 대기에서 내리는 비는 증발하지 않고 고였고, 화산에서 분출된 수증기도 응결되어 함께 바다를 이루었다.

생명

35억 년 전에는 새로 형성된 바다 깊은 곳에서 복합 유기분자로 구성된 단세포 미생물이 출현했다. 아직 육지에서는 화산 활동이 한창이었다. 이후 30억 년 동안 미생물들은 지구에서 가장 고등한 형태의 생물이라는 지위를 누렸다. 그러다 수백만 년이라는 (상대적으로) 짧은 시간 동안 바닷속 박테리아가 이산화탄소, 물, 햇빛을 이용해 산소를 내뿜기 시작했다. 변화된 환경에 적응하기 위해서 단세포 미생물들은 공생하게 되었고, 이 과정에서 향후 동물로 발전하게 되는 다세포 생물이 등장했다.

바닷속 동물들은 번식하고 진화하다가 대기 중에 태양 방사선을 막아 줄 충분한 양의 산소가 형성되자 뭍으로 기어 올라왔다. 그 후 수백만 년에 걸쳐 대략 양서류, 곤충, 파충류, 포유류와 조류의 순서로 육지에 등장했다. 최소한 여기까지가 정설로 받아들여지는 이론이나, 창조론자들은 시간이 흐른다고 개구리가 인간이 될 수는 없는 노릇이라며 비웃고 있다.

생물은 첫 등장 이후 다양한 모습으로 변화해 왔지만, 대부분 원래의 모습을 파악할 방법이 없다. 지질학자들에 따르면, 생물이 갑자기 대규모로 말살된 대멸종 사건이 지구 역사상 적어도 다섯 번 이상 발생했다. 왜 멸종했는지 정확한 원인은 알 수 없으나, 학자들은 유성의 영향과 태양 폭발, 화산 분출 때문이 아닐까 짐작하고 있다. 실제 원인이 무엇이든 이러한 사건들은 급격한 지구 온난화, 지구 냉각화, 해수면 변화나 전염병을 야기했을 가능성이 있다.

이 가운데서도 특히 페름기 대멸종(Permian Mass Extinction)

과 백악기–제3기 대멸종(Cretaceous-Tertiary Extinction)[1]이 큰 변화를 일으켰다. 페름기 대멸종이 발생한 2억 5,000만 년 전에는 산소의 양이 급격히 줄어들면서 당시 존재하던 종의 96퍼센트가 사라졌다. 6,500만 년 전의 백악기–제3기 대멸종 시기에는 거의 1억 5,000만 년 동안 지구에 군림했던 공룡이 절멸했다.

대멸종 사건은 인류 최초의 문명이 발생한 이후 지금까지의 6,000~7,000년이라는 시간의 의미를 새삼 되새겨 보게 한다. 지구의 역사와 비교해 인간이 이 땅에 살아온 기간이 얼마나 짧은가 생각해 보면 인류 역시 언젠가는 멸종할 가능성이 있음을 충분히 짐작할 수 있다. 물론 멸종의 시기는 앞서 언급한 이유나 또 다른 원인으로 생각보다 더 빨리 찾아올 수도 있다.

인류의 탄생과 지구 탐험

지금껏 발견된 극히 드문 증거를 근거로 유추해 보면[2] 유인원 같은 영장류는 2,000만~3,000만 년 전에 동부 아프리카의 삼림에서 처음 출현했을 것으로 보인다. 이후에 기후변화로 자연 서식지가 파괴되자 이들은 노천의 대초원 지역으로 이동할

---

1) K-T 대멸종이라고도 한다.

2) 인간의 진화에 대해서는 세계 여러 지역에서 발견된 극소수의 두개골과 뼛조각을 근거로 논의가 발전되었다.

수밖에 없었다. 이 시기에 초기 인류는 맹수들에게 잡아먹히지 않기 위해 두 발로 서는 능력을 길러야 했다. 직립보행을 하면 음식과 어린아이를 들고 이동할 수 있다는 이점이 있었기 때문에 이 영장류는 매우 성공적으로 진화하게 되었다.

250만 년 전 유적에서는 영장류들 가운데 한 종이 도구를 사용하기 시작했음을 보여 주는 증거가 발견되었다. 호모 하빌리스, 곧 '손 재주꾼(Handy Man)'이라는 이름이 붙은 종은 현대 인류인 호모 사피엔스의 최초 직계 조상이라는 의견이 우세하다. 호모 에르가스터, 호모 에렉투스, 호모 하이델베르겐시스, 그리고 우리에게 보다 친숙한 호모 네안데르탈렌시스(네안데르탈인)는 호미니드 과로 분류된다. 호미니드는 호모 하빌리스와 현 인류 사이에 존재했으리라 추정되는 초기 조상들을 일컫는 말이다. 호모 에르가스터에서 네안데르탈인으로 진화할수록 뇌의 용적이 커졌다.

지금까지 발견된 화석 유물은 직립보행 측면에서 우리의 최초 조상이라고 할 수 있는 호모 에렉투스(직립 원인)가 100만 년 전 동아프리카를 벗어나 전 세계로 흩어졌음을 시사한다.[3] 여기서부터는 학계의 이론이 갈린다. 다지역 진화론(Multi-Regional

---

3) '아프리카 기원설(Out of Africa)'이라 한다.

Theory of Evolution)을 주장하는 이들은 인류가 흩어진 이후 각자 정착한 곳에서 개별적으로 진화해 갔다고 추정한다. 반면 좀 더 일반적으로 받아들여지는 두 번째 주장에 따르면, 기원전 6만~8만 년경 호모 사피엔스(생각하는 사람)가 아프리카에서 이동하는 2차 대이주[4]가 발생했다. 이동 경로는 앞서 일어난 1차 이주 때와 동일할 가능성이 높으며, 호모 사피엔스는 새로 이주한 곳에서 점차 다른 인류를 몰아내기 시작했다는 주장이다. 이 '아프리카 기원설'은 오늘날 전 세계에 살고 있는 사람들의 유전적 차이를 연구한 데서 비롯되었는데, 이에 따르면 인류의 기원지가 아프리카라고 한다.

호모 사피엔스와 네안데르탈인이 지구의 다른 지역에서 발생했지만[5] 서로 접촉이 있기는 했다. 현재에도 학자들 사이에서는 두 종이 얼마나 가까이에 살았는지, 그리고 이종교배가 있었는지를 놓고 뜨거운 논란이 벌어지고 있다.[6] 무엇이 사실이든 네안데르탈인이 몰이사냥을 하고 도구와 불을 사용했으며, 말을 하고 시신을 매장하는 법까지 배웠음을 드러내는 명백한 증거가 남아 있다. 특히 불의 사용으로 음식 조리가 가능해지면서

---

4) 물론 1, 2차 이주 사이에 추가 이주가 이뤄졌을 가능성도 있다.

5) 네안데르탈인은 유럽에서, 호모 사피엔스는 아프리카에서 발생했다.

6) 현 인류의 DNA는 네안데르탈인과 99.5퍼센트 일치한다.

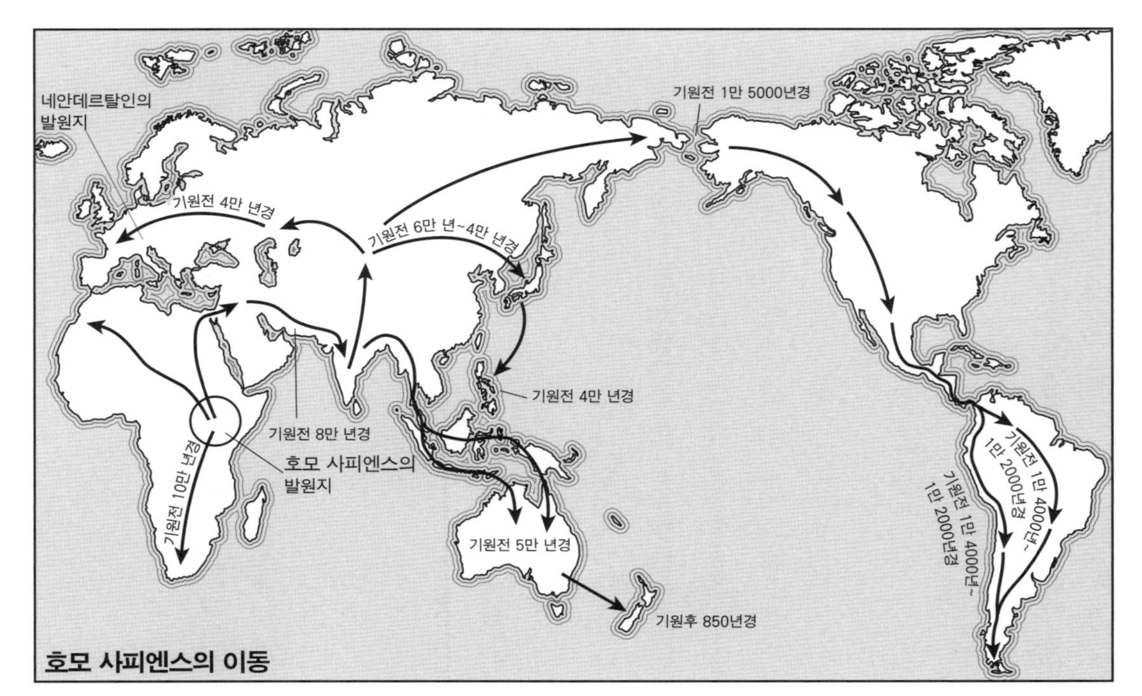

'아프리카 기원설'에 따르면 인류의 기원지가 아프리카이며, 기원전 6만~8만 년경 호모 사피엔스가 아프리카에서 대이동을 했고 새로 이주한 곳에서 점차 다른 인류를 몰아내기 시작했다. 기원전 3만 년부터 네안데르탈인의 흔적이 사라지고 호모 사피엔스의 유적이 급격히 증가하기 시작했다. 이 시기에는 호모 사피엔스가 지구를 장악한 것으로 추정된다. 기원전 5만 년경 오스트레일리아까지 닿았으며, 기원전 1만 5000년경에는 당시에는 육지였거나 얼어 있던 베링 해협을 건너 오늘날의 알래스카 지역으로 이동한 것으로 추정된다. 인류는 이후 수천 년 사이에 남아메리카 최남단까지 이동했으며 태평양의 일부 섬을 제외한 전 지구에 정착했다.

초기 인류는 음식을 소화하기가 더 쉬워졌고, 먹을 수 있는 식량 자원의 범위도 확대되었다. 불의 사용이야말로 인간이 진화하는 데 크게 기여한 것이다.

기원전 3만 년부터 (일부 예외가 있기는 하지만) 네안데르탈인의 흔적이 사라지고 호모 사피엔스의 유적이 급증하기 시작했다. 여기에는 다양한 원인이 작용했을 것으로 보인다. 호모 사피엔스가 네안데르탈인을 제압했거나 살상했을 가능성이 있다. 또는 네안데르탈인이 면역이 없는 질병을 앓았거나 기후가 급격히 변화했을 수도 있다. 아니면 결정적 증거의 부족으로 오늘날에는 그저 추측만 가능한 또 다른 원인이 영향을 미쳤을 가능성도 있다. 다만 분명한 사실은 3만 년 전쯤부터 (수천 년 정도의 차이는 있더라도) 다른 인류의 화석이 더 이상 발견되지 않는다는 것이다. 이 시기에는 호모 사피엔스가 지구를 장악한 것으로 추정된다.

인류의 이동 원인이 자원 경쟁이나 기후변화 때문인지, 아니면 단순히 모험심 때문인지 지금으로서는 알 수가 없다. 이유야 어떻든 인류는 약 5만 년 전 오스트레일리아에까지 닿았으며, 기원전 1만 5000년경에는 호모 사피엔스가 당시에는 육지였거나 얼어 있던 베링 해협을 건너 오늘날의 알래스카 지역으로 이동한 것으로 추정된다. 인류는 이후 수천 년 사이에 남아메리카 최남단까지 이동했으며, 태평양의 일부 섬을 제외한 전 지구에 정착했다.[7] 이후 아메리카 대륙의 문화는 기원후 1000년경 바이킹의 짧은 방문에 이어 1492년 유럽이 식민지 건설을 시작하기 전까지 지구의 다른 지역에서 완전히 고립된 상태로 발전해 나갔다.

수렵에서 농경으로

떠돌이 '수렵·채집인'이었던 초기 인류는 여기저기를 옮겨 다니면서 동물을 사냥했고 식물, 견과류, 산딸기류, 과일 등 소화할 수 있는 음식을 발견하는 대로 소비했다. 그러다가 해마다 가장 비옥한 장소를 고정적으로 찾아가기 시작했다. 1만 년 전쯤에는 파종하는 방법을 터득한 것으로 보인다. 이는 수렵·채집에서 농경 생활로 옮겨 가게 되는 중요한 발견으로, 이후 '신석기시대 혁명'[8]이라는 발전에 결정적 영향을 미쳤다.

인간들이 서로 가까운 거리에 살게 되자 의사소통이 증가하여 협력과 지식의 교환이 가능해졌다. 하지만 인류의 발전에

---

7) 지구의 역사는 기나긴 빙하기가 언제 시작되고 끝났는지로 구분된다. 기원전 1만 2000년경 마지막 빙하기가 끝나기 직전에는 베링 해협이 얼어 있었기 때문에 인간은 양 대륙 사이를 이동할 수 있었다.

8) 신석기시대(Neolithic)는 새로운 석기시대(New Stone Age)를 의미한다.

보다 근본적인 기여를 한 것은 더 많은 식량 자원의 확보였다. 식량이 풍부할수록 더 많은 사람이 모여서 정착지가 넓어졌다. 또한 식량을 생산하고 저장할 수 있게 되면서 정치 지도자를 비롯하여 장인, 성직자, 관료, 군인 등 식량 생산 이외의 업무에 특화된 전문가들이 생겼다.

옷의 경우 의복을 짜는 실을 농작물에서 얻기도 했지만 양, 염소, 소, 돼지 등 인간이 길들이기 시작한 동물의 가죽도 옷감으로 사용되었다. 가축은 이 밖에도 여러모로 인간 생활에 도움이 되었다. 가령 분뇨는 비료가 되어 작물의 수확량을 늘렸고, 또 인간을 대신해 밭을 갈아서 농사에 적합한 토지를 더욱 넓히기도 했다.

이렇듯 생산의 선순환 구조가 마련되었지만, 영구적 주거지에서 모여 사는 일에는 부작용도 만만치 않았다. 이제 인간은 자신들이 배출한 쓰레기와 배설물 근처에서 살게 되었다. 당시 인류는 청결의 이점이나 세균의 존재에 대해 이해하지 못했기 때문에 군집 생활은 위생에 도움이 되지 않았다. 또한 가축을 가까운 곳에 기른다는 것은 동물이 병에 걸렸을 때 그 질병에 면역력이 없는 인간에게 옮길 위험이 있음을 의미했다. 오랫동안 인간의 목숨을 앗아 간 천연두, 독감, 결핵, 말라리아, 홍역, 페스트, 콜레라, AIDS 등은 처음에 동물에게 발병했다가 이후 벼룩이나 다른 매개체를 통해 인간에게 감염된 것으로 추정된다.

시간을 훌쩍 뛰어넘어 14세기의 흑사병, 콜럼버스 시대에 아메리카 원주민 사회를 파괴한 여러 질병, 1918년에 크게 유행하며 무려 2,000만 명이 사망한 것으로 알려진 독감, 그 밖의 전염병도 이 같은 방식으로 퍼져 나갔을 것이다. 21세기도 예외는 아니어서 신종플루나 조류독감이 유행할 때마다 인간이 가까이에 가축을 키우는 일은 (말마따나) 비인간적인 골칫거리를 안겨 줄 수 있다는 씁쓸한 사실을 상기하게 된다.

II
고대
기원전 3500년~기원후 500년

최초의 문명

최초로 건설된 복합사회에 관한 증거들이 오늘날 이라크와 시리아에 해당하는 메소포타미아 지역에서 발견되었고, 그 시기는 기원전 3500년경으로 거슬러 올라간다. 당시 메소포타미아는 겨울이 온난하고 습한 반면 여름은 길고 건조한 데다 더워서 농작물을 재배하기에 적합했다. 덕분에 이 지역에서 인류 최초로 작물 재배가 시작되었다. 주목할 만한 사실은 메소포타미아 지대가 티그리스와 유프라테스라는 강 사이에 자리 잡고 있어 물에 대한 접근성이 좋고 관개가 용이했다는 점이다.[1] 지도에

1) '메소포타미아'는 '가운데'를 의미하는 그리스어 'mesos'와 '강'을 뜻하는 'potamos'의 합성어로, 곧 두 강 사이의 땅이라는 의미다.

서 보면 초승달 모양을 하고 있고 토양이 비옥하여 '비옥한 초승달 지대'라고도 불린다.

메소포타미아는 아프리카와 유럽과 아시아가 만나는 교차로에 위치해 사람들이 모여서 물건을 교환하고 의견을 나누기가 쉽다는 장점이 있었지만, 한편으로는 자연적인 장벽이 드물다 보니 방어가 어려운 지역이기도 했다. 그래서 기원전 3500년부터 기원전 400년까지 많은 왕국이 흥망을 거듭했고 영토를 차지하기 위한 전쟁도 끊이지 않았다. 물론 메소포타미아 시대에도 권력 교체가 잦았지만 알려진 사실이 많지 않아, 역사 면에서 이 시대를 이해하는 일은 그리 쉽지 않다.

초기 문명을 건설한 수메르인들은 기원전 3300~2000년쯤 남부 메소포타미아 지역을 지배했다. 수메르인들은 인류 최초로 최대 5만 명이 거주할 수 있는 진정한 의미의 도시를 건설한 민족이다. 수메르의 주요 도시인 우루크는 한때 세계 최대 도시의 위용을 자랑했으며, 수메르 신전의 일부가 오늘날에도 이라크에 남아 있다. 수메르인들은 인류 역사상 매우 중요한 문자를 제일 먼저 사용한 민족이기도 하다. 수메르의 사제들은 농작물과 세금 같은 기초 정보를 기록하기 위해 그림 문자를 사용했다. 문자가 없던 시대에는 남겨진 사항이 거의 없어서, 고고학과 지질학의 발견을 통해 추정할 수 있는 내용을 제외하면 세계 역

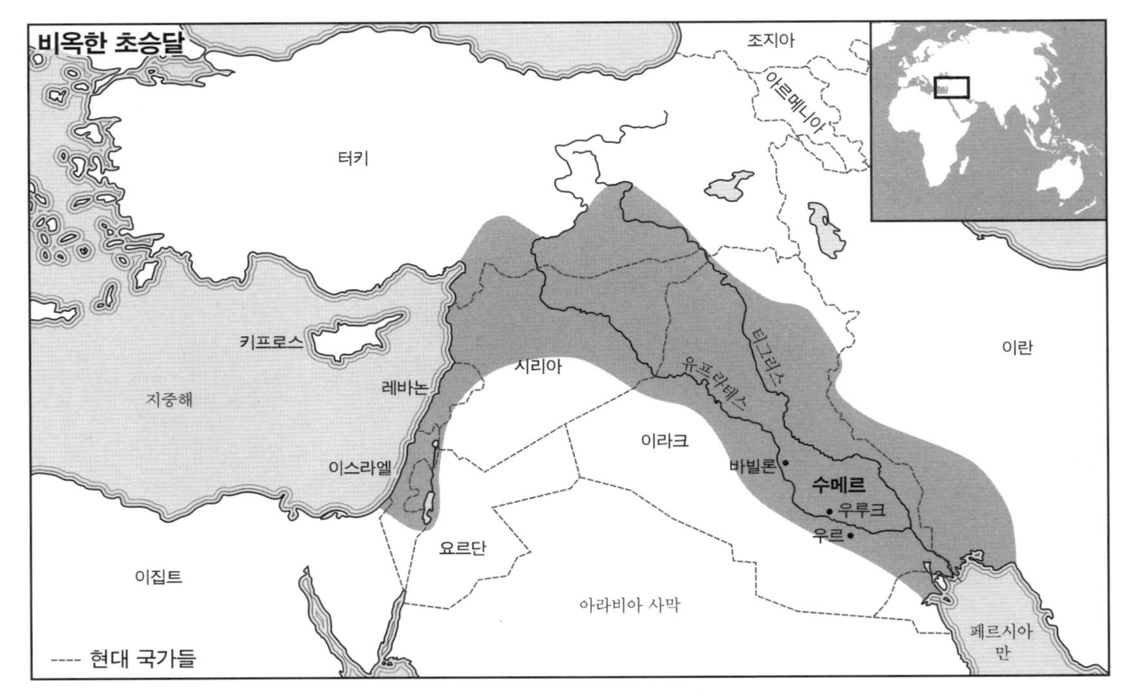

메소포타미아 지대는 티그리스와 유프라테스라는 강 사이에 자리 잡고 있어 물에 대한 접근성이 좋고 관개가 용이했으며, 초승달 모양에 토양이 비옥하여 '비옥한 초승달 지대'라고 한다. 초기 문명을 건설한 수메르인들은 기원전 3300~2000년쯤 남부 메소포타미아 지역을 지배했다. 수메르의 주요 도시인 우루크는 한때 세계 최대 도시의 위용을 자랑했으며, 수메르인들은 인류 역사상 매우 중요한 문자를 제일 먼저 사용한 민족이기도 하다. 문자의 발명으로 인류는 선사시대에서 역사시대로 넘어가게 된다.

사에서 실제 어떤 사건이 있었는지 알 길이 없었다. 문자의 발명으로 인류는 선사시대에서 역사시대로 넘어가게 된다.

파라오의 땅 고대 이집트 기원전 3100년

비슷한 시기에 이집트 나일 강 유역에서 또 다른 문명이 발전했다. 나일 강은 해마다 범람하면서 농사에 필요한 물을 충분히 공급해 주었다. 또 강 유역의 기름진 토양은 이집트의 국력을 강화하는 데 큰 기여를 했다. 이집트는 그 땅에서 지중해 지역과 중동에 식량을 공급하게 되면서 부강해졌다. 게다가 사막이 방어막 역할을 하여 침입자가 없다 보니 이집트 지역은 정치적 안정을 누릴 수 있었다.

기원전 3100년경에는 메네스(Menes)라는 강력한 왕, 즉 파라오가 서로 다른 왕국을 통일했다. 메네스가 건설한 멤피스는 이후 수천 년 동안 이집트 왕조들의 수도 역할을 했다. 이집트는 메네스로부터 2,500년 동안 30여 개 왕조가 100만 명을 통치한 세계 최대의 왕국이었다. 당시 이집트인들에게 파라오는 곧 신이었다.

기원전 2700~2200년 파라오들은 (사실은 거대한 묘석인) 대형 피라미드를 건축하는 데 막대한 시간을 들였다. 그들이 사후 세계를 준비하는 데 얼마나 공을 들였는지를 짐작할 수 있는 대목이다. 놀랍게도 이집트인들이 어떻게 피라미드를 세웠는지는 오늘날에도 제대로 파악되지 않고 있다. 다만 피라미드가 당대는 물론 이후로도 가장 높은 구조물에 속했다는 것은 부인할 수 없는 사실이다. 기자에 있는 쿠푸 왕의 대 피라미드는 4,500년 전에 건축되었는데, 기원후 1311년 잉글랜드에서 링컨 대성당이 세워지기 전까지 지구에서 가장 높은 건축물이었다(그나마 대성당의 목제 첨탑을 포함했을 때에야 순위가 바뀐다). 무려 3,000년이 흐른 뒤의 일이다.

동양의 문명

이집트와 메소포타미아 말고 다른 두 지역에서도 수로를 따라 문명이 발전했다. 하나는 인더스 강을 따라 인도 북서부에서 발전한 문명으로, 오늘날의 파키스탄과 아프가니스탄 지역에서 번영했다. 다른 하나의 문명은 중국의 황허 강을 따라 발전했다.

인더스 문명은 기원전 3000년경에 시작되었는데, 가장 융성했던 시기는 주요 도시의 이름을 빌려 하라파 문명이라고도 부른다. 인더스 문명은 서유럽에 맞먹는 드넓은 지역에서 번영했다. 실제 인더스 문명이 어떠했는지는 이들의 문자가 아직 해독되지 않았다는 점 등으로 여전히 많은 부분이 수수께끼로 남아 있다. 하라파와 그 자매 도시인 모헨조다로는 거대한 도시권을 형성하여 각각 3만 명 이상의 인구가 거주했다. 두 도시 간 거래가 이루어졌을 뿐만 아니라 메소포타미아와도 교역을 했다. 인더스 문명은 벽돌과 돌로 집을 짓고 밀과 보리를 경작했으며 관개시설을 사용했다는 점에서 분명히 선진적이었다. 또한 하라파와 모헨조다로가 모두 격자 형태로 구획되고 건축 방식이 유사하다는 점에서 동일한 정부의 지배를 받았음을 알 수 있다.

인더스 문명의 주요 도시들은 기원전 2600~2000년에 융성하다가 기원전 1700~1600년에 갑자기 폐허로 변했다. 이어 기원전 1300년경에는 전체 문명이 사라지고 만다. 확실한 원인은 모르나 기후변화, 토양 침식에 의한 동쪽으로의 이주, 북서쪽에서 온 인도-유럽어족[2]의 침입 등이 영향을 미쳤으리라 추정된다.

인도에서 더 동쪽으로 가면 청동기를 사용한 상(商)이라는 초기 왕조가 기원전 1700년경 황허 유역에 세워졌다는 기록이 남아 있다. 상나라는 오늘날 중국의 10분의 1에 해당하는 지역을 다스리면서 700년 정도 왕조를 유지하다가 주(周) 왕조에 의해 무너졌다. 주나라부터 철기시대가 시작된 것으로 보인다.

주나라는 이민족에게 여러 차례 침입을 받았지만 상나라와

---

2) 인도-유럽어족은 흑해와 카스피 해 사이의 지대에서 온 사람들이었다.

초기의 강 유역 문명

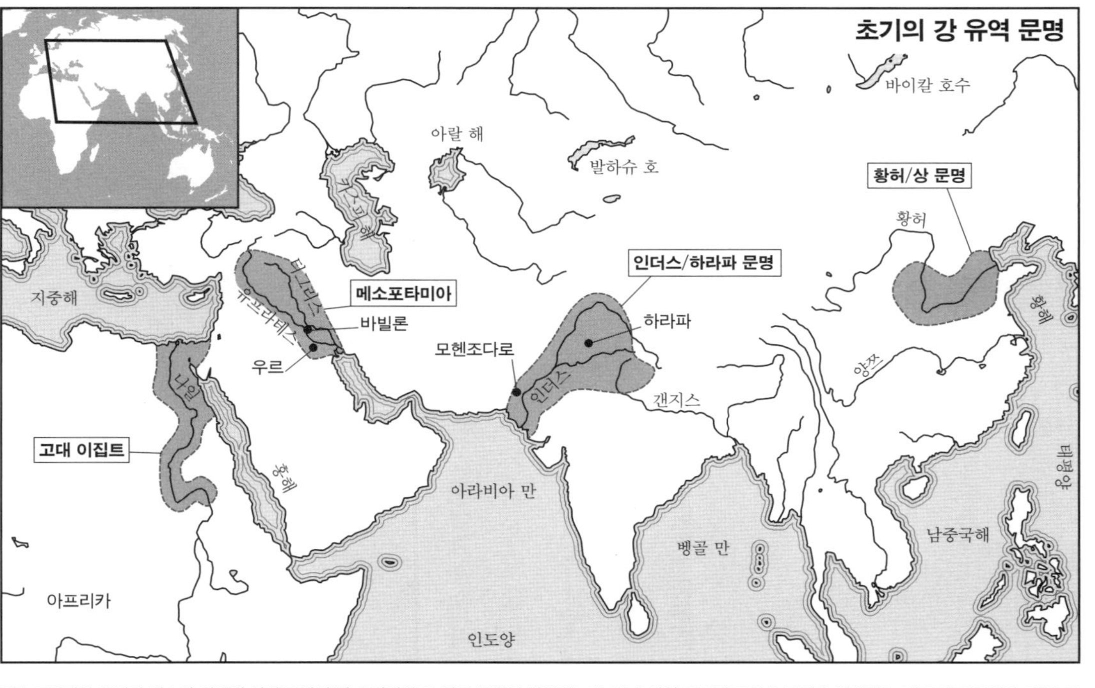

메소포타미아 문명과 비슷한 시기에 이집트 나일 강 유역에서 또 다른 문명이 발전했는데, 강 유역의 기름진 토양은 국력을 강화하는 데 크게 기여했다. 다른 두 지역에서도 수로를 따라 문명이 발전했다. 하나는 기원전 3000년경 인더스 강을 따라 인도 북서부에서 발전한 문명으로 오늘날의 파키스탄과 아프가니스탄 지역에서 번영했으며, 가장 융성했던 시기는 주요 도시의 이름을 빌려 하라파 문명이라고 부른다. 다른 하나는 중국의 황허 강을 따라 발전했으며, 청동기를 사용한 상(商)이라는 초기 왕조가 기원전 1700년경 황허 유역에 세워졌다는 기록이 남아 있다.

비슷한 기간 동안 왕조를 유지했다. 그러나 독자 세력을 지닌 제후들이 오랫동안 난립하여 왕실은 그저 제후들보다 조금 더 강한 세력에 지나지 않았다. 다만 갑자기 몰락했던 인도의 하라파 문명과 달리 중국 초기 왕조의 신념과 원칙은 후대에 계승되어 20세기까지도 중국을 지배한 많은 왕조들에게 기초를 제공했다.

초기 철기상 히타이트 기원전 1400~1200년

기원전 2000년경에 히타이트라는 제국도 두각을 나타냈는데, 여기에는 철이 결정적 역할을 했다. 기원전 14세기 중반 무렵 히타이트인들은 오늘날 터키와 레바논 및 이라크 일부를 아우르는 제국을 건설했다. 철광석을 제련하여 철을 생산하는 방법을 발견한 주인공이 바로 히타이트족이다. 군대가 탄력성이 더 강한 철로 무장하면 청동기를 쓰는 적군을 쉽게 격파할 수 있기 때문에 철 제련의 발견은 역사적으로 매우 중요한 의미를 가진다. 히타이트족은 다른 민족에게 철기를 팔기는 했어도 제련법까지 전수하지는 않았다. 이는 히타이트족이 서부 아시아에서 기원전 1400~1200년에 최강의 권력을 유지할 수 있었던 비결이다.

석기, 청동기, 철기 시대

기원전 5000년 전에는 주로 돌, 나무, 뼈로 무기를 제작했기 때문에 '석기시대'라고 부른다. 인류가 광석에 고온의 열을 가해 금속을 추출해 내는 방법을 터득하면서 제한적이나마 구리가 도구로 사용되기 시작했다.[3] 그러다 기원전 3300년 무렵 구리와 주석 광석을 9 대 1로 혼합해 가열하면 단단한 청동이 생산된다는 사실을 발견했다. 이른바 '청동기시대'가 열린 것이다.

각 시대는 지역마다 서로 다른 시기에 시작되고 끝났다. 가령 영국 제도에서는 기원전 800년쯤이 되어서야 청동기시대가 시작되었으며, 일부 석기 문명들은 20세기에 들어서도 계속 발견되었다.

중동과 남동부 유럽에서 철이 집중적으로 사용되기 시작한 시기는 기원전 13세기경이다. 인류가 암석에서 철광석을 추출하는 데 필요한 고온의 열을 얻는 법을 발견한 직후다. 철은 구리나 주석보다 더 강하고 구하기 쉬웠기 때문에 청동기보다 수요가 많아졌다. 철기시대 역시 청동기시대와 마찬가지로 지역별로 다른 시기에 시작되었는데, 북유럽의 경우 기원전 600년이 되어서야 철기시대가 열렸다.

---

3) 이집트인들은 구리와 석기만을 사용해 초기 피라미드를 세웠을 가능성이 높다는 점에서, 피라미드는 우리가 처음 생각했던 것보다 더 위대한 업적이라고 할 수 있다. 물론 공사에 동원된 인부들의 고통은 말할 수 없는 정도였을 것이다.

중앙아메리카의 올메크 문명 기원전 1400~400년

지구 반대편 중앙아메리카에서는 올메크라는 문명이 독자적으로 발전했다. 아시아의 다른 문명들과 달리 올메크에 대해서는 알려진 바가 별로 없다. 올메크 문명은 (기후변화 때문일 가능성이 높지만) 명확하지 않은 이유로 기원전 400년경부터 자취를 감췄다. 올메크인들은 달력을 사용했으며, 거대한 석조 두상과 피라미드 형태의 대형 구조물을 세웠고, 활발하게 무역을 했다. 올메크인들은 인간을 희생 제물로 바쳐 피를 내는 종교의식을 가졌는데, 이런 의식과 신앙은 훗날 마야와 아즈텍을 비롯한 원주민 문명의 토대가 되었다.

해상 민족의 침입 기원전 1200년

기원전 1200년경 지중해에서 전환점이라 할 만한 사건이 일어났다. 해양 침입자들의 무리가 북부와 서부에서 동쪽으로 이동하면서 크레타 섬을 점령한 데 이어 이집트 침입을 시도하고, 종국에는 가나안에 정착한 것이다. 가나안은 오늘날 이스라엘, 팔레스타인, 레바논 및 시리아 남부를 아우르는 지역이며, 이집트인들은 이 침입자들을 '해상 민족'이라고 기록했다.

북부에서 내려온 침입자들은 그리스인들이 후일 '페니키아'라고 부른, 오늘날의 레바논 해안에 정착했다. 남부의 침입자들은 나중에 필리스틴(Philistines)이라고 알려지게 된 블레셋(Peleset) 사람들로, 이집트 진출이 좌절되자 가나안에 머물게 되었다. 필리스틴인들은 이 지역의 다른 민족들과 마찬가지로 주변 강대국들 사이에서 고통받다가, 기원전 7세기부터 역사에서 자취를 감춘다. 이들이 거주했던 지역에 필리스티아(혹은 팔레스타인)라는 이름만이 남았을 뿐이다.

현재로서는 해상 민족의 정체가 무엇인지, 어디에서 왔는지[4], 심지어 왜 이동했는지도 알 수 없다. 기후변화나 지진 또는 기근이 원인일 수도 있고, 북부에서 다른 민족이 침입하면서 밀려 내려왔을 가능성도 있다. 아니면 단순히 영토를 찾아 연쇄적으로 이동하는 민족들 가운데 하나였을 수도 있다. 다만 필리스틴인들은 지중해 동부 해안에 이르기까지 파괴를 일삼았고, 도시를 잔악하게 정복한 이후에는 완전히 잿더미로 만드는 일이 예사였던 것으로 알려져 있다. 이 시기 히타이트 민족도 급작스럽게 종말을 맞아 이웃 민족들에게 다시는 위협 거리가 되지 못했다. 고대 이집트 또한 쇠락의 길로 접어들기 시작했다.

헤브라이인

4) 그리스, 크레타 섬, 심지어 이탈리아에서 왔다는 설도 있다.

가나안은 이집트의 노예 생활에서 벗어난 헤브라이인들이 자체적인 국가를 세우려던 장소이기도 했다. 내분을 벌이던 헤브라이인들은 필리스틴인들이 공격해 오자 잠시 집안싸움을 멈추고 10세기경 자기 영토, 곧 이스라엘을 다스릴 최초의 왕으로 사울을 세웠다. 성경에 등장하는 삼손, 사무엘, 사울, 다윗과 골리앗의 이야기는 모두 필리스틴인과 헤브라이인들의 갈등과 연관이 있다.

헤브라이인들은 전쟁이 끝없이 계속되자 고유의 문화를 잃을지 모른다고 우려하여 역사를 기록하기 시작했다. 이 기록이 오랜 기간 이어져 타나크(Tanakh)라는 헤브라이 성경이 되었다. 기독교와 이슬람교 신앙의 상당 부분은 타나크에 기반하고 있으며, 기독교인들은 아예 구약 성경 안에 (순서는 다소 상이하지만) 타나크의 일부를 집어넣기도 했다.

타나크의 앞부분 다섯 권에 해당하는 토라(Torah)에는 지금으로부터 4,000년 전쯤 아브라함과 그 백성들이 메소포타미아 남부에서 이동하여 1,000년 동안 자기 영토에 살고 있던 부족들을 침입했다는 기록이 남아 있다. 이후에는 기근 등의 이유로 이집트로 피난을 갔으나 이집트인들의 노예로 전락했다. (성경의 기록상 해상 민족의 활동과 대략 비슷한 시기인) 기원전 1200년대에 헤브라이 지도자인 모세가 백성들을 이끌고 이집트를 탈출했다.

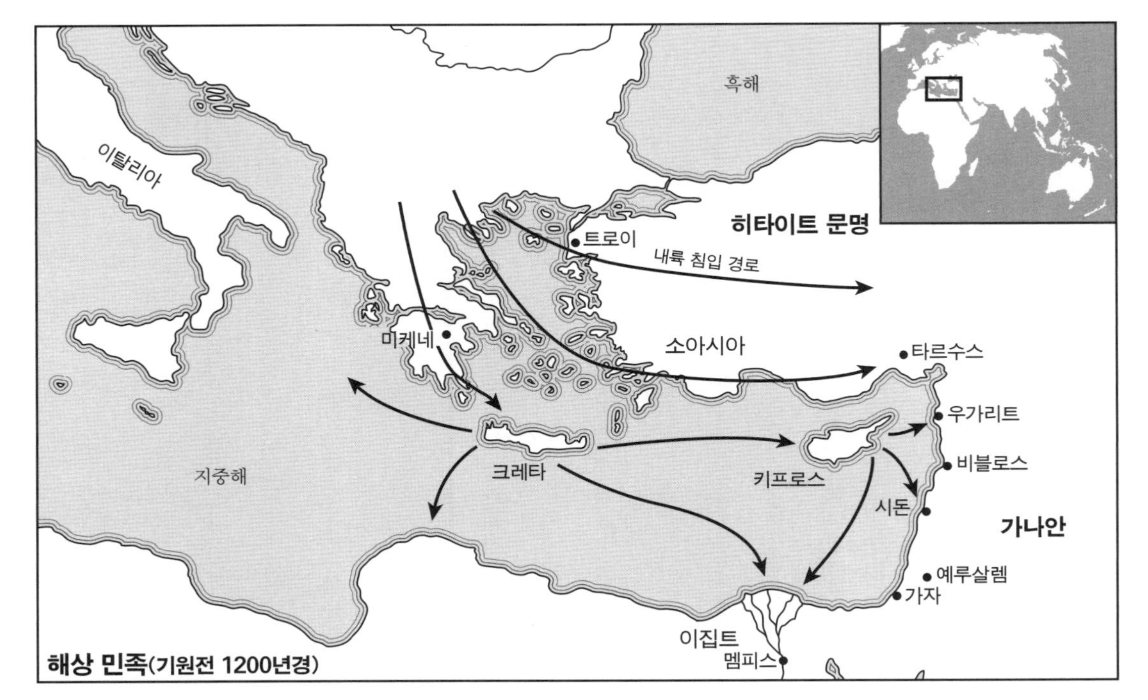

지중해에서 해양 침입자들의 무리가 북부와 서부에서 동쪽으로 이동하면서 크레타 섬을 점령한 데 이어 이집트 침입을 시도하고, 종국에는 가나안(오늘날 이스라엘, 팔레스타인, 레바논 및 시리아 남부를 아우르는 지역)에 정착했다. 이집트인들은 이 침입자들을 '해상 민족'이라고 기록했다. 해상 민족의 정체가 무엇인지, 어디에서 왔는지, 심지어 왜 이동했는지도 알 수 없다. 다만 지중해 동부 해안에 이르기까지 파괴를 일삼았고, 도시를 잔악하게 정복한 이후에는 완전히 잿더미로 만드는 일이 예사였다. 이 시기 히타이트 민족도 급작스럽게 종말을 맞았고, 고대 이집트 또한 쇠락의 길로 접어들기 시작했다.

토라에 따르면 이때 하나님이 시나이 산에서 모세에게 십계명을 주면서, 헤브라이인들이 하나님에게 복종하는 한 그들을 선택한 민족으로 인정하고 약속의 땅 가나안에 들어가도록 해 주겠다고 약속했다.

사울(Saul) 왕[5]과 사울의 사위인 다윗(David), 그리고 다윗의 막내아들인 솔로몬(Solomon)이 헤브라이인들을 다스리던 기원전 10세기경은 헤브라이 역사의 황금기로, 이스라엘은 부강했으며 번영을 누렸다. 그러나 솔로몬 왕 사후에 헤브라이인들 사이에서 다시 싸움이 일어나 두 개의 왕국으로 분단되었다. 북쪽에는 사마리아를 수도로 하는 부강한 이스라엘 왕국이, 남쪽에는 예루살렘을 수도로 하는 좀 더 작은 규모의 유대 왕국이 들어섰다. 이스라엘은 외부의 침입 세력을 버텨 낼 수 없을 정도로 쇠약해져서 동쪽에서 쳐들어온 아시리아인들에게 정복당했다.

지중해를 탐험한 페니키아인들 기원전 1000~500년

지중해 동부 지역에는 금속 매장량이 풍부하지 않았기 때문에 이 지역 민족들은 금속을 확보하기 위해 서쪽으로 이동해야 했다. 북부 해상 민족의 후예로 오늘날 레바논에 정착했

---

5) 성경 「사무엘서」에 기록되어 있다.

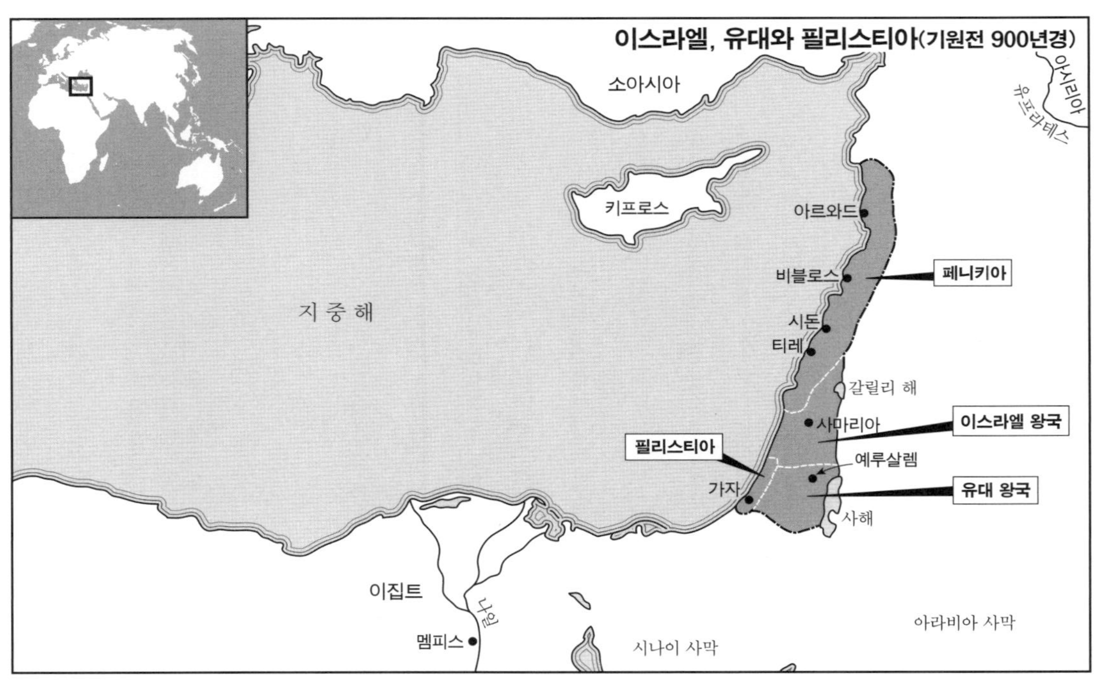

내분을 벌이던 헤브라이인들은 필리스틴인들이 공격해 오자 잠시 집안싸움을 멈추고 10세기경 자기 영토, 곧 이스라엘을 다스릴 최초의 왕으로 사울을 세웠다. 사울 왕과 다윗, 솔로몬이 다스리던 기원전 10세기경은 헤브라이 역사의 황금기였다. 그러나 솔로몬 왕 사후에 다시 싸움이 일어나 두 개의 왕국으로 분단되었다. 북쪽에는 사마리아를 수도로 하는 부강한 이스라엘 왕국이, 남쪽에는 예루살렘을 수도로 하는 좀 더 작은 규모의 유대 왕국이 들어섰다. 이스라엘은 쇠약해져서 동쪽에서 쳐들어온 아시리아인들에게 정복당했다.

던 페니키아인들과 해양의 그리스인들은 기원전 1000~500년에 지중해의 무역로를 따라 전략적 거점에 정착지를 설립했다. 특히 페니키아의 정착지였던 카르타고는 로마 역사에 의미 있는 족적을 남겼다.

아시리아 대제국

기원전 2000년에 접어들면서 메소포타미아의 수메르 문명이 서서히 멸망하자 바빌로니아 왕국과 아시리아 왕국, 오늘날 이란 지역에 거주하던 부족들과 터키 지역에 살던 히타이트족들이 힘을 겨루기 시작했다. 바빌로니아 왕국은 다양한 모습으로 기원전 2000년대의 상당 기간을 지배했다. 그러다 기원전 910~625년에 힘의 균형이 아시리아로 옮겨 갔다. 특히 군대가 잔인하기로 유명했던 아시리아는 이내 서남아시아에서 가장 강력하고 거대한 제국으로 발돋움했다.

아시리아인들은 정복 전쟁을 통해 바빌론을 무찌르고, 이스라엘과 페니키아의 도시들을 파괴했으며, 이집트도 공격했다. 그러나 과도하게 세력을 확장한 다른 제국들의 전철을 밟아 이내 운이 다했다. 기원전 630년경 왕실에서 분란이 벌어지면서 (오늘날의 이란에서 발원한) 메데스라는 부족이 동쪽에서 제국을 공격할 틈을 준 것이다. 메데스는 북부와 남부의 다른 부족들의 지

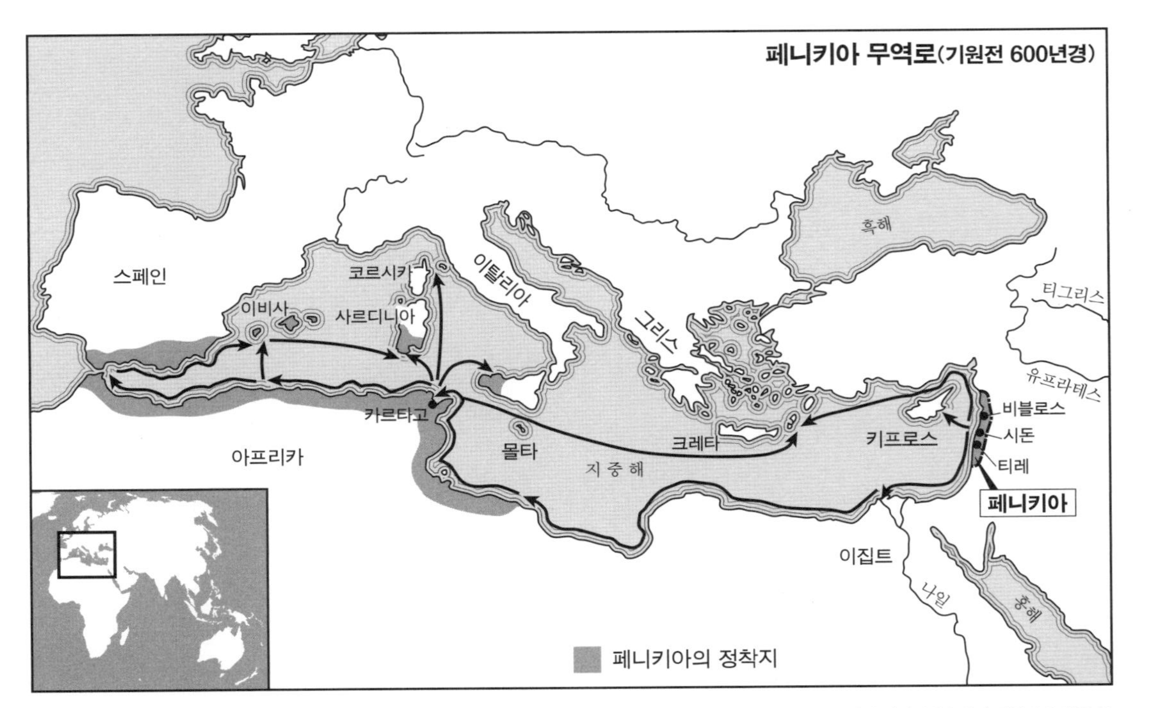

지중해 동부 지역에는 금속의 매장량이 풍부하지 않았기 때문에 이 지역 민족들은 금속을 확보하기 위해 서쪽으로 이동해야 했다. 북부 해상 민족의 후예로 오늘날 레바논에 정착했던 페니키아인들과 해양의 그리스인들은 기원전 1000~500년 사이에 지중해의 무역로를 따라 전략적 거점에 정착지를 설립했다. 특히 페니키아의 정착지였던 카르타고는 로마 역사에 의미 있는 족적을 남겼다.

원까지 받아 아시리아 제국의 상당 부분을 정복하는 데 성공했고, 기원전 605년에는 완전히 점령하여 수도 니네베를 잿더미로 만들었다.

아시리아 제국이 정복당하는 과정에서 예루살렘이 파괴되었고, 백성들은 바빌론에 끌려가 노예가 되었다. 하지만 바빌론 문명도 나보폴라사르(Nabopolassar)라는 왕과 (바빌론의 공중정원으로 유명한) 그 아들 네부카드네자르 2세(Nebuchadnezzar II)의 치세에 반짝 부상하는 데 그쳤다. 기원전 6세기에는 페르시아의 공격을 받아 역사에서 사라지고 말았다.

고대 페르시아 제국 기원전 550~330년

파르사(페르시아)인들은 처음에는 메데스(바빌론)에 종속된 민족이었다. 그러나 키루스 2세(Cyrus II)가 기원전 559년 왕위에 오르고 나서는 사정이 달라졌다. 키루스 2세는 메데스에 반기를 들더니 메데스의 왕을 사로잡는 데 성공했다. 이후 역사상 전례 없이 거대한 규모의 아케메네스 페르시아 제국이 건설되었다. 이집트에서부터 오늘날의 아프가니스탄에 이르렀던 페르시아 제국은 그 어느 때보다도 신속하고 거대한 규모로 건설되었다. 키루스 왕이 이끄는 페르시아군은 기원전 539년 바빌론을 점령하여 노예 생활을 하던 헤브라이인들을 해방시켜 선조들의

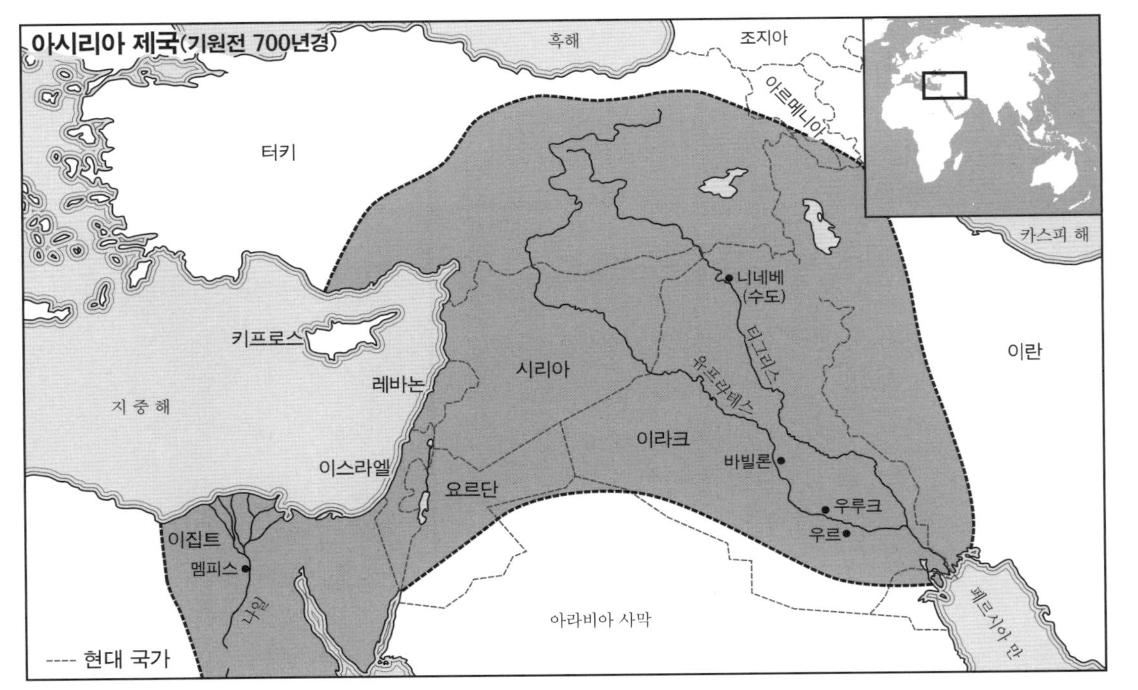

기원전 2000년에 접어들면서 수메르 문명이 서서히 멸망하자 바빌로니아 왕국과 아시리아 왕국, 오늘날 이란 지역에 거주하던 부족들과 터키 지역에 살던 히타이트족이 힘을 겨루기 시작했다. 그러다 기원전 910~625년 힘의 균형이 아시리아로 옮겨 갔다. 특히 군대가 잔인하기로 유명했던 아시리아는 이내 서남아시아에서 가장 강력하고 거대한 제국으로 발돋움했다. 그러나 기원전 630년경 (오늘날의 이란에서 발원한) 메데스라는 부족에게 공격을 받고, 기원전 605년에는 완전히 점령당해 수도 니네베는 잿더미가 되었다.

고향으로 돌려보냈다. 이 때문에 성경 「이사야서」에서는 키루스 왕을 해방자로 칭송했다. 자애롭고 관대했던 것으로 알려진 키루스 왕은 인류 최초의 인권헌장을 선포한 인물이기도 하다. 인권헌장을 새겨 구운 원통형 점토인 '키루스 원통 비문(Cyrus Cylinder)'은 현재 런던의 대영박물관에 보관되어 있다.

키루스 왕과 아들이 사망하여 권력에 공백이 생기자 다리우스(Darius)라는 귀족이 키루스 선왕과 같은 혈통이라면서 무혈 쿠데타로 제국을 손아귀에 넣었다(다리우스 1세가 선왕을 살해하는 음모에 가담했다는 주장도 있어 '무혈' 쿠데타라는 표현에 오해의 여지가 있다 – 옮긴이 주) 다리우스는 위용에 걸맞게 스스로를 '왕중의 왕'으로 칭했고, 페르시아의 수도 페르세폴리스를 건설했다. 다리우스의 훌륭한 군사 작전과 함께 그 아들 크세르크세스(Xerxes)가 반항적 그리스인들을 정복하기 위해 벌인 전쟁들은 당대에 가장 널리 알려진 사건이라는 점에서 중요한 의미가 있다. 또한 우리를 고대 그리스의 역사로 인도한다.

고대 그리스와 그리스 도시국가 기원전 1000~330년

그리스의 역사가인 헤로도토스(Herodotus)가 『역사』를 쓰기 이전에는 진정한 의미에서의 역사책이 존재하지 않았다. 즉 그리스 이전 시대부터 그리스 초기까지에 대해서는 알려진 사실이

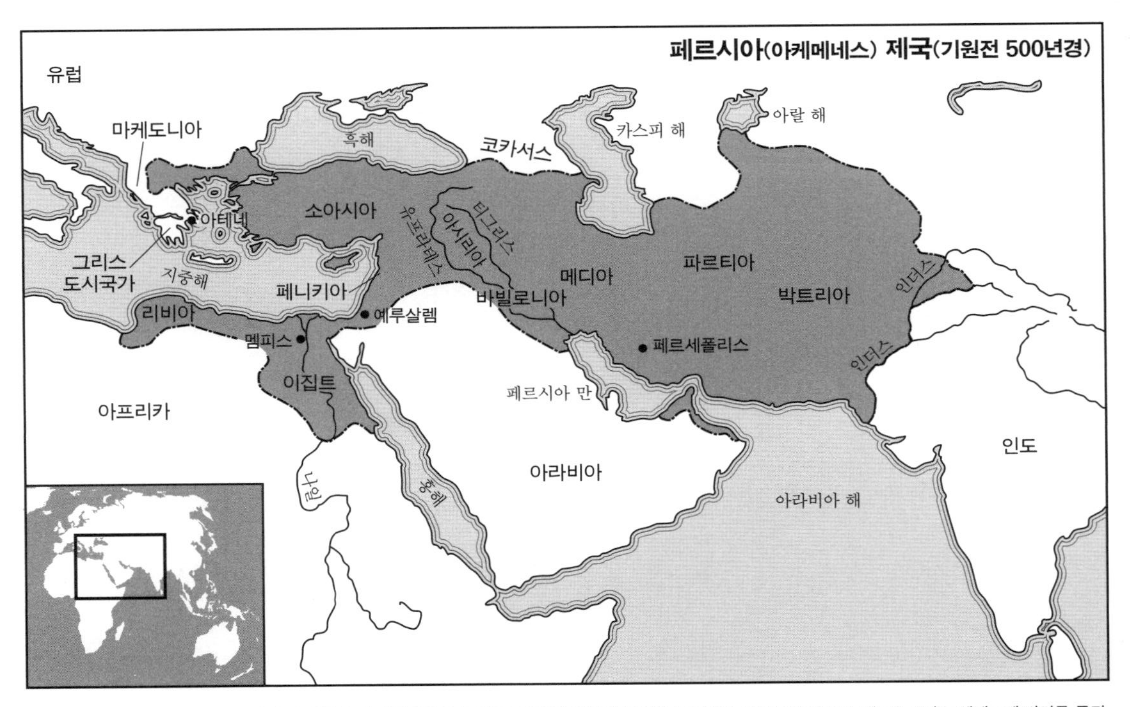

파르사(페르시아)인들은 메데스(바빌론)에 종속된 민족이었으나, 키루스 2세가 559년 왕위에 오르면서 사정이 달라졌다. 키루스 2세는 메데스에 반기를 들더니 메데스 왕을 사로잡는 데 성공했다. 이후 역사상 전례 없이 거대한 규모의 아케메네스 페르시아 제국이 이집트에서부터 오늘날의 아프가니스탄에 이르기까지 신속하고 거대한 규모로 건설되었다. 다리우스 왕은 페르시아의 수도 페르세폴리스를 건설했다. 다리우스와 그 아들 크세르크세스가 반항적 그리스인들을 정복하기 위해 벌인 전쟁들은 당대에 가장 널리 알려진 사건이다.

거의 없는 것이다. 후대에 전해진 초기 그리스에 관련된 내용의 상당 부분은 기원전 9세기에 살았던 그리스의 시인 호메로스의 『일리아드』와 『오디세이』에서 유래했다. 그러나 호메로스의 작품들에서 많은 부분은 신화이기 때문에 이를 역사로서 그대로 해석하기에는 무리가 있다. 『일리아드』는 미케네[6]가 아가멤논의 지휘 아래 (오늘날 터키 서부에 해당하는) 트로이를 공격하는 내용을 담고 있다. 『오디세이』는 트로이 멸망 이후 오디세우스(라틴어로 율리시스)라는 영웅이 고향으로 돌아가는 10년의 여정을 묘사한 서사시로, 오디세우스의 기지로 그리스군이 나무로 만든 말의 배 속에 숨어 도시로 잠입하여 승리한 일화도 등장한다. 『일리아드』와 『오디세이』는 지금까지 가장 널리 읽히면서 전 세계인들의 사랑을 받고 있다.

기원전 8세기에 그리스는 평화로운 번영을 누렸지만, 섬으로 둘러싸인 산악 지형이라는 한계 때문에 경작지를 찾아 이동하게 되었다. 이들은 에게 해에 위치한 모든 섬과 소아시아(오늘날 터키)의 연안, 흑해를 따라 정착했다.

당시의 그리스는 오늘날처럼 하나로 통일되어 있지 않았다. 대신 에올리아인, 도리아인, 이오니아인 같은 여러 분파의 그리

---

6) 미케네는 그리스의 초기 문명으로, 해상 민족이 활동하던 기원전 1200년경 멸망했다.

스 민족이 있었고, 작지만 애국심이 대단히 강했던 아테네 같은 도시국가들이 존재했다. 일반적으로는 서로 교역하는 관계였으나 종종 전쟁을 벌이기도 했고, 외부의 침입자에 맞설 때는 방어를 위해 한데 힘을 모았다. 외부 침입자들이 말할 때 '바-바' 라는 이해할 수 없는 소리를 냈기 때문에 그리스인들은 이들을 '야만인(barbarians)'이라고 불렀다.

그리스인들은 기원전 776년부터 4년마다 서남부의 올림피아에 모여 시합을 가졌는데, 이 기간 중에는 잠시 휴전했다.[7] 아테네는 무역과 동맹 관계에 힘입어 기원전 500년에 고대 그리스의 문화·정치·경제적 중심지로 발돋움했고, 다른 도시국가들도 아테네의 위상을 인정해 주었다.

기원전 500년경에는 페르시아가 오늘날 터키의 해안에 살고 있던 이오니아 정복을 시도했으나 거센 반발에 부딪혔다. 아테네인들이 이오니아 편을 들자 불만을 품은 페르시아의 다리우스 왕은 군대를 이끌고 아테네 바로 위에 위치한 마라톤 평야로 진격했다. 아테네는 강하고 용맹한 군대를 자랑하던 스파르타에 도움을 요청하기 위해 병사 한 명을 보냈다.[8] 스파르타는

---

7) 올림픽 게임의 기원이다.

8) 이때부터 '마라톤'은 장거리 달리기를 포함하여 오랜 기간 고된 일을 하는 행위를 뜻하게 되었다.

아테네를 돕기로 뜻을 모았지만, 지원군이 도착했을 때에는 이미 전쟁이 끝난 후였다. 기원전 490년 이오니아의 그리스인들은 악조건에도 불구하고 수적으로 우세한 페르시아군을 물리쳤고, 다리우스 왕은 소아시아로 회군할 수밖에 없었다.

다리우스는 침략을 다시 감행하지 못하고 눈을 감았다. 그렇다고 페르시아인들이 이오니아의 패배를 잊은 것은 아니었다. 10여 년 후 다리우스 왕의 아들인 크세르크세스가 마라톤 평야의 패배를 설욕하기 위해 다시 그리스를 침공한 것이다. 페르시아군은 그리스 동부 해안에 위치한 테르모필레 계곡의 좁은 길에 이르렀다. 이곳에서 불과 300명의 스파르타인들이 레오니다스(Leonidas) 왕의 지휘 아래 페르시아군을 막아 내는 전설적인 사건이 벌어졌다. 한 그리스인 배신자의 도움이 없었다면 페르시아군은 테르모필레 계곡을 빠져나갈 수 없었을 것이다.

승기를 잡은 페르시아군은 아테네로 진격하여 도시를 파괴했고, 시민들은 인근의 살라미스 섬으로 도망쳤다. 그러나 페르시아 해군은 전력이 절대적으로 우세했음에도 살라미스 전투에서 패배했다. 살라미스 해전은 역사상 최초의 해상 대전이었으며, 이 전쟁에서 진 페르시아는 다시는 그리스를 위협하지 못했다.

크세르크세스는 결국 암살당했고, 아케메네스 왕조의 마지

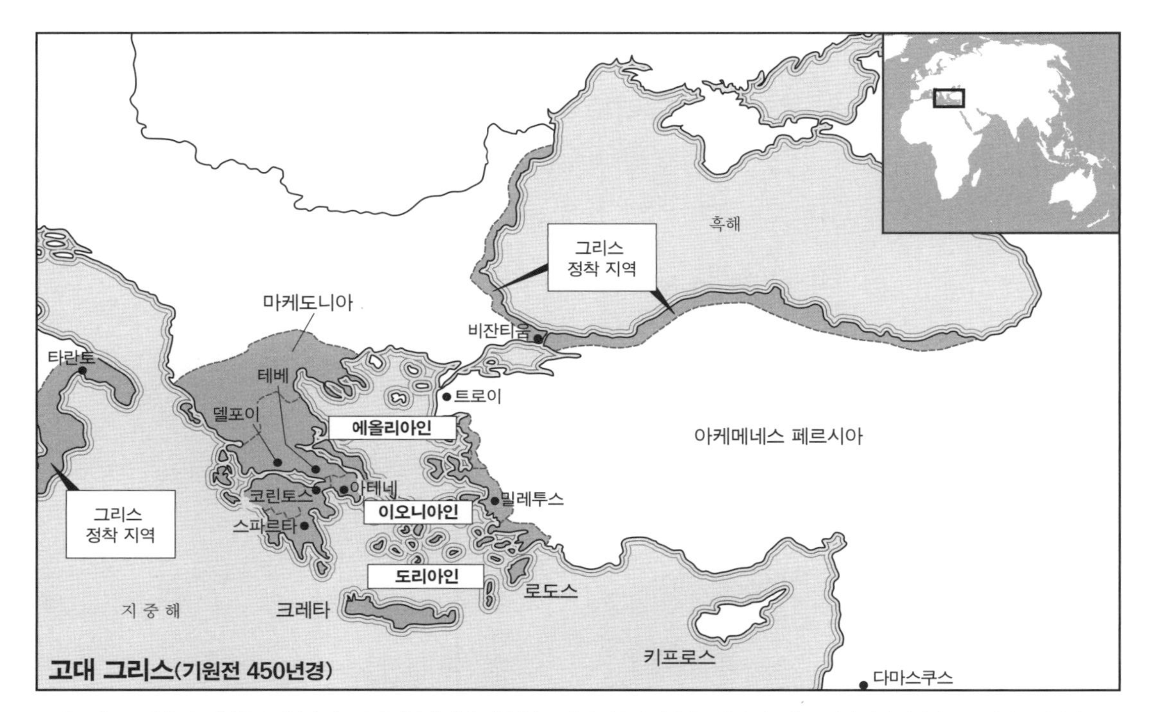

고대 그리스는 평화로운 번영을 누렸지만 섬으로 둘러싸인 산악 지형이라는 한계 때문에 경작지를 찾아 이동했고, 에게 해에 위치한 모든 섬과 소아시아(오늘날 터키)의 연안, 흑해를 따라 정착했다. 당시의 그리스는 오늘날처럼 하나로 통일되어 있지 않았다. 대신 에올리아인, 도리아인, 이오니아인 같은 여러 분파의 그리스 민족이 있었고 작지만 강한 아테네 같은 도시국가들이 존재했다. 일반적으로는 서로 교역하는 관계였으나 종종 전쟁을 벌이기도 했고, 외부의 침입자에 맞설 때는 방어를 위해 한데 힘을 모았다.

막 국왕인 다리우스 3세(Darius III) 역시 기원전 330년에 크세르크세스와 같은 운명을 맞았다. 그리스의 승리는 단순한 승리 이상의 의미를 가진다. 그리스가 승리했기에 더 넓은 세계에 페르시아가 아닌 그리스의 문화가 전파될 수 있었고, 그리스어는 라틴어와 더불어 지중해 식자층의 언어로 자리 잡게 되었다.

페르시아의 위협이 사라지자 그리스는 고전기로 이행하여 호기심을 가지고 주변 세계를 탐구했으며, 문화와 건축 및 철학 분야에서 고도의 발전을 이루었다. 이 같은 지적인 활동 덕분에 고대 그리스는 철학과 민주주의의 발상지가 되었다. 철학(philosophy)은 그리스어 '사랑(philo)'과 '지혜(sophia)'에서, 민주주의(democracy)는 '민중(demos)'과 '지배(kratia)'에서 유래했다.

역사상 가장 유명한 몇몇 철학자들이 이 시기에 활동했다. 그중 한 사람인 소크라테스는 신앙이 없고 청년들에게 해악을 끼친다는 이유로 사형을 선고받았다. 소크라테스의 제자 가운데 가장 유명한 철학자는 플라톤으로, 소크라테스에 대한 기록을 남긴 장본인이며 아카데미라는 최초의 학교를 설립했다. 이 아카데미에서 가장 유명했던 학생이 아리스토텔레스다. 아리스토텔레스의 아버지는 마케도니아 필리포스(Philip) 왕의 시의(侍醫)였고, 아리스토텔레스 자신은 한동안 필리포스의 아들인 알렉산드로스 대왕의 개인 교사로서 천문학, 물리학, 논리학, 정치학, 윤리학, 음악, 연극, 시와 그 밖의 다양한 과목들을 지도했다.

아테네인들은 본래 복수심이 강한 데다 페르시아가 또다시 그리스 영토를 넘보지 못하도록 만들어야 한다는 생각에 다른 도시국가들을 설득하여 해군 동맹을 결성했다. 그러나 정작 그리스인들 사이에서 내분이 발생하여 도시국가 간 전쟁이 20년 동안 벌어졌고 동맹에도 금이 갔다. 이런 갈등은 주로 스파르타와 아테네 사이에 발생했으나, 그 피해는 스파르타를 지원했던 페르시아를 비롯하여 전 지역에 미쳤다.

이웃 마케도니아의 필리포스 왕은 현명하게도 전쟁에 휘말리지 않고 거리를 두면서 기회를 포착했다. 그는 그리스의 도시국가들이 내분을 벌이는 동안 마케도니아를 강국으로 탈바꿈시켜 그리스 도시국가들의 동맹을 무찔렀다. 뿐만 아니라 페르시아에도 전쟁을 선포할 만큼 자신감이 충만했다. 비록 자신이 세웠던 계획을 미처 성취하기 전에 암살당했지만, 그의 아들인 알렉산드로스는 페르시아에 승리할 수 있다는 확신을 얻어 마케도니아와 그리스 땅에서 출정한 군사로는 최대 규모의 대군을 일으켰다.

알렉산드로스 대왕 기원전 356~323년

알렉산더대왕(Alexander the Great)으로 알려진 마케도니아의 알렉산드로스 3세는 서로 전쟁을 벌이던 그리스의 도시국가를 통일하고, 이집트를 정복했으며, 페르시아에게도 승리를 거뒀다. 이후 유럽과 아시아의 광대한 지역을 합쳐 세계 역사상 최대의 제국을 건설했다. 알렉산드로스 대왕은 이 모든 업적을 불과 33세의 나이에 이루면서 가장 존경받는 고대의 지도자가 되었다. 알렉산드로스가 이끄는 군대는 전쟁에서 단 한 번도 패배한 적이 없었기 때문에, 그는 군사 전략의 귀재라는 칭송도 받았다.

알렉산드로스 대왕은 동양과 서양을 하나의 광대한 제국으로 통일하기 위해 페르시아의 복식을 받아들이는 한편, 페르시아인들을 징집하고 자기 군사들이 페르시아 여성들과 결혼하도록 장려하기까지 했다. 또한 정복지의 민족들이 충성을 맹세하는 한 나라를 계속 유지하도록 허용했다. 하지만 끝없이 이어지는 전쟁에 의한 손실도 막대했다. 제국의 군대는 기원전 326년 인도에 당도했지만 오랜 기간 지속된 전쟁에 지쳐 한 발짝도 더 나아갈 수 없다고 버텼다. 여기에서 알렉산드로스 대왕은 회군할 수밖에 없었고, 인도를 떠난 지 3년 만에 바빌론에서 숨을 거두었다.

인도 마우리아 제국 기원전 321~185년

알렉산드로스 대왕이 인도를 떠나자 인도에서는 권력의 공백이 생겼다. 이 틈을 타 찬드라굽타(Chandragupta)가 마우리아 왕조를 세우고 최초의 황제로 등극했다. 찬드라굽타는 인도 북부에서 모두의 인정을 받는 지배자였고, 인도 역사상 처음으로 정치적인 안정을 가져온 인물이었다.

여러 출처에 따르면 찬드라굽타는 마우리아를 25년 동안 다스리다가 수도자가 된 후 아사했다고 한다. 찬드라굽타의 아들 빈두사라(Bindusara)가 제국을 더욱 확장했으나, 인도에서 더 큰 명성을 얻은 인물은 빈두사라의 아들인 아소카(Ashoka)였다. 아소카는 잔혹한 정복 전쟁을 일으키던 어느 날 갑작스레 불교로 개종했다. 불교라는 생활양식은 기원전 6세기에 발원한 이후 많은 지지자들을 확보했다. 아소카 왕은 전쟁으로 빚어지는 참상에 충격을 받은 후 모든 종류의 폭력을 배격하면서 마우리아 제국 안팎에서 불교와 평화를 설파했다. 기원전 232년 아소카 왕이 사망한 후 마우리아 왕조는 50년 동안 권력을 유지했다. 하지만 마지막 황제가 암살을 당하면서 인도에는 다시 분열의 시기가 도래했다. 인도 북부는 때때로 외침을 받다가 기원후 4세기 굽타 왕조가 들어서면서 번영과 안정을 되찾았다.

불교

일부에서는 종교로 분류하지만, 그보다는 철학[9] 혹은 생활양식에 가깝다. 불교는 기원전 5세기 또는 6세기에 발원했으며(붓다의 정확한 생몰 시기에 대해서는 여전히 논란이 있다), 현재 전 세계에는 3억 명 이상의 신도가 있다.

불교의 창시자인 싯다르타 고타마(Siddhartha Gautama)는 왕족이었다. 그러나 물질적인 부가 행복을 보장하지 않는다는 깨달음을 얻은 후 주위에서 벌어지는 고통의 의미를 이해하고자 29세 나이에 안락한 삶을 등지고 길을 떠났다. 그는 6년에 걸친 연구와 수행, 극기 끝에 무지의 잠에서 깨어나 붓다, 즉 '각성자'가 된 것으로 알려졌다.

붓다는 이후 45년 동안 인도 북부에서 불교 원리를 가르쳤다. 인간이 도덕적인 삶을 살면 자기 행동에 주의를 기울이게 되고 지혜를 얻어 무지를 떨쳐내며 욕망을 없애 종국에는 열반, 곧 고통이 없는 상태에 도달한다는 가르침을 전했다.

불의와 불평등을 설명하려는 시도와 고통을 피하는 방법에 대한 가르침은 듣는 이들의 마음을 움직여 전 세계로 빠르게 전파

---

9) 불교는 유일신에 집중하기보다 가르침, 곧 다르마(Dharma)를 중시한다. 그래서 불교가 종교인지 아닌지 논란이 있다. 신도들에게 불교는 종교를 넘어 철학이나 삶의 방식의 의미를 갖는다.

되었다. 인도에서는 기원전 3세기에 아소카 왕이 불교를 받아들였고, 이후 거대한 무역로를 따라 중앙아시아와 동남아시아로 퍼져나갔다. 그러나 정작 인도에서 불교의 인기는 시간이 갈수록 시들해졌다.

알렉산드로스 계승 왕국

알렉산드로스 대왕은 생전에 후계자를 지명하지 않았다. 알렉산드로스 대왕의 후계자를 자처한 자가 있긴 했으나, 결국에는 알렉산드로스의 측근들이 제국을 분할하여 통치했다. 이렇게 분리된 여러 왕국은 종종 전쟁을 벌였다. 이 가운데 두 왕국이 명맥을 유지했는데, 그중 하나가 알렉산드로스를 따르던 셀레우코스(Seleucus) 장군이 세운 셀레우코스 왕국이다. 이 왕국은 소아시아 대부분과 메소포타미아, 페르시아를 지배했다.

또 다른 하나는 이집트의 총독이었던 프톨레마이오스(Ptolemaeus) 장군이 이집트에서 세력을 일으켜 건설한 프톨레마이오스 왕국이다. 알렉산드로스 계승 왕국 가운데 페르시아를 제외한 대부분의 영토가 훗날 로마에 정복되었다. 프톨레마이오스는 이집트에서 파라오가 통치하는 마지막 왕조를 수립하여 250여 년 동안 성공적으로 다스렸다. 그리스계의 프톨레마이오스 왕조는 그리스의 전통과 파라오의 유산을 혼합했는데, 가령 이집트 왕가의 장식을 사용하는가 하면 이집트와 그리스의 종교를 혼합하여 다양한 신을 숭배하고 신전을 세워 기렸다. 심지어 일부 왕족의 시신을 미라로 만들기도 했다. 이집트는 알렉산드로스를 계승한 왕국에서 가장 오랫동안 유지되었다. 그러다 프톨레마이오스 왕조의 마지막 파라오인 클레오파트

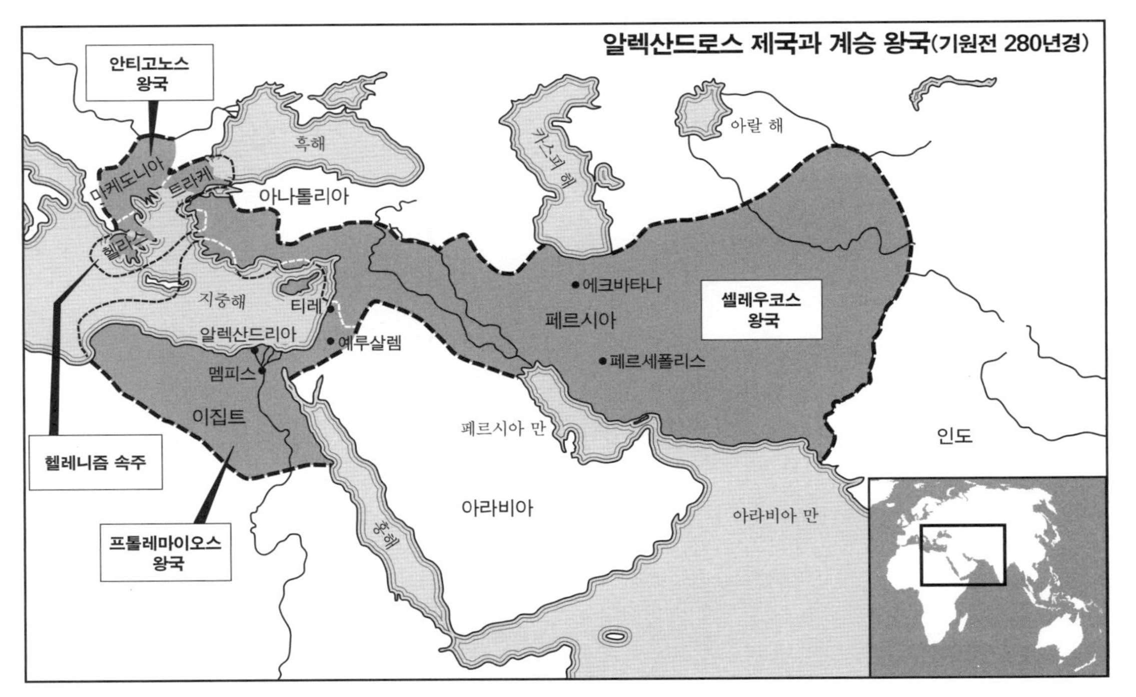

마케도니아의 알렉산드로스 대왕은 그리스의 도시국가를 통일하고 이집트를 정복했으며 페르시아도 물리쳤다. 이후 유럽과 아시아의 광대한 지역을 합쳐 세계 역사상 최대의 제국을 건설했다. 그의 사후에는 측근들이 제국을 분할해 통치했고, 이 가운데 두 왕국이 명맥을 유지했다. 하나는 알렉산드로스를 따르던 셀레우코스 장군이 세운 셀레우코스 왕국으로, 소아시아 대부분과 메소포타미아 및 페르시아를 지배했다. 또 다른 하나는 이집트의 총독이었던 프톨레마이오스 장군이 이집트에서 세력을 일으켜 건설한 프톨레마이오스 왕국이다.

라(Cleopatra)가 자살하면서 기원전 30년에 로마 제국에 정복당했다.

알렉산드로스 대왕이 통치 기간 중 남긴 많은 유산 가운데 하나가 알렉산드리아다. 이집트 북부 해안에 위치한 알렉산드리아는 이집트를 지배하고자 하는 열망에서 건설되었다. 아테네의 힘이 기울고 아직 로마가 아테네를 대신할 정도로 성장하지 못한 가운데 알렉산드리아는 서양과 동양 세계를 잇는 중요한 가교 역할을 했다. 알렉산드리아는 고대 세계에서 가장 큰 도시이자 가장 붐비는 항구가 되었으며 그리스, 로마, 이집트의 사상과 교역이 어우러지는 문화적 용광로였다. 기원전 200년경 알렉산드리아에 거주하던 그리스인 에라토스테네스(Eratosthenes)는 지구가 둥글다는 사실을 깨닫고 직경을 계산했는데, 그 정확성은 이후 2,000년 동안 깨지지 않을 정도였다. 아리스타르코스(Aristarchus)라는 또 다른 그리스인은 코페르니쿠스보다도 1,700~1,800년 앞서 지구 공전설을 주장했다. 기원후 10세기에 카이로가 건설되기 전까지 알렉산드리아는 이집트에서 핵심 도시로서 기능했다.

중국의 통일 기원전 221년

기원전 400년경 동양에서는 오늘날의 중국 지역에 할거하던 여러 국가들이 13개로 통합되었다. 이후 175년에 걸쳐 13개 나라가 서로 전쟁을 벌였는데, 이 시기를 '전국시대'라고 한다. 그중 철기로 무장한 서쪽의 진(秦)나라가 청동기 무기를 쓰던 다른 이웃 국가들을 제치고 가장 강력한 나라로 부상했다. 오늘날 중국을 일컫는 영어 'China'는 진나라에서 유래했다.

13개 나라를 하나로 통일한 사람은 시황제로, 기원전 221년 중국 최초의 황제로 등극했다. 진시황제는 통치에 대한 저항을 잔인하게 진압하기로 악명이 높았다. 시황제는 (수백 년 후에는 서양을 공격하는) 훈족에게서 제국을 방어하기 위해 만리장성 축조를 지시했다.[10] 만리장성은 길이가 무려 6,000킬로미터로, 인간이 세운 건축물 가운데 규모가 가장 크다.

시황제의 잔인함 때문에 진나라는 그의 사후에 급속히 붕괴되었고, 이후 400년 동안 한(漢)나라가 중국을 다스렸다.[11] 한편 한나라는 공자와 그 제자들이 기원전 6세기부터 체계화한 유교라는 생활양식을 국가의 철학으로 채택하기도 했다. 이 시절의 중국은 평화로웠다. 대무역로인 실크로드가 설치된 것도 이 시기였다. 한나라는 아시아에서 생산된 비단을 페르시아나

10) 이후 다른 황제들이 추가로 축조했다.

11) 한나라는 기원후 220년 멸망했고, 중국이 다시 통일된 것은 581년에 이르러서다.

인도의 귀중품과 교역했다. 서양의 한 신흥 제국과도 교역했는데, 바로 정복과 동화 정책으로 서양 세계를 지배하게 되는 로마였다.

로마 공화정 기원전 509~27년

로마의 역사는 기원전 8세기경 티베르 강 유역의 작은 마을에서 시작되었다. 신화에 따르면, 늑대가 목숨을 구해 젖을 먹여 키운 로물루스(로마의 어원)와 레무스라는 쌍둥이 형제가 기원전 753년에 로마를 건설했다. 이후 에트루리아 왕들이 다스리다가 기원전 509년에 로마 공화정이라는 대의 정부가 들어섰다. 공화정은 정복지의 주민들을 '속주민'이 아닌 '시민'으로 끌어들이는 영리한 전략으로 반란의 가능성을 크게 줄였다.

물론 로마에도 적이 있었으니, 당시 지중해를 장악하고 있던 카르타고였다. 원래 카르타고는 페니키아가 기원전 9세기에 아프리카 북부(오늘날 튀니지) 지역에 건설한 교역 식민지였다. 기원전 6세기에 페르시아가 페니키아를 점령하면서 카르타고 또한 독립하게 되었고, 기원전 3세기에는 지중해에서 가장 강력한 해군력을 자랑할 정도로 성장했다. 북쪽으로는 아프리카와 시칠리아, 남쪽으로는 오늘날 스페인에 해당하는 이베리아 반도까지 아우르는 드넓은 제국을 건설했다.

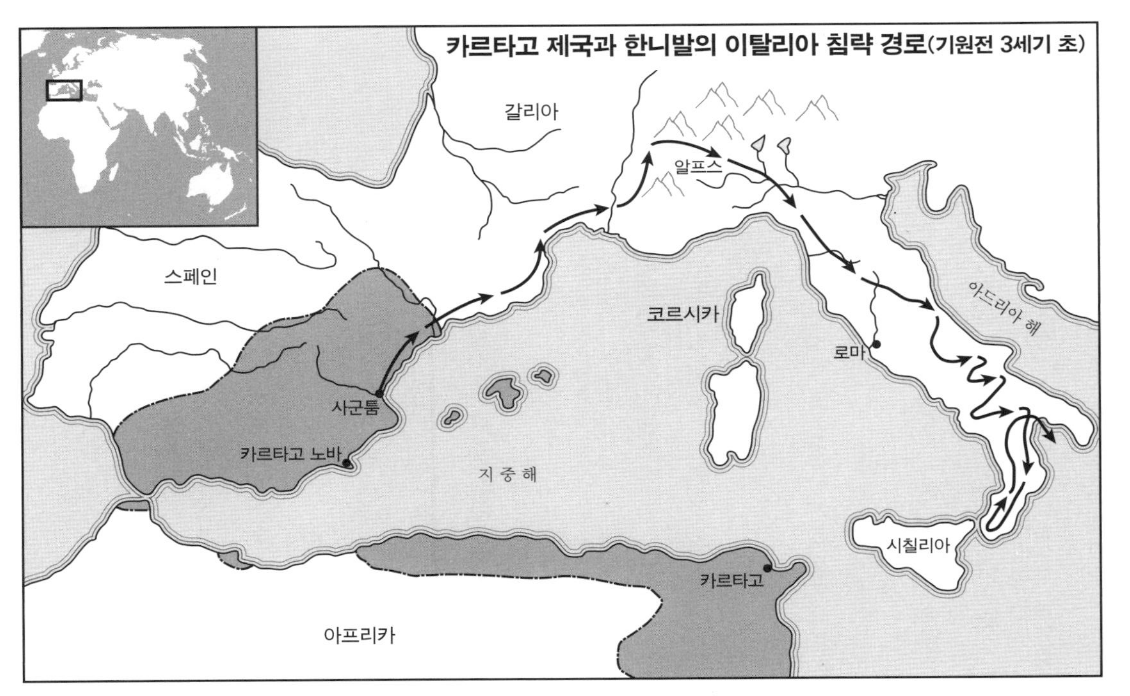

카르타고는 기원전 3세기 지중해에서 가장 강한 해군력을 자랑했다. 북쪽으로는 아프리카와 시칠리아, 남쪽으로는 오늘날 스페인에 해당하는 이베리아 반도까지 아우르는 드넓은 제국을 건설했다. 한편 세력을 이탈리아 너머로 확대하려던 로마가 카르타고의 영향권을 침범하면서, 로마와 카르타고 제국은 지중해 서부의 영토와 해상 지배권을 놓고 포에니 전쟁을 벌였다. 카르타고의 한니발은 이탈리아를 침공해 로마군을 격파했고 두 달 만에 북부를 장악했다. 그러나 결국 반격에 나선 로마에게 철저히 짓밟혔다. 지중해 서부 전체를 장악한 로마는 세계적인 제국으로 탈바꿈했다.

세력을 이탈리아 너머로 확대하고자 했던 로마는 카르타고의 영향권을 침범하기 시작했다. 기원전 264년부터 146년까지 118년 동안 로마와 카르타고 제국은 지중해 서부의 영토와 해상 지배권을 놓고 포에니 전쟁(Punic Wars)을 벌였다. 포에니는 라틴어로 페니키아를 일컫는 말이며, 이 전쟁으로 양쪽 모두 금전적으로나 인력 면에서 막대한 손실을 입었다. 총 세 차례에 걸쳐 일어난 포에니 전쟁의 절정은 2차 전쟁이었다. 2차 포에니 전쟁에서 카르타고는 로마의 본토를 전면적으로 침략하여 심각한 손실을 끼쳤다. 그러나 로마는 가까스로 승리를 거머쥘 수 있었다.

한니발과 포에니 전쟁 기원전 264~146년

기원전 221년 이베리아 반도의 카르타고 세력은 당시 25세이던 한니발을 지도자로 세웠다. 아버지에 이어 지도자가 된 한니발은 기원전 218년 가을, 북쪽 방향에서부터 이탈리아를 침공했다. 특히 겨울에 알프스 산맥을 넘는 과정에서 많은 코끼리와 수천 명의 부하들이 목숨을 잃는 사태가 벌어졌다. 이윽고 이탈리아 반도에 발을 디딘 한니발은 잇달아 로마군을 격파하면서 두 달 만에 북부를 장악했다. 그러자 로마 공화정 도시들의 반란이 이어졌다.

로마는 결국 이베리아를 역습하면서 반격에 나섰다. 아프리카의 카르타고 본토를 공격하기도 전에 이미 상당한 지역이 로마에 백기를 들었다. 카르타고가 평화를 추구하면서 한니발은 망명을 떠날 수밖에 없었고 결국 자살로 생을 마감했다. 속국으로 전락한 카르타고는 다시 반기를 들려는 시도를 하다가 50년 후 로마에게 철저히 짓밟혔다.

지중해 서부 전체를 장악한 로마는 지역의 작은 세력에서 세계적인 제국으로 탈바꿈했다. 로마인들은 지중해를 '우리 앞바다(Mare Nostrum)'라고 부를 정도로 이 지역을 완전히 장악했다. 로마가 기원전 168년 마케도니아 왕국을 정복한 것도 포에니 전쟁의 또 다른 결과였다. 전쟁 중 카르타고를 지원한 마케도니아의 필리포스 5세를 응징한 것이다. 또한 한때 강력한 힘을 자랑했던 그리스도 로마의 속주로 전락했다.

율리우스 카이사르 기원전 100~44년

시간을 훌쩍 뛰어넘어 기원전 80년 로마에서는 율리우스 카이사르(Julius Caesar)라는 걸출한 웅변가가 두각을 나타내었다. 정치에 능란한 인물이었던 카이사르는 당시 위대한 장군으로 추앙받던 그나이우스 폼페이우스(Gnaeus Pompeius), 로마의 부호였던 마르쿠스 크라수스(Marcus Crassus)와 함께 '제1차 삼두

정'이라는 동맹을 맺었다. 이들은 거의 만장일치로 제국을 나누어 다스렸는데 크라수스는 시리아를, 폼페이우스는 이스파니아(이베리아 반도)를, 카이사르는 이탈리아 북부와 유럽 동남 지역, 나중에는 갈리아 남부까지 통치했다.

특히 카이사르는 기원전 58~50년에 (오늘날 프랑스와 대략 일치하는) 갈리아 지역 정복에 성공하면서 인기가 높아졌다. 그는 당시 로마의 기준으로 봐도 잔혹했던 군사 작전을 통해 갈리아 지역을 로마의 지배 아래 두었다. 갈리아는 프랑스 최초의 민족 영웅으로 추앙받는 베르생제토릭스(Vercingetorix)의 지휘 아래 연합하여 로마를 물리치고자 했으나 무위에 그쳤다. 그리스의 역사가인 플루타르코스(Plutarchos)에 따르면, 전쟁이 끝날 무렵 최대 100만 명의 갈리아인들이 사망했고 또 다른 100만 명은 노예 신세가 되었다. 카이사르는 영국 제도도 침략했지만 정복에는 실패했다. 이를 100년 후 클라우디우스(Claudius) 황제가 로마 제국에 완전히 복속시켰다.

카이사르가 승승장구하면서 힘의 균형이 깨지며 폼페이우스 장군의 세력을 위협하기에 이르렀다. 이에 더해 크라수스가 인접한 파르티아를 정벌하려다가 3만 군사와 함께 목숨을 잃으면서 균형이 카이사르 쪽으로 더욱 기울고 말았다. 페르시아의 부족인 파르티아인들은 셀레우코스 제국이 약화되면서 발생한 권력의 공백기를 틈타 세력을 확장하여 로마인들의 골칫거리가 되었다.

카이사르에게 잠재적인 위협을 느낀 폼페이우스는 원로원을 설득하여 카이사르에게 로마로 귀환하라는 명령을 내리게 했다. 카이사르가 실제로 회군을 하기는 했지만 충성스러운 군인으로서 명을 받든 것은 아니었다. 대신 자신을 배신한 로마를 상대로 전쟁을 벌이기로 결심했다. 카이사르는 갈리아에서부터 자기 부대를 이끌고 와 이탈리아 북부의 루비콘 강을 건넜다. 루비콘 강은 로마와 속주를 가르는 경계 역할을 했는데, 어느 장군이라도 무장해제를 하지 않은 상태에서 강을 건너는 것은 곧 반역으로 간주되었다. 이후부터 '루비콘을 건너다'라는 말은 스스로 위험을 무릅쓰는 행위를 일컫게 되었다.

카이사르의 도강으로 내전이 벌어졌고, 이 전쟁을 통해 카이사르는 필적할 대상이 없는 무적의 지도자로 올라섰다. 카이사르에 맞설 로마군 최고 사령관으로 지명된 폼페이우스는 오히려 카이사르에 쫓겨 이집트까지 도망을 쳤으나, 그곳에서 이집트인에게 암살되었다. 이집트에서 카이사르는 프톨레마이오스 왕조의 클레오파트라에게 유혹을 받고 둘 사이에 카이사리온(Caesarion)이라는 아이까지 낳았다. 당시 클레오파트라는 동생이자 파라오인 남편과 억지로 결혼한 상태였는데, 카이사르의 도움에 힘입어 동생을 누르고 왕권을 쥐게 되었다.

로마로 개선 행진한 카이사르는 이후 10년 동안 독재할 수 있었다. 원로원은 카이사르에게 지극한 존경을 표하는 의미에서 7월(July)에 카이사르의 이름을 붙였고[12], 동전에 카이사르의 상을 새겨 넣기도 했다. 그런데 이는 전통적으로 군주제를 상징하는 행동이었기 때문에 군주제에 반감을 가진 것으로 유명한 로마인들이 그냥 보아 넘길 리 없었다.

카이사르는 개혁가로서 시민들에게 많은 인기를 얻었지만, 혹시 부와 권력을 잃게 되지 않을까 두려워하며 현상 유지를 원했던 여러 원로원 의원들에게는 경계의 대상이었다. 원로원은 카이사르가 왕이 되어 로마가 이미 기원전 509년에 폐지한 바 있는 왕정이 되살아날지 모른다는 구실을 핑계 삼아 암살을 모의했다. 기원전 44년 3월 15일(Ides of March)에 카이사르의 심장에 단도를 찔러 넣으며 거사는 성공을 거두었고, 로마는 곧 내전의 소용돌이로 빠져들었다. 결국 로마 공화정이 무너지고 로마 제국이 설립되었다.

옥타비아누스, 마르쿠스 안토니우스와 클레오파트라

12) 8월(August)은 스스로 신이라 칭한 아우구스투스 황제의 이름에서 따왔다.

암살되기 전 카이사르는 옥타비안으로도 알려진 종손 가이우스 옥타비아누스(Gaius Octavianus)를 후계자로 지명했다. 그리고 율리우스 카이사르라는 이름을 포함해 모든 재산을 물려주기로 정했다. 옥타비아누스는 카이사르의 오른팔이자 자수성가한 군인이었던 마르쿠스 안토니우스(Marcus Antonius)와 적대적 관계에 있었다. 카이사르가 암살당하자 두 사람은 불편한 감정을 접어 두고 암살자들을 심판하기 위해 힘을 모았다.

그러나 이내 불신이 둘 사이를 파고들었다. 안토니우스는 동쪽 세계와 클레오파트라에 빠져서 세 명의 자녀를 낳았는데, 이는 안토니우스의 실패로 귀결되었다. 그는 로마에서도 비방거리가 되었다. 항간에는 안토니우스가 로마가 아닌 알렉산드리아에서 승리를 축하하고 그 땅에 묻히기를 원하고 있으며, 로마 제국의 일부를 카이사리온 등 클레오파트라의 자녀들에게 물려주리라는 소문이 돌았다. 소문이 사실이라면 옥타비아누스가 물려받은 카이사르 후계자 지위를 넘볼 수 있을 정도로 막대한 유산이었다.

옥타비아누스는 안토니우스가 이집트의 노리개로 전락했다고 비난하면서 클레오파트라에게 선전포고를 했는데, 이는 곧 안토니우스를 향한 것이었다. 양 진영은 기원전 31년 그리스 북서부의 악티움에서 만났고, 이 해전에서 옥타비아누스는 결정적인 승리를 거두었다. 이듬해 이집트의 마지막 파라오 클레오파트라와 안토니우스는 자살로 생을 마감했다. 이집트는 그리스의 전철을 밟아 로마의 속주로 전락했다.

로마 제국 기원전 27~기원후 476년, 1453년

기원전 27년 로마의 원로원이 옥타비아누스를 '존엄자'라는 의미의 아우구스투스(Augustus)로 추대하면서 로마 공화정이 저물고 로마 제국이 설립되었다. 또한 옥타비아누스는 원로원 제1의원(Princeps Senatus), 즉 원로원의 수장이 되었는데, 이는 로마의 황제를 지칭하는 공식 호칭으로 자리 잡았고 '왕자(prince)'의 어원이 되었다. 옥타비아누스의 여러 호칭 가운데 하나인 임페라토르(Imperator)는 원래 개선장군에게 붙이는 말이었으나, 점차 통치자와 연관된 의미가 강해져 제국(emperor, empereur 등)의 지도자를 칭하게 되었다.

아우구스투스 카이사르 황제는 절대 권력을 행사했다. 보수적인 공화주의자들이 경계의 끈을 늦추지 않았지만, 수십 년에 걸친 내전 이후 아우구스투스 시대에는 정치와 사회적 안정이 이어지면서 우려가 점차 수그러들었다. 사소한 장애물과 전쟁이 몇 차례 있기는 했지만 로마에게 가장 위협이 되었던 동쪽의 파르티아가 내부의 정치적 분쟁에 휘말려 있었기 때문에, 로마 제

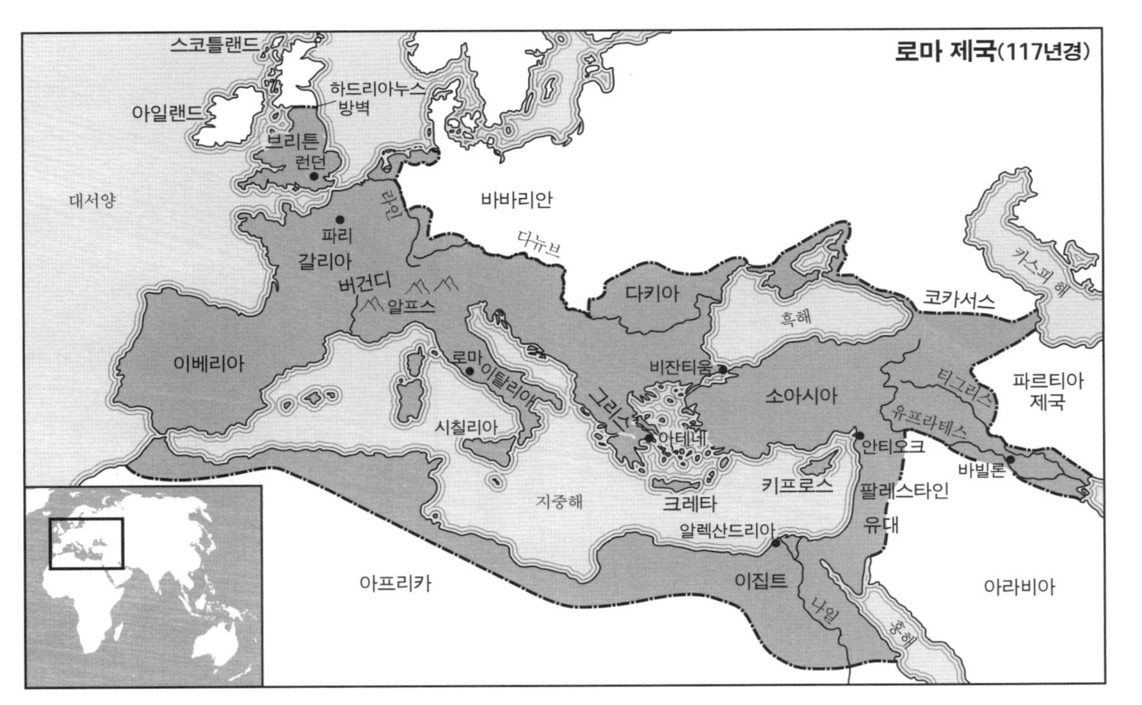

기원전 27년 로마의 원로원이 옥타비아누스를 아우구스투스로 추대하면서 로마 공화정이 저물고 로마 제국이 설립되었다. 사소한 장애물과 전쟁이 몇 차례 있었지만 로마에게 가장 위협이 되었던 동쪽의 파르티아가 내부의 정치적 분쟁에 휘말려 있었기에, 로마 제국은 200년 동안 '팍스 로마나'라는 평화의 시기를 구가했다. 로마 제국의 드넓은 영토를 다스리는 데는 막대한 행정 비용이 들었는데, 운 좋게도 아우구스투스가 새로 점령한 이집트에는 재물이 넘쳐났다. 또한 이집트의 기름진 땅은 로마 제국의 새로운 곡창지대 역할을 했다.

국은 200년 동안 '팍스 로마나(Pax Romana)'라는 평화의 시기를 구가했다. 무역도 활발하여 아프리카에서는 밀을, 갈리아에서는 와인을, 이베리아에서는 기름을 수입했고 아시아의 대상(隊商)은 실크로드를 통해 아라비아와 인도 및 중국의 향신료와 옷감을 들여왔다.

로마 제국의 드넓은 영토에는 최대 5,000만 명이 거주했기 때문에 막대한 행정 비용이 들었다. 그래서 정기적으로 세원을 발굴할 필요가 있었다. 운이 좋게도 아우구스투스가 새로 점령한 이집트에는 재물이 넘쳐나고 세금 수입이 풍부했다. 또한 이집트의 기름진 땅은 로마 제국의 새로운 곡창지대 역할을 했다. 평화의 시기에 교역이 증가하면서 경제가 부흥했고 더 많은 세금이 걷혔다. 아우구스투스가 대규모 공공건물 건축을 시작할 수 있었던 것도 로마의 금고에 재물이 넘쳐났기 때문이다. 황제가 "벽돌의 도시 로마를 대리석의 도시로 일으켰다"[13]라고 호기롭게 말한 것도 과언이 아니었다.

세수 기반이 확대되었지만 제국에는 여전히 많은 세금이 필요했다. 제국이 세금을 더 거두기 위해 사용한 방법 가운데 하나가 인구센서스였다. 인구조사를 통해 제국에 얼마나 많은

13) 로마의 역사가 수에토니우스(Suetonius)의 인용.

사람이 거주하는지, 세금을 얼마나 낼 수 있는지를 파악한 것이다. 기독교 신약성경에는 요셉과 그의 아내 마리아가 인구조사를 받기 위해 이스라엘의 유대에 있는 베들레헴이라는 성읍으로 이동했고 그곳에서 아들 예수를 낳았다는 일화가 나온다.

로마의 선한 황제들과 악한 황제들

로마의 황제들이 모두 다 훌륭한 인품의 소유자는 아니었다. 클라우디우스 황제가 기원후 43년 잉글랜드를 대대적으로 침공하면서 로마는 350년 동안 잉글랜드 남부를 다스리게 되었다. 네로(Nero) 황제는 자신의 모친과 아내를 살해한 폭군이었는데, 기원후 64년에 로마 대화재가 발생하자 기독교도를 희생양으로 삼았으며 결국 자살로 생을 마감했다.[14] 티투스(Titus) 황제의 시대에는 끔찍한 전염병이 돈 데다 79년에 베수비오 화산이 폭발했음에도 콜로세움에서 100일 동안 경기가 열렸다.

81년에 티투스 황제가 사망한 후 2세기까지 로마 황제들은 자손에게 황위를 물려주지 않고 후계자를 정해 양자로 받아들이는 방식을 택했다. 능력 있는 인물이 황제가 되고 내전이 발생하지 않으면서 로마는 유럽의 지배 세력으로 성장했다. 그러나

14) 베드로와 사도 바울이 이 시기에 순교한 것으로 알려져 있다.

180년에 루키우스 코모두스(Lucius Commodus)가 아버지 마르쿠스 아우렐리우스(Marcus Aurelius)의 뒤를 이어 황제가 되면서, 티투스가 황위에 오른 79년 이후 처음으로 제위가 세습되는 사건이 발생했다. 코모두스의 통치 기간은 재앙에 가까웠고, 그는 결국 192년에 암살되었다. 이후 100년 동안 로마는 혼란과 무질서로 빠져들었다.

예수 : 기독교의 탄생

예수는 기원전 6년에서 4년 사이에 태어났다. 30세쯤 사역을 시작하기 전까지의 행적에 대해서는 알려진 바가 거의 없다. 예수는 로마 점령군 치하에 있던 유대 지역에 사랑과 평화의 메시지를 설파했다. 한편으로는 기성 바리새인들의 권위에 도전했는데, 이에 분노한 바리새인들은 신성모독 혐의를 들어 로마군으로 하여금 예수를 십자가에 못 박아 죽이도록 했다. 성경에 따르면 예수는 자신이 죄를 용서할 수 있다고 주장했는데, 오직 하나님만이 죄를 사할 수 있다고 믿었던 바리새인들은 예수의 가르침에 분개할 수 밖에 없었다.[15]

예수를 따른 유대인 제자들 가운데 일부는 가르침에 이끌렸으나, 많은 이들은 예수가 메시아라고 생각했기 때문에 제자가 되었다. 메시아는 토라에 재림이 예언된 인물로, 백성을 구원하고 평화의 시대를 여는 위대한 지도자다. 그러니 28~29년경 예수가 십자가에 못 박힌 사건은 열성 추종자들에게 재앙이나 마찬가지였다. 그러나 예수가 사망한 직후 많은 무리가 죽음에서 부활한 예수를 직접 만났다고 주장했고, 이후 예수의 부활은 기독교 신앙의 근간이 되었다.

---

15) 「누가복음」 5장 21절 "이 참람한 말을 하는 자가 누구뇨 오직 하나님 외에 누가 능히 죄를 사하겠느냐."

예수가 십자가에 못 박힐 당시 그의 제자들은 유대의 작은 종파에 불과했고 종종 로마인들의 박해를 받았다. 그러나 380년에는 로마의 국교가 될 정도로 성장했다. 오늘날 기독교는 세계의 주요 종교 가운데 하나로서 각국의 법과 정치 체계에 영향을 미쳤으며, 현재 우리가 사용하는 달력도 그리스도의 탄생 시기에 근거하고 있다.[16]

---

16) 오랫동안 역사는 BC(Before Christ, 그리스도 이전)와 AD(Anno Domini, 그리스도의 해)로 구분되었다. 하지만 오늘날에는 BCE(Before the Common Era, 공동의 시대 이전)와 CE(Common Era, 공동의 시대)도 흔히 사용되고 있다. 물론 기준 시점은 동일하다.

로마의 쇠락

3세기 중엽 로마에서는 황제들이 전장에서 전사하거나 정적들에게 암살당하면서 50년도 안 되는 기간 동안 황제가 무려 스무 번 이상 바뀌었다. 뿐만 아니라 탈영한 군인들이 내전을 일으켜도 이를 진압할 만한 강력한 지도자가 없어 분열이 일어나며 붕괴 직전에 몰렸다. 제국의 확대에 제동이 걸리면서 오랫동안 제국을 앞으로 나아가게 했던 전리품과 노예라는 동력이 고갈되었다. 지금껏 로마의 권력을 집행하는 통로였던 군대는 유지 비용이 많이 드는 문젯거리로 전락했다. 로마 내부에서 전쟁이 벌어지자 전방을 지키던 많은 군사가 제국을 지키기 위해 이동했다. 이처럼 전방의 방어 태세가 약화되자 외침이 잦아졌다. 로마의 약화를 감지한 페르시아 사산 왕조가 세력 확장에 나선 것도 로마에 또 다른 위협이 되었다.

내부에서는 지리적으로 멀리 떨어진 속주의 사령관들이 점차 독립적인 지배자 행세를 하면서 로마를 등한시했다. 발레리아누스(Valerianus) 황제는 이런 문제에 대응하고자 제국을 책임에 따라 동쪽과 서쪽으로 나누었다. 하지만 여러모로 황제의 조치는 때늦은 감이 있었다. 발레리아누스는 파르티아를 점령한 사산 왕조를 물리치기 위해 260년 동쪽으로 출정했으나, '왕 중의 왕'이라는 샤푸르 1세(Shapur I)에게 붙들렸다. 포로가 된 황제는 페르시아 왕이 말에 오를 때 디디는 발판 노릇을 하는 생활을 하다가 사망했다.

내전과 정복, 그리고 뒤이은 주둔에 막대한 비용이 들어가자 황제들은 새로운 수입원을 찾아야 했다. 정복지에 더 많은 세금을 부과하고자 했지만 로마 지배에 대한 피정복민들의 반감만 키울 뿐이었다. 이런 상황에서 로마가 회복한 것은 모두 디오클레티아누스(Diocletianus)의 지도력 덕분이었다. 디오클레티아누스는 황제 자리를 놓고 싸우던 정적을 제거하고 284년 군대의 추대로 제위에 올랐다. 디오클레티아누스는 전쟁과 내부 불안이라는 혼란의 시기를 개혁으로 극복했다. 그리고 발레리아누스의 선례를 따라 제국을 지리적 기준에서 동로마와 서로마로 나누었다. 이런 분리가 제국에 일시적인 안정을 가져온 면이 있지만, 결과적으로 로마의 붕괴로 이어지리라고는 황제도 예상치 못했을 것이다.

당초 디오클레티아누스는 동로마와 서로마에서 순조롭게 양위가 이루어지도록 계획했다. 그러나 서로마 황제(콘스탄티우스 클로루스(Constantius Chlorus) — 옮긴이 주)의 아들 콘스탄티누스(Constantinus)가 부왕의 사후 스스로 황제에 오르면서 그 계획이 뒤틀어졌다. 312년 콘스탄티누스는 왕좌를 넘보는 도전자들을 물리치기 위해 이탈리아를 침공했다. 밀비우스 다리 전투에서 정적을 제거한 콘스탄티누스는 자신이 전쟁 시작 전에 "이 표시로 너는 이기리라"라는 목소리와 함께 십자가 문양을 보았다고 주장했다. 이듬해 콘스탄티누스는 밀라노 칙령을 통해 로마 제국에서 기독교 분파를 포함하여 모든 종교에 중립적 입장을 취하겠다고 밝혔다.

내전이 잦아지자 콘스탄티누스는 지배력을 유지하고자 고대 그리스의 비잔티움에 새 수도를 건설하고, 자신의 이름을 따 콘스탄티노플이라고 명명했다. 황제는 유럽과 아시아 사이에 위치한 콘스탄티노플에서 동로마 제국을 다스렸고, 콘스탄티노플은 1,000년 동안 전 세계에서 가장 위대한 도시의 하나로 발돋움했다. 콘스탄티노플이 부상하는 동안 로마는 세력이 기울다가 끝내 몰락했다.

문 앞의 야만인들

로마 제국에 정작 위협이 된 것은 페르시아가 아닌 인근의 이민족인 고트족, 반달족, 알란족이었다. 그들은 서서히 로마 영토를 잠식해 나갔다. 전통적으로 로마는 일부 이민족과 교역 관계를 유지하는 한편 나머지 이민족은 정복하는 방식으로 다스려 왔다. 특히 로마가 내부 문제로 복잡할 때는 이민족 족장들을 매수하는 전략을 구사하기도 했다. 이민족 전사들은 종종 로마의 전투에 동원되었는데[17] 고트족의 침입에 맞서 로마 제국을 방어한 로마 장군도 사실은 반달족 출신이었다.

그런데 유럽의 변두리와 중국의 서쪽 국경 사이에 위치한 광활한 유라시아 스텝 지역에 머물던 유목민 훈족이 세력을 확장하면서 상황이 급박해졌다. 훈족은 3세기 말에서 6세기 말, 중국의 '위진남북조'라는 혼돈의 시기에 서쪽으로 이동을 시작했다. 훈족이 게르만족의 영토를 이곳저곳 공략하다가 일부 지역을 정복하자, 그 정복지에 살던 민족들은 살 곳을 찾아 로마 제국의 경계 지역까지 이동했다.

376년에는 대규모의 고트족 무리가 훈족을 피하여 다뉴브 강까지 이동했고, 동로마 제국의 발레리아누스 황제에게 로마 영토에 정착하게 해 달라고 요청했다. 발레리아누스는 고트족이 페르시아와의 전쟁에 동원할 수 있는 인적 자원이 될 뿐만 아니라 동쪽에서 쳐들어오는 다른 침입자들을 막아 내는 방패 역할을 하리라 기대하면서 다뉴브 강 근처에 정착하도록 허락했다. 그러나 정착지 인근에 주둔해 있던 로마군은 고트족의 대규모 이주를 받아들일 준비가 미처 되어 있지 않은 데다 귀중한 식량과 보급품을 이민족들과 나눌 수도, 나누고 싶은 마음도 없었

17) 로마에게 패한 적들은 노동력과 식량을 로마에 제공하고 청년들을 로마군에 입대시키는 것이 관례였다.

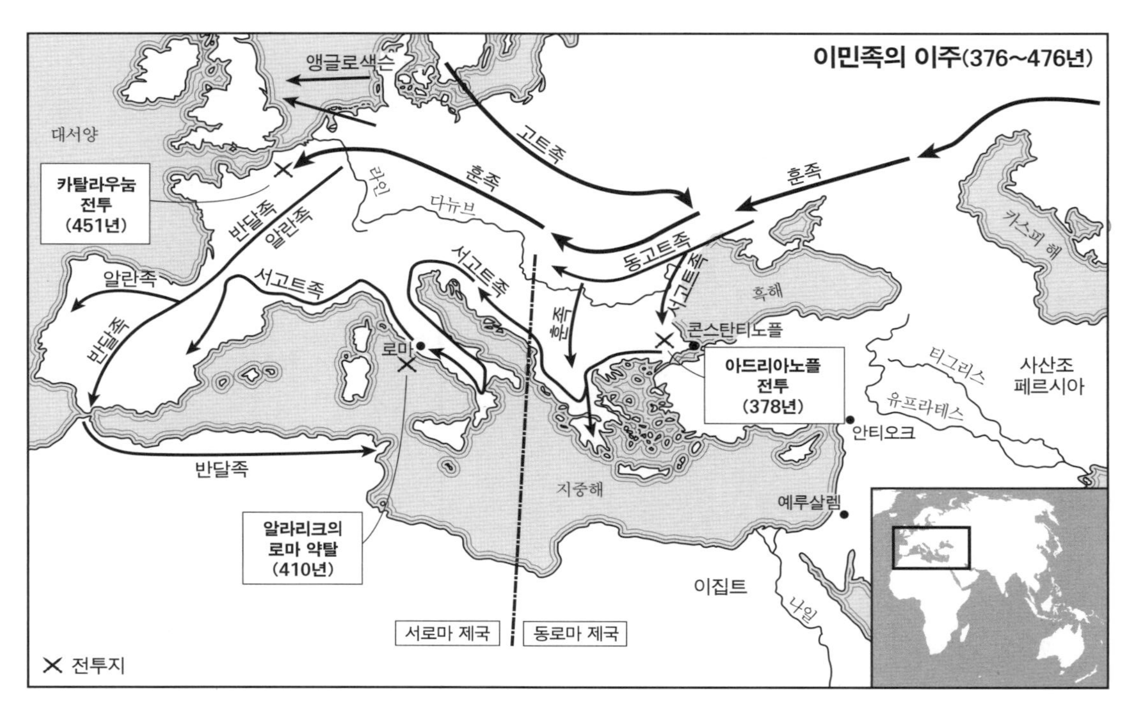

이민족들은 서서히 로마 영토를 잠식해 나갔다. 훈족이 서쪽으로 이동을 시작하자 고트족 무리가 훈족을 피해 이동했고, 발레리아누스는 그들이 다뉴브 강 근처에 정착하도록 허락했다. 그러나 굶주리고 지친 이민족이 증가하면서 결국 반란이 일어났다. 발레리아누스는 직접 병력을 이끌고 나가 아드리아노플에서 고트족과 전투를 벌였으나 로마 제국 역사상 최악의 패배를 당했고, 다른 게르만 이민족들의 세력을 키우는 결과로 이어졌다. 이어 고트족은 알라리크의 지휘 아래 반란을 일으켜 당시 서양 세계의 중심지였던 로마를 약탈했다.

다. 로마 내부에 굶주리고 지친 이민족이 증가하면서 2년 후에는 결국 반란이 일어났다.

발레리아누스는 질서를 바로잡기 위해 병력을 이끌고 나가 콘스탄티노플 인근의 아드리아노플에서 고트족과 전투를 벌였다. 그러나 로마 제국 역사상 최악의 패배를 당하면서 황제 자신이 전사하고 말았다. 전쟁의 패배와 더불어 황제가 전사하면서 로마군의 불패 신화에는 금이 갔다. 또한 더욱 두려워할 만한 다른 게르만 이민족들이 세력을 키우는 결과로 이어졌다.

발레리아누스의 뒤를 이은 테오도시우스(Theodosius) 황제는 고트족에게 오늘날 불가리아에 해당하는 영토를 주면서 화평을 추구했다. 그러나 전장에서 고트족을 병졸로 이용하면서 오히려 상황을 더욱 악화시켰다. 고트족은 알라리크(Alaric)의 지휘 아래 5세기 초에 반란을 일으켜 이탈리아로 진군했고, 410년에는 당시 서양 세계의 중심지였던 로마를 약탈했다.[18]

훈족이라고 경계의 끈을 놓을 수 없었다. 새로 즉위한 아틸라(Attila) 왕은 서진을 추진하다가 451년 갈리아 한복판에서 로마와 고트족 연합군에 패배하고 나서야 물러갔다. 아틸라 왕은 전투에서 패배하고 몇 년 뒤에 사망했으며, 훈 제국은 내부에서

18) 알라리크는 408년에 로마를 약탈하겠다고 위협했다가 4,000파운드의 금을 약속하자 물러났다. 그러나 약속했던 금을 받지 못하자 고트족은 로마 약탈을 실천에 옮겼다.

벌어진 권력 분쟁으로 세력이 약해져 결국 역사에서 사라졌다.

서로마 제국의 종말 476년

서로마 제국이 간신히 명맥을 유지하던 476년, 이탈리아의 게르만 병력이 반란을 일으켜 고트족 지휘관인 오도아케르(Odoacer)를 자신들의 왕으로 추대하는 사건이 벌어졌다. 오도아케르는 곧 로물루스 아우구스툴루스(Romulus Augustulus) 황제를 폐위하고 스스로 이탈리아 왕의 자리에 올랐다. 서로마 제국의 초라한 종말이었다. 반면 그리스, 터키, 이집트 북부와 중동의 일부를 아우르던 동로마 제국은 서로마가 멸망한 뒤에도 1,000년을 더 유지했다. 세력이 점차 약화되던 동로마 제국은 1453년 투르크인들이 콘스탄티노플을 함락하면서 무너졌다.

서로마 제국의 몰락에는 여러 원인이 있었다. 우선 영토를 과도하게 확장한 결과로 길게 확대된 국경을 지킬 군대를 미처 확보하지 못했다. 군대 주둔 지역이라 해도 당시에는 가장 신속한 교통수단이 말이었기 때문에 보급품 지급과 임금 지불, 의사소통에 어려움이 따랐다. 또한 동쪽에서 이민족들이 유입되어 영토를 차지하면서 군대를 운영하는 자금줄인 세금 기반을 잠식했다. 정치적으로나 문화적으로 그토록 드넓은 영토를 군대도 없이 어떻게 다스릴 수 있겠는가? 결국 강력한 지도력이 부재한 가운데 내전이 이어졌고, 3세기에 갈등이 격화되면서 제국의 기반과 국경이 약화되었다.

반면 동로마 제국은 국경이 더 짧았을 뿐만 아니라 인구도 많고 부강하여 더 오래 유지될 수 있었다. 또한 콘스탄티노플에서 동양과 교역을 지속하여 많은 세금을 거둬들였으므로 제국 유지에 필요한 경비를 군대와 시민들에게 넉넉히 지급했다.

황금기의 로마 제국은 세계 역사상 최대 규모의 제국을 자랑했다. 로마인들은 거침없이 영토를 확장했고, 이 과정에서 확보한 포로들은 보통 노예로 삼거나 시민들의 유희를 위하여 검투사로 훈련시켰다. 그 결과 노예가 전체 인구에서 차지하는 비중이 상당했다. 로마는 혼돈에 빠져 있던 세계에 평화와 질서를 가져왔고, 군대가 이동할 도로를 정비했으며, 시민들이 담수와 공중목욕탕을 이용할 수 있도록 수로를 설치하는 등 많은 기여를 했다. 로마의 법적·행정적 전통은 이후 서양의 모든 정부의 근간이 되었다.

중앙아메리카의 마야 문명 300~900년

몰락으로 치닫던 서로마 제국의 사람들은 저 멀리 중앙아메리카라는 지역에 또 다른 위대한 문명이 존재하며 이제 황금기를 눈앞에 두고 있다는 사실을 까맣게 모르고 있었다. 바로

마야 문명이다.

무너진 올메크 문명을 토대로 발전한 마야 문명은 기원후 1000년 상당한 기간 동안 중앙아메리카에서 가장 중요한 문명으로 성장했다. 한 사람의 지도자 아래 통일된 적은 없지만, 여러 도시국가의 핵심부에 거대한 석조 건물과 피라미드형 신전을 건축했다. 도시국가의 인구는 수백에서 수천 명에 이르렀으며, 이 가운데 가장 큰 도시였던 티칼에는 최대 10만 명이 거주했던 것으로 추정된다. 티칼 사람들은 태양, 달, 비 같은 신들을 달래고 힘을 북돋기 위해 인근 도시와의 전쟁에서 사로잡은 포로들을 고문하고 희생 제물로 바쳤다.

마야인들은 과학 기기를 사용하지 않고도 상당히 정확한 달력들을 만들었다. 매우 치밀한 시간 계산으로 일식을 예측하기까지 했다. 마야인들은 지구가 2012년 12월 21일에 종말을 맞을 것이라는 불길한 예언을 남겼지만 운 좋게도 예언은 빗나갔다. 정작 그들은 과잉인구, 삼림 벌채, 가뭄이나 전쟁 등의 이유로 900년경에 종말을 맞았다. 마야 사회가 급속히 무너지면서 이들이 세운 도시도 폐허가 되어 열대우림으로 뒤덮였다.

III
중세 초기
500년~1000년

암흑시대 500~800년

로마가 붕괴된 후 수백 년간 유럽은 혼돈, 전쟁, 불화, 질병, 문맹과 미신으로 신음했다. 3세기 말 중국의 상황과 크게 다르지 않았다. 지식을 경시하고 역사를 기록하지 않던 야만적 시기의 유럽을 혹자들은 극적 효과를 살려 암흑시대라고 불렀다. 역사학자들은 중세 초기 시대라고 분류한다.

그나마 고전 학문의 연구가 끊어지지 않은 것은 헌금과 보유 토지로 운영되던 교회의 기여가 컸다. 380년에 로마의 국교로 공식 채택된 기독교는 많은 게르만족이 평화의 약속에 이끌려 개종을 하면서 세력이 커졌다.

5세기 초 알라리크가 로마를 공격하자, 브리턴족도 로마 점령군에 대항하여 지난 300년 이상 잉글랜드 땅을 지배해 온 로마인들을 몰아냈다. 잉글랜드에서 로마인들이 물러가면서 이 섬은 색슨족, 앵글족, 주트족, 그리고 독일 북부와 덴마크의 다른 부족들 차지가 되었다. 토착 주민들을 대신하여 사회 지배 세력이 된 부족들이 후일 앵글로색슨족을 형성했고, 이들의 언어가 뒤섞여 영어가 되었다.

유럽 대륙에서는 게르만족이 중심 세력으로 올라섰다. 이들은 본래 흩어져 살던 소규모 조직들의 집합이었는데, 힘이 커지면서 강력한 세력이 되어 인근 지역을 정복해 갔다. 500년에는 몰락한 서로마 제국을 대신하여 여러 왕조가 들어섰다. 반달족은 로마가 점령했던 아프리카 북부 지역을, 서고트족은 갈리아의 남서부와 이베리아 반도 대부분을, 부르군트족은 갈리아 동남부를, 프랑크족은 갈리아 북부를, 앵글로색슨족은 브리튼을, 알라마니족은 동유럽을, 동고트족은 이탈리아를 차지했다.

중세 초기 서유럽에서 서로마 제국을 계승한 왕국 가운데 가장 번영한 것은 프랑크족의 프랑크 왕국이었다. 클로비스(Clovis)는 프랑크족을 이끌고 갈리아에 파견된 로마의 마지막 총독을 쫓아내고 이 지역 대부분을 통일했다. 또한 서고트족을 피레네 산맥 남쪽으로 몰아내고 메로빙거라는 새 왕조를 열었다. 511년 클로비스 왕의 사망 당시에는 갈리아의 이민족들이 강력한 프랑크족에 흡수되었다.

동로마 제국 비잔티움

수백 년 동안 지배자로 군림했던 로마가 이탈리아 밖에서 힘을 잃고 서로마 제국이 몰락하면서 콘스탄티노플이 문명사회의 중심지로 부상했다. 동로마의 궁전에서 라틴어가 아닌 그리스어가 주로 사용되었는데도 동로마 황제는 스스로를 로마 황제라고 칭했다. 콘스탄티노플의 시민들 역시 자신들을 로마인이라고 불렀다. 그러나 동로마 제국은 서유럽과 다른 양상으로 발전했고, 문화적 측면에서도 로마와 그리스뿐만 아니라 페르시아와 아라비아의 영향도 받았다. 시간이 흐를수록 동로마의 교회는 로마의 권위를 거부하며 콘스탄티노플의 총대주교를 인정했다. 마침내 1054년에는 서방 교회와 완전히 분리되어 그리스정교회가 되었다.

'비잔티움 제국'은 16~17세기의 역사학자들이 붙인 명칭이며, 이에 해당하는 동로마 제국은 수백 년 동안 드넓은 지역을 통치했다. 서쪽에서는 도시 인구가 줄고 로마인들이 만든 수로와 웅장한 건축물이 버려지거나 훼손되어 다른 건축물의 자재로 재활용된 반면, 동로마 제국은 확대되었다.

6세기 유스티니아누스(Justinianus) 황제는 이탈리아, 아프리카 해안, 스페인의 여러 지역을 침공하여 로마 제국의 부활을 시도했고 실제로도 상당한 성과를 거두었다. 542년의 제국은 지난 200여 년 동안 확장한 것보다 더 큰 영토를 얻었다. 또 유스티니아누스는 모든 로마법을 정비하는 등 사법 개혁을 실시했고, 하기아 소피아를 비롯하여 여러 건축 사업을 진행했다. 하기아 소피아는 당초 성당으로 건축되었으나 후일 모스크로 탈바꿈했으며, 오늘날 이스탄불에서는 박물관으로 사용되고 있다.

540년대 초반 치명적인 흑사병이 창궐하여 동로마의 화려한 시대가 막을 내렸다. 도시인구의 거의 절반이 사망하는 등 제국의 인구도 크게 줄어들었다. 유스티니아누스 황제 자신도 흑사병에 걸렸으나 운 좋게도 살아났다. 일부 역사학자들은 이로부터 200년 동안 전염병이 반복적으로 창궐하면서 최대 1억 명이 목숨을 잃은 것으로 추정하고 있다.

전염병으로 제국이 크게 약화된 데다 서쪽으로 영토를 지나치게 확장하면서 비잔티움 제국은 동쪽 사산조 페르시아의 끊임없는 위협에 노출되었다. 사산조 페르시아는 당시 비잔티움 제국과 힘을 겨룰 수 있는 유일한 제국이었다. 7세기 초에는 두 제국 사이에 서로의 힘을 크게 소모시키는 일련의 전쟁이 벌어졌다. 이렇게 양 세력이 약화된 틈을 타 무슬림이 세력을 키웠다.

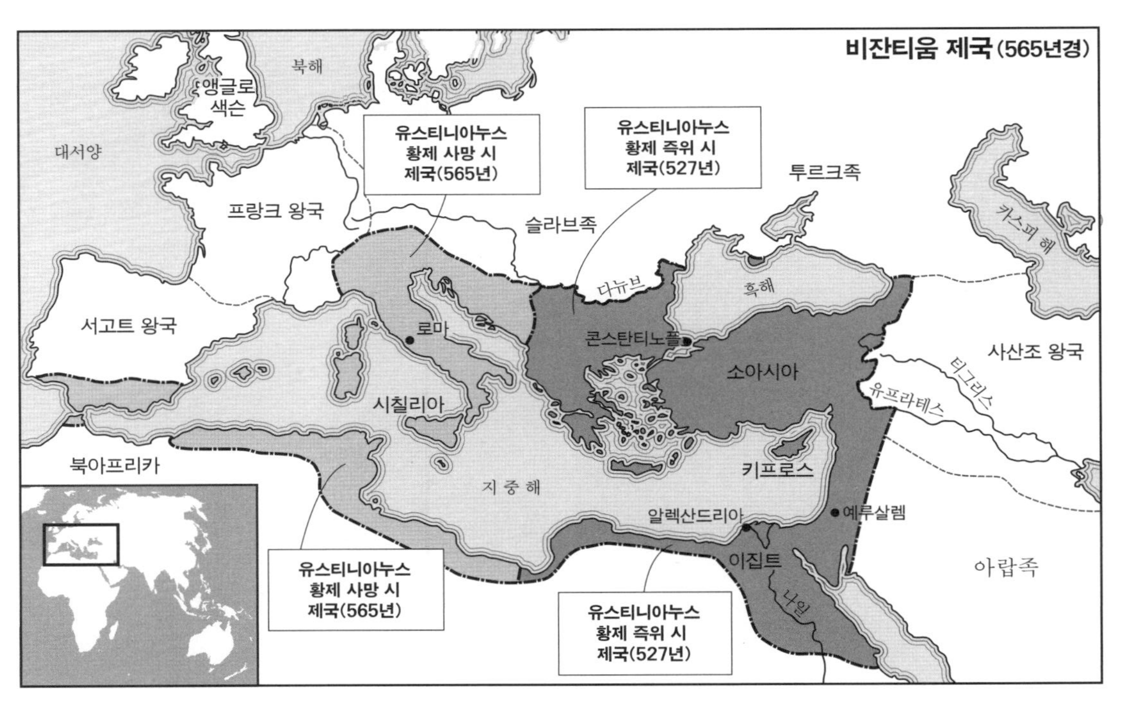

서로마 제국이 몰락하면서 콘스탄티노플이 문명사회의 중심지로 부상했다. 동로마 제국(비잔티움 제국)의 유스티니아누스 황제는 이탈리아, 아프리카 해안, 스페인의 여러 지역을 침공하여 로마 제국의 부활을 시도했고 실제로도 상당한 성과를 거두었다. 540년대 초반 흑사병이 창궐하여 제국이 크게 약화된 데다 서쪽으로 영토를 지나치게 확장하면서 비잔티움은 동쪽 사산조 페르시아의 위협에 노출되었다. 7세기 초에는 두 제국 사이에 서로의 힘을 크게 소모시키는 일련의 전쟁이 벌어졌고, 이렇게 양 세력이 약화된 틈을 타 이슬람교도가 세력을 키웠다.

최후의 예언자 무함마드 570~632년

610년 아라비아의 메카에서 한 40세 남자가 동굴에서 잠을 자다가 가브리엘 천사의 환상을 보았다고 주장했다. 한때 상인이었던 선지자 무함마드(Muhammad)는 가브리엘 천사가 다신교의 아랍 사막 부족에게 신은 오직 하나임을 알리라는 명령을 했다고 전했다. 선지자가 상인 시절에 접했던 기독교와 유대교 역시 하나의 신만 섬기는 일신교에 해당했다.

무함마드가 전한 유일신, 사회 정의, 자선, 선행, 신 앞에서 모두가 평등함이라는 명료한 메시지는 가난한 사람들에게 반향을 일으켰다. 반대로 메카의 기득권층인 상인들은 분개하면서 무함마드의 가르침을 거부했고 공공연히 적대감을 드러냈다. 이들은 메카의 다신교 성지인 카바에서 막대한 수입을 올리고 있었다. 상인들이 보기에 아랍에 전해 내려오던 다신교 종교를 공격하는 것은 곧 메카의 번영을 침해하는 행위와 다를 바 없었다.

622년 메카에서 축출된 무함마드는 제자들을 이끌고 자신의 가르침을 받아들인 메디나로 도망쳤다. 이슬람 종교 역사상 전환점이 된 이 사건을 헤지라(이주)라고 하는데, 모세가 헤브라이족을 이끌고 이집트를 탈출한 출애굽 사건에 비유되기도 한다. 8년 후 무함마드는 메카로 진군하여 도시를 정복하는 데 성공하고 많은 무리의 아라비아 사막 부족들을 이슬람, 곧 '신의 뜻에 순종'이라는 새 종교로 개종시켰다.

632년 무함마드가 사망했을 당시 이슬람은 아라비아 사막의 일부 부족 정도가 믿는 초기 단계의 종교에 불과했다. 그러나 수백 년 후 무슬림 군대가 서쪽으로 스페인, 남쪽으로 아프리카, 동쪽으로 페르시아에 이르는 광활한 영토를 손에 넣고 이 지역의 모든 제국을 정복하기에 이르면서 이슬람의 영향력도 확대되었다. 이처럼 무슬림 군대가 성공을 거둔 배경으로는 전염병과 전쟁을 들 수 있다. 6세기에 사산조 페르시아와 비잔티움 제국이 전염병으로 신음하는 동안 아라비아의 상당 지역은 그 재앙을 비껴갔다. 이는 아라비아 일대가 사막이고 전염이 일어날 만한 도시가 없었기 때문으로 보인다. 전쟁 측면에서는 무슬림 정복군이 종교적 열정과 전리품을 취할 수 있다는 약속에 고무된 반면, 페르시아와 비잔티움은 이미 장기간 전쟁을 벌이며 힘이 약해져 있어 제대로 대항할 수가 없었다. 기존 정권의 부패와 과도한 세금에 신물이 나 있던 수많은 피정복민들은 무슬림을 두 팔 벌려 환영했다.

이슬람 세력의 빠른 성장 이면에는 내부적으로 풀어야 할 근본적인 문제가 도사리고 있었다. 생전에 무함마드는 후계자를 지명하지도, 새 지도자가 선출되는 절차를 마련하지도 않았다. 그 결과 누가 무함마드를 계승해야 하느냐를 놓고 의견이 엇갈렸다. 무함마드의 사촌이자 사위인 알리(Ali)는 후계자가 되기에 너무 젊다는 이유로 무함마드의 측근이었던 아부 바크르(Abu Bakr)에게 권력이 넘어갔다. 이런 결정은 후일 이슬람 공동체 안에서 일어난 분란의 주된 원인으로 작용했다. 한편에는 선지자의 길(Sunna)을 따르는 수나의 백성들(Ahl Al-Sunna), 곧 수니파가 있었고, 또 다른 한편에는 알리 지지자들(Shi'at'Ali)이라는 알리의 분파가 존재했는데, 이들이 오늘날의 시아파다.

무함마드 사후에 아부 바크르는 의로운 후계자를 뜻하는 칼리프가 되었다. 그는 아라비아 반도의 모든 아랍인은 무슬림 공동체의 지도자가 설사 완력으로 권력을 잡은 경우라도 그 권위를 인정해야 한다고 주장했다. 아부 바크르는 2년이라는 짧은 시간 안에 자신의 목표를 성취했다. 여러 부족들을 화합시킨 그는 외부의 적에 맞서야 한다고 명령하면서 이슬람의 영역(Dar al-Islam), 전쟁의 영역(Dar al-Harb) 같은 운동을 적극적으로 추진했다.

그러나 아랍 군대는 정복지에서 비교적 관용을 베풀었다. 특히 '책의 백성들'이라고 불리던 유대인과 기독교인이 자유롭게 예배할 수 있도록 허용했고 이슬람 개종을 강요하지 않았다. 피정복민들이 무슬림이 되면 세금의 의무를 면제받았기 때문에 대대적인 개종은 세수의 감소로 이어질 가능성도 있었다. 이처럼 아랍인들은 자신들의 통치권을 인정하고 세금을 납부하는 한 자치를 인정했다. 이제껏 통치자들의 압제를 받으며 살아온 피정복민들은 이슬람군의 점령을 크게 반기기도 했다.

무함마드 사후 22년에 3대 칼리프인 우스만(Uthman)이 암살당하자, 알리의 추종자들은 지금이야말로 알리를 칼리프로 추대할 기회라고 보았다. 그러나 알리는 암살되었고, 알리의 아들 하산(Hasan)은 기존 우마이야 왕조에 설득당해 통치권을 포기했다. 그럼에도 하산은 독살되었으며, 권력을 추구하던 하산의 형제 후사인(Husayn)도 추종 세력들과 함께 학살당했다. 이 사건으로 수니파와 시아파의 사이는 더욱 벌어졌다.

이후 약 100년 동안 무슬림이 광대한 영토를 정복하도록 이끈 우마이야 왕조가 자리를 잡은 다마스쿠스(오늘날 시리아)가 이슬람 세계의 수도 역할을 했다. 동쪽에서는 무슬림 군대가 사산조 페르시아와 중앙아시아를 정복하는 데 성공했고, 점차 인도까지 신도를 확보했다. 서쪽에서는 711년 북아프리카 베르베르족의 작은 군대가 아랍의 지도력과 전리품에 이끌려 스페인의 서고트족 영토를 침범했고, 이후 10년이 안 되는 기간에 이베리아 반도 대부분을 점령했다. 이때부터 스페인은 알안달루스(Al-Andalus)라는 지명으로 알려지게 되었고 이민족, 기독교인, 유대인과 이슬람의 문화가 뒤섞인 독특한 문화를 형성했다. 지브롤터 바위(Rock of Gibraltar)의 봉우리는 당시 라틴어 지명('Mons Calpe')이었으나 무어인 타리크 장군의 이름을 따서 '타리크의 언덕(Jalb Tariq)'으로 개명되었고, 오늘날의 지명인 지브롤터도 여기에서 유래했다. 무슬림은 이베리아 반도를 700년 동안 지배하다가 축출되었다.

오랫동안 이슬람 군대에 필적할 만한 세력이 없었으나 732년에 전환기가 찾아왔다. '망치(the Hammer)'로도 알려진 프랑크족의 샤를 마르텔(Charles Martel)이 여러 군대를 연합하여 프랑스 푸아티에 인근에서 우마이야군을 물리친 것이다. 이로써 이슬람이 북서 유럽으로 확대되는 것을 성공적으로 막아 냈다. 점령군의 규모에 대해서는 논란이 있기는 하지만, 이슬람군이 푸아티에 전투에서 패배하지 않았다면 세계 역사는 전혀 다른 방향으로 흘러갔을 것이다.

우마이야 왕조의 몰락 750년

다마스쿠스의 상황도 우마이야 왕조의 뜻대로 흘러가지 않았다. 우마이야 제국이 무역과 정복으로 막대한 부를 축적함에 따라 궁전에서 퇴폐적인 생활양식이 발전하면서 대다수 백성들의 생활과 거리가 멀어지자 왕조에 대한 반감이 커졌다. 또한 정복지에서 취한 전리품이 다마스쿠스로 흘러 들어가기만 할 뿐 실제 전장에서 피 흘린 군인들에게는 분배되지 않는다는 불만이 제기되기 시작했다. 아랍인들이 우마이야 왕조를 좌지우지하는 가운데 모든 무슬림을 평등하게 대우해야 한다는 이슬람 통치를 요구하는 목소리도 높아졌다.

이 같은 불안은 비아랍계 무슬림과 시아파 반대자들이 반란을 일으키는 데 좋은 구실을 제공했고, 우마이야 왕조는 이런 반란을 제압하려다가 종말을 맞았다. 선지자 무함마드의 숙부의 증손인 아부 알아바스 앗사파흐(Abu l'Abbas al-Saffah)가 이끄는 반대파는 반란을 일으키고, 아부 알아바스는 칼리프로 추대되었다. 750년 이들은 우마이야 가문을 축제에 초청해 놓고 아브드 알라흐만(Abd ar-Rahman)을 제외한 모두를 살육했다. 옛 칼리프의 손자였던 아브드 알라흐만은 아프리카를 거쳐 스페인으로 도망쳐, 알아바스를 지지하던 알안달루스의 총독을 물리쳤다. 그리고 코르도바를 근거로 하는 독립 토후국을 설립했다.

초기 아프리카 제국

7세기부터 무슬림은 아프리카의 여러 지역들을 탐험하기 시작했는데, 이는 유럽인들이 아프리카 대륙을 나눠 먹는 시기보다 수백 년이나 앞선 것이다. 아프리카의 역사는 기록물이 부족해 파악하기가 쉽지 않다. 아프리카인들은 로마인이나 중국인처럼 주요 교통 인프라를 구축한 것도 아니어서 각 지역의 역사가 매우 상이했고, 고고학적 자료도 부족한 실정이다. 그나마 카르타고가 성장하면서 사막을 횡단하는 교역이 촉진되었고 로마인들에 의해 더욱 활성화되었다는 정도가 알려져 있다. 로마인들은 카르타고 근처에 살고 있던 아프리(Afri) 부족의 이름을 따서 이 대륙의 이름을 아프리카라고 붙였다.

아프리카에 낙타를 대거 들여와 무역을 한층 발전시킨 주인공은 무슬림이었다. 이들은 7~16세기에 서아프리카의 가나[1], 말리, 송가이 제국 등 지역의 세력이 성장하도록 간접적인 지원을 했다. 14세기 아프리카 국가들에 대해 후대에 알려진 사실 중 많은 부분은 아부 압둘라 이븐 바투타(Abu Abdulla Ibn Battuta)라는 14세기 탐험가가 남긴 기록에 따른 것이다. 이븐 바투타는 약 30년에 걸쳐 아프리카, 인도, 중앙아시아, 중국, 중동을 포함한 이슬람 세계를 여행했다.

중국의 시대 650~750년

유럽이 암흑 속에서 헤매는 동안 중국은 지구에서 가장 선

1) 오늘날의 가나와는 다른 제국으로, 세네갈과 모리타니 사이에 위치했다.

진화된 문명을 꽃피우고 있었다. 220년 한나라가 멸망한 후 581년에야 중국의 상당 지역이 통일되었다. 중국을 통일한 수(隋)나라는 오래가지 못했지만 당(唐)나라의 기반을 닦는 역할을 했다. 당나라(618~907년)는 중국 역사상 최장기간 지속되었으며, 중세 세계를 통틀어 가장 위대한 제국으로 손꼽힌다.

중국은 현명한 지도층과 효율적인 통치, 북부와 북서부의 인근 세력을 제압한 강한 군대 덕분에 번영을 누렸다. 황실은 중앙아시아와 중동 및 페르시아의 문화와 종교를 받아들였으며, 수도인 장안(오늘날 시안)에는 관광객과 상인이 몰려들었다. 덕분에 장안은 빠른 속도로 세계 최대의 도시가 되었다. 이와 함께 회화와 문학, 시가 발전한 8세기 초는 중국 역사상 황금기로 손꼽힌다. 차가 중국의 국민적 마실 거리로 정착된 것도 바로 이 시기다.

그러나 자연재해가 잇따른 데다 앞서 망한 수나라와 마찬가지로 관용이 사라지고 혼란이 가중되면서 무질서에 빠져들어 결국 완전히 무너졌다.

이슬람의 황금기 8~11세기

중동에 새로 들어선 아바스 왕조도 이슬람의 황금기를 열었다. 아바스 왕조는 수도를 다마스쿠스에서 바그다드로 옮겼는데, 새로운 수도는 동양과의 무역과 농업을 통해 부를 축적하여 세계에서 가장 부유한 도시가 되었다. 이후 1258년에 몽골이 침입하기 전까지 바그다드는 이슬람 세계의 정치 및 문화적 수도 역할을 했다.

아바스 왕조는 막대한 부를 바탕으로 학문과 예술을 지원했다. 8~9세기에는 알만수르(al-Mansur), 알라시드(al-Rashid), 알마몬(al-Mamoun) 등 훌륭한 칼리프들이 통치하면서 전 세계의 지식을 축적하는 데 힘을 쏟았다. 이는 9~11세기 칼리프 시대에 위대한 이슬람 문화와 지적인 성취를 이루는 바탕이 되었다.

당시 이슬람 세계는 서양의 어느 나라보다 더 개방적이고 세련되었으며, 정교하고 풍부한 문화를 자랑했다. 서양에서는 본질상 종교와 무관한 학문에는 관심을 두지 않았다. 윌리엄 번스타인은 『탁월한 교류』에서 "정복 활동으로 활기를 얻은 아랍인들은 문화적 르네상스 시대를 맞이했고, 이는 여러 분야에 영향을 미쳤다. 당대의 위대한 문학, 예술, 수학, 천문학은 로마나 콘스탄티노플 또는 파리가 아닌 다마스쿠스, 바그다드, 코르도

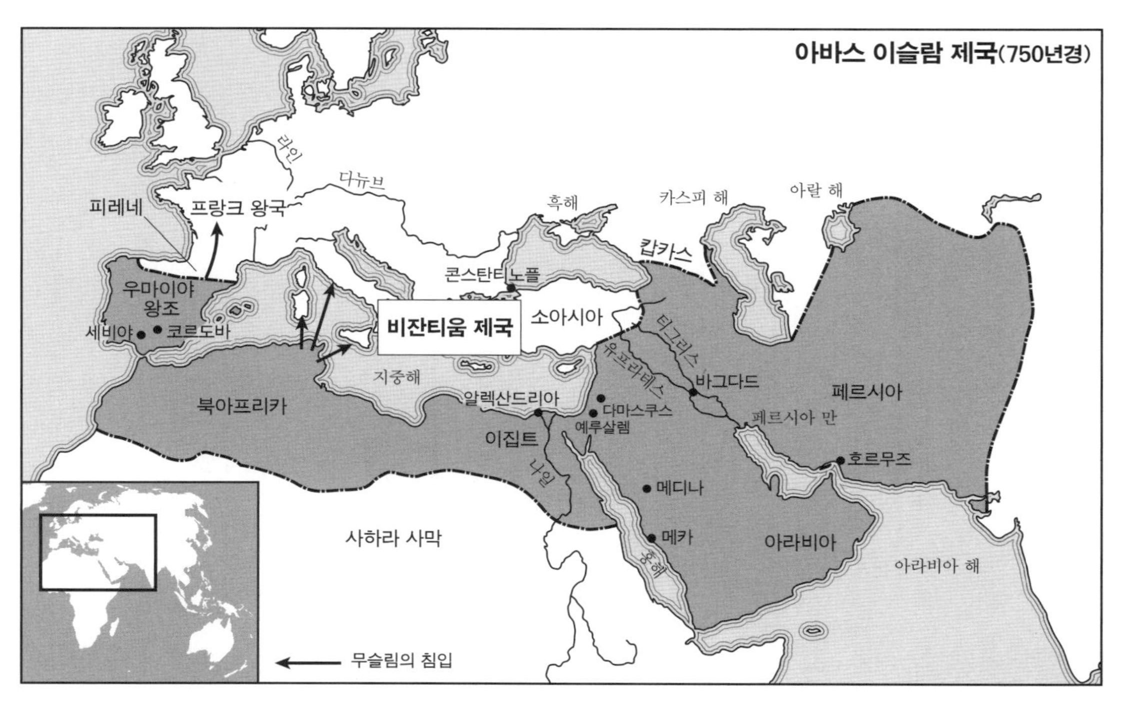

아랍인들이 우마이야 왕조를 좌지우지하는 가운데 이슬람 통치를 요구하는 목소리가 높아졌다. 이 같은 불안으로 비아랍계 무슬림과 시아파 반대자들이 반란을 일으켰고 우마이야 왕조는 종말을 맞았다. 아브드 알라흐만은 아프리카를 거쳐 스페인으로 도망쳐 알안달루스의 총독을 물리치고 코르도바를 근거로 하는 독립 토후국을 세웠다. 중동에 새로 들어선 아바스 왕조는 이슬람의 황금기를 열었다. 아바스 왕조는 수도를 다마스쿠스에서 바그다드로 옮겼는데, 새로운 수도는 동양과의 무역과 농업을 통해 부를 축적하여 세계에서 가장 부유한 도시가 되었다.

바에서 발전했다"[2]고 기술했다.

아바스 왕조는 고대 그리스 서적에도 지대한 관심을 가졌다. 알마몬 칼리프는 여러 나라에서 온 학자들이 모여 연구할 수 있는 바이트 알히크마(Bayt al-Hikmah, 지혜의 집)를 열었다. 이곳에서는 헤브라이어, 그리스어, 페르시아어와 기타 언어로 기록된 수학, 기상학, 역학, 천문학, 철학, 의학 등 다양한 학문이 아라비아어로 번역되었다. 이에 서양의 이민족들이 관심을 거의 두지 않았던 고전들이 보존될 수 있었다. 사실 후대에 전해진 고대 작품들 가운데 다수는 오로지 아라비아 번역본으로만 전해 내려오고 있다.

속설에 따르면, 무슬림들은 8세기 중반에 포로로 잡은 중국의 한 장인에게서 제지법을 배웠다. 이것이 사실이든 아니든 8세기에 무슬림 영토에서 종이를 사용한 것은 분명하며, 종이를 쓴 덕분에 사상과 지식이 더욱 빠른 속도로 전파될 수 있었다. 많은 유럽인들이 여전히 동물 가죽이나 나무껍질에 기록을 남기고 있던 시절 무슬림들은 책을 거래하기까지 했다.

또한 코란에 기록된 명령은 다양한 발명이 일어날 수 있는 환경을 조성했다. 예를 들어 무슬림들은 하루에 다섯 번 메카

---

2) 윌리엄 번스타인(William Bernstein), 『탁월한 교류(A Splendid Exchange)』, 아틀랜틱북스(2008).

를 향해 기도할 의무가 있었는데, 이를 지키려면 기도 시간과 방향을 알아야 했다. 오로지 과학적인 탐구를 통해서만 이해할 수 있는 내용이었다. 지도의 제작과 항해술의 발전도 코란의 명령을 따르기 위해 개발한 많은 결과물에 속했다. 조너선 라이언스는 『지혜의 집, 이슬람은 어떻게 유럽 문명을 바꾸었는가』에서 "환자를 치료하라는 코란의 명령은 의학의 발전을 촉진했고, 나아가 선진 병원을 탄생시켰다"[3]고 지적했다. 기독교인들은 질환이나 전염병 등의 질병을 신의 형벌로 인식하면서 유대인을 박해하고 육체를 채찍질하는 등의 행위로 치료될 수 있다고 생각했다. 반면 무슬림은 질병을 일으키는 신체적 원인이 무엇인지 진단했다. 라이언스는 "서양 세계에서는 대개 미신과 악령을 쫓는 차원에서 의술에 접근했는데 이는 아랍이 선진 의술과 수술, 약물학, 역학을 연구한 것과 대조를 이룬다. 서양인들에게는 '위생'에 대한 개념이 전혀 없었다"라고 설명했다. 인류 최초의 병원이 바그다드에 설립된 것도 우연이 아니었다. 또한 학문도 유럽에서 아랍이 아닌, 아랍에서 유럽으로 전해졌다.

11세기 페르시아 작가였던 이븐 시나(아비센나)는 당시 수집

3) 조너선 라이언스(Jonathan Lyons), 『지혜의 집, 이슬람은 어떻게 유럽 문명을 바꾸었는가(The House of Wisdom : How the Arabs Transformed Western Civilization)』, 책과함께(2013).

이 가능한 고대 그리스와 이슬람의 모든 의학적 지식을 총동원하여 의학과 관련된 방대한 논문을 집필했다. 이는 기독교 세계였던 유럽의 의료 시설에서 17세기까지도 널리 활용되었다.

알안달루스의 이슬람 문화는 아바스 왕조와는 현격히 다른 양상으로 발전했다. 900년부터 후(後)우마이야 왕조는 아바스 왕조에 뒤지지 않기 위해 계획적으로 동양의 학자들을 불러 모았고, 코르도바 지역에서 자체 황금기를 맞았다. "절정기의 후우마이야 왕조는 유럽에서 가장 번영하고 안정적이었으며 부유하고 세련되었다."[4] 사실 이슬람 세계에서 유럽 지역으로 전파된 많은 지식은 스페인을 거쳐서 전해졌다.

샤를마뉴 742~814년

한편 서유럽에서는 카롤루스 대제(Carolus Magnus)가 다스리는 프랑크 왕국이 절정기를 맞고 있었다. 샤를마뉴(Charlemagne)라는 프랑스 이름으로 더 잘 알려진, 샤를 마르텔의 손자는 771년에 29세의 나이로 프랑크족의 유일한 왕이 되었다. 샤를마뉴는 유럽 중세 초기 시대의 가장 위대한 왕으로 인정받는데, 여기에는 충분한 근거가 있다. 샤를마뉴는 프랑크

4) 안토니 파그덴(Anthony Pagden), 『전쟁하는 세상(Worlds at War)』, 살림(2009).

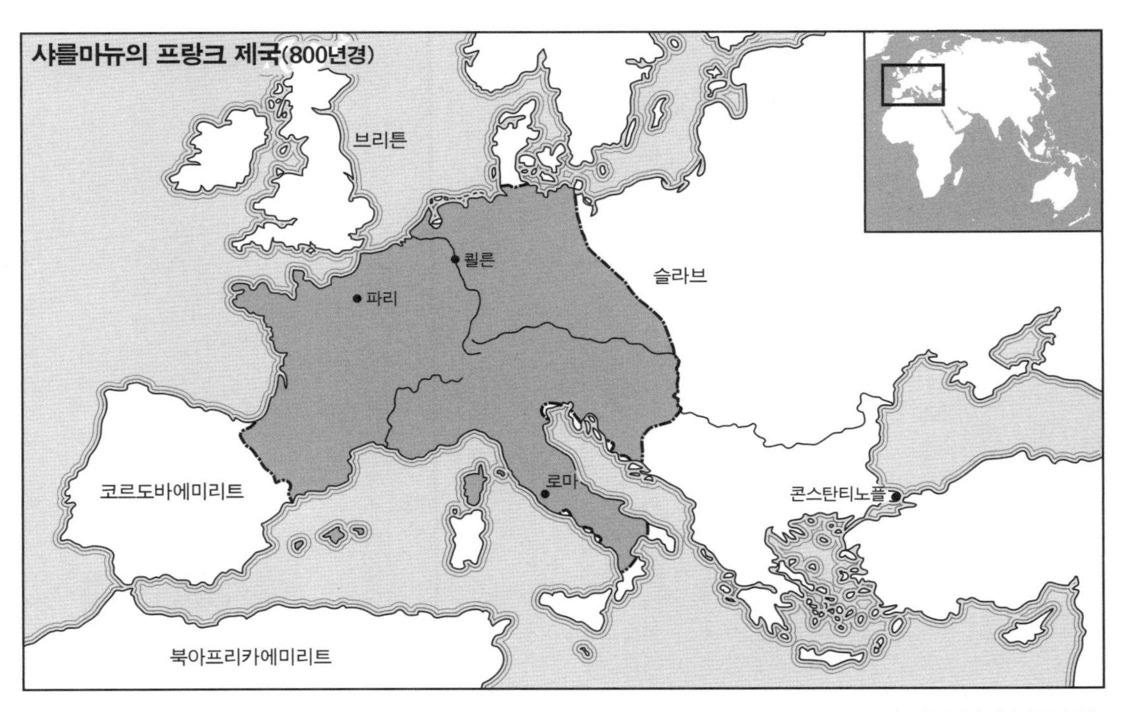

유럽 중세 초기 시대의 가장 위대한 왕으로 인정받는 샤를마뉴는 29세 나이로 프랑크족의 유일한 왕이 되었다. 샤를마뉴는 프랑크 부족들과 서양의 국가들을 통일하여 로마 제국 이래 유럽 최대의 제국을 세웠다. 이 제국에는 오늘날의 프랑스와 독일, 네덜란드, 벨기에, 스위스, 오스트리아, 폴란드, 이탈리아가 포함되었다. 샤를마뉴는 교황을 여러 번 도와주며 화평을 추구함으로써 800년 서로마의 황제로 즉위하는 영광을 누렸다. 샤를마뉴가 이룬 업적 가운데 하나는 서로마 제국이 새롭게 활력을 얻었다는 생각을 대중의 의식 속에 심어 준 것이었다.

부족들과 서양의 국가들을 통일하여 로마 제국 이래 유럽 최대의 제국을 세웠다. 이 제국에는 오늘날의 프랑스와 독일, 네덜란드, 벨기에, 스위스, 오스트리아, 폴란드, 이탈리아가 포함되었다.

샤를마뉴는 교황을 여러 번 도와주며 화평을 추구했는데, 그 대가로 800년 크리스마스에 로마의 성 베드로 대성당에서 서로마의 황제로 즉위하는 영광을 누렸다. 샤를마뉴는 46년 동안 제국을 다스렸지만, 그의 사후 제국은 오래가지 못했다. 샤를마뉴의 아들이 제국을 셋으로 나누어 자신의 아들들에게 하나씩 준 것이다. 그 결과 제국은 여러 봉건국가로 쪼개졌고 남쪽에서는 무슬림, 동쪽에서는 슬라브족, 북쪽에서는 바이킹족의 위협을 받았다. 샤를마뉴가 이룬 업적 가운데 하나는 서로마 제국이 새롭게 활력을 얻었다는 생각을 대중의 의식에 심어 준 것이었다. 962년에 교황 요한 12세(John XII)가 게르만의 오토 1세(Otto I)에게 대관식을 거행한 이후 800년 동안이나 황제의 통치가 끊이지 않고 이어졌다. 비록 오토 1세의 계승자들이 제대로 역할을 하지는 못했지만, 명목상 오늘날의 독일 대부분과 이탈리아 일부를 아우르는 지역을 다스렸다. 1157년 프리드리히 1세(Frederick I)는 신앙의 수호자라는 역할을 인식하여 '로마 제국' 앞에 '신성'이라는 수식 어구를 덧붙였다.

수백 곳의 크고 작은 독립 영방(領邦)을 다스린 독일의 군주

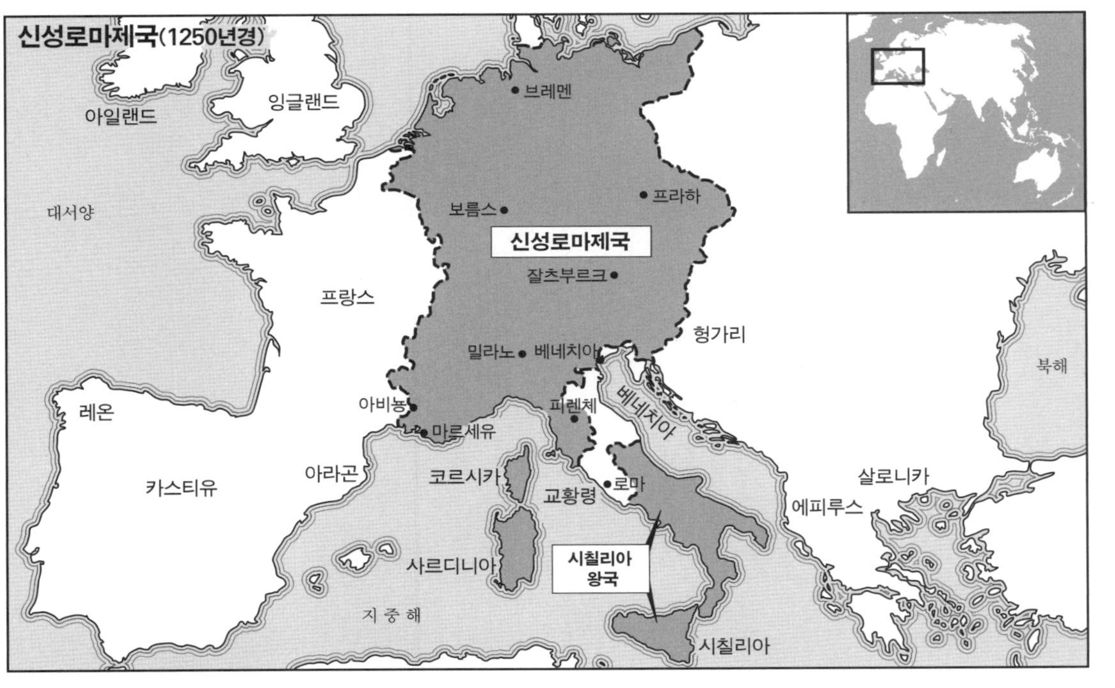

962년 게르만의 오토 1세가 로마 교황에게 대관을 받은 이후 800년 동안이나 황제의 통치가 끊이지 않고 이어졌다. 비록 오토 1세의 계승자들이 제대로 역할을 하지는 못했지만 명목상 오늘날의 독일 대부분과 이탈리아 일부를 아우르는 지역을 다스렸다. 1157년 프리드리히 1세는 신앙의 수호자라는 역할을 인식하여 '로마 제국' 앞에 '신성'이라는 수식어를 덧붙였다. 수백 곳의 크고 작은 독립 영방을 다스린 독일의 군주들은 항상 신성로마제국 황제의 제위를 유지했으며, 이들 중 가장 유력한 가문이 오스트리아의 합스부르크 왕가였다.

들은 항상 신성로마제국 황제의 제위를 유지했다. 이들 중 가장 유력한 가문이 오스트리아의 합스부르크 왕가로 1452~1806년 제위를 유지했다. 계몽주의 사상가 볼테르는 18세기의 신성로마제국에 대해 "신성하지도 않고, 로마도 아니며, 제국도 아니었다"라는 더없이 적절한 평가를 내렸다.

바이킹과 노르만의 침입 793~1066년

793년 유럽에서 샤를마뉴가 광대한 제국을 통치하는 데 집중하고 동양에서는 아바스 왕조가 꽃피는 동안, 바이킹이라는 바다의 전사들이 스칸디나비아를 떠나 잉글랜드 동부 해안의 작은 섬인 린디스판에 상륙했다. 지역 주민들을 순식간에 살육한 바이킹은 수도원의 금고를 약탈한 후 떠났다. 이는 유럽에 닥쳐올 빈번한 약탈의 서막이었다. 이후 바이킹의 약탈은 규모 면에서나 빈도 면에서 점점 증가했다.

바이킹은 예상치 못한 시점에 갑자기 나타나 약탈의 효과를 극대화했다. 바이킹이 사용하던 배는 동시대의 다른 배에 비해 용골이 얕아 강 상류까지 깊숙이 침투해 들어갈 수 있었다. 바이킹은 솜씨 좋은 선원인 동시에 잔인한 전사였다.

또 한편으로 바이킹은 탐험가, 무역상, 정착민이기도 했고 방랑벽이 있어 다른 유럽인들보다도 멀리까지 여행을 하여 그린

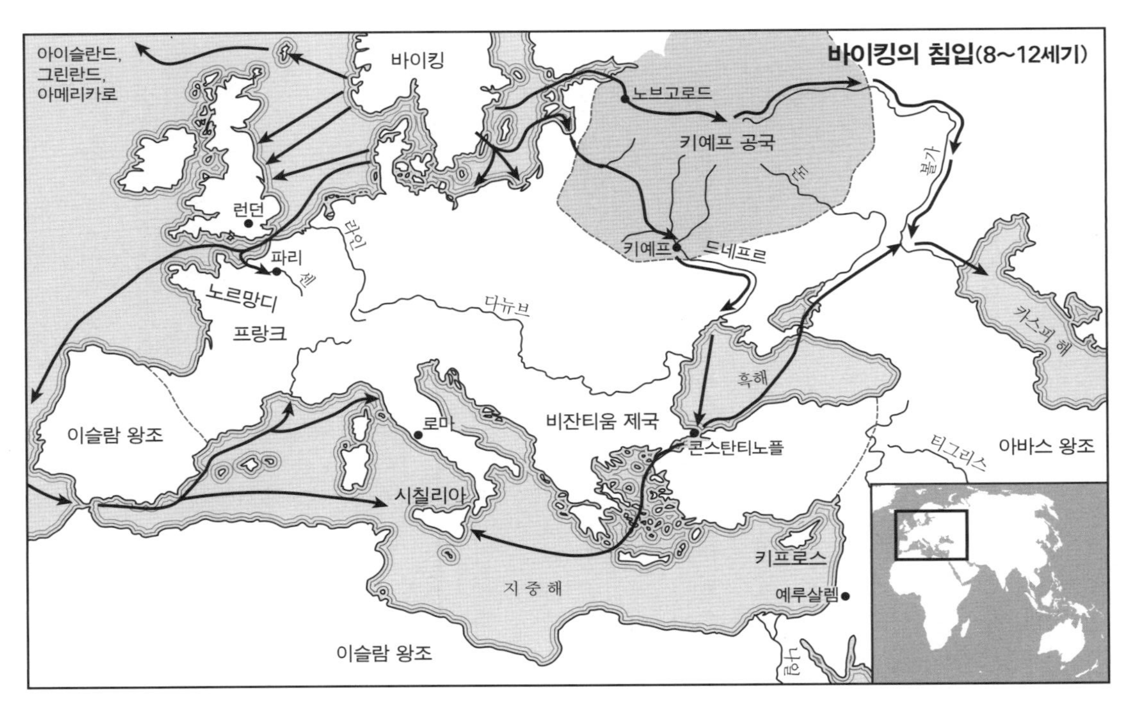

793년 바이킹이라는 바다의 전사들이 스칸디나비아를 떠나 잉글랜드 동부 해안의 작은 섬에 상륙해 지역 주민들을 살육하고 약탈했다. 이후 바이킹의 약탈은 점차 빈번해졌다. 바이킹은 솜씨 좋은 선원이자 잔인한 전사였고 탐험가, 무역상, 정착민이기도 했다. 멀리까지 여행하면서 그린란드와 아이슬란드를 발견했고, 1000년경에는 아메리카 북동부 해안에 잠시 정착지를 세우기까지 했다. 콜럼버스보다 먼저였다. 바이킹은 오늘날 덴마크와 노르웨이 지역에서 출발하여 서쪽으로 이동할 때는 약탈과 정복을, 스웨덴에서 출발하여 남쪽으로 이동할 때는 주로 무역을 목적으로 했다.

란드와 아이슬란드를 발견했다. 심지어 1000년경에는 아메리카 북동부 해안에 잠시 정착지를 세우기까지 했다. 콜럼버스가 아닌 바이킹이야말로 아메리카에 상륙한 최초의 유럽인이었던 셈이다. 바이킹이 오늘날 덴마크와 노르웨이 지역에서 출발하여 서쪽으로 이동할 때는 약탈과 정복을 목적으로 했다. 이와 달리 스웨덴에서 출발하여 남쪽으로 이동할 때는 주로 무역이 목적이었다. 마침 북쪽에서 남쪽 방향으로 흐르는 큰 강들이 발트해를 카스피 해, 흑해와 이어 주었기 때문에 바이킹들이 강을 따라 남쪽으로 내려올 수 있었다.

아랍인들은 남진해 오는 바이킹을 '루시(Rus)'라고 불렀는데, 이들은 오늘날 우크라이나와 러시아 지역에 각각 키예프 공국들과 노브고로드 대공국을 세우는 데 중요한 역할을 했다. 이 도시들 주변에서 무역이 발전하면서 러시아의 토대가 형성되었다. 키예프 시는 이후 200년간 키예프 공국(the state of Kievan Rus)을 이끌었고, 콘스탄티노플과 교역하는 과정에서 988년에 동방정교를 들여오는 중요한 역할을 했다.

노르웨이의 바이킹들이 아일랜드에 노르스 왕국을 세운 데 이어, 수십 년 후에는 덴마크의 정복자들이 잉글랜드 동부에 정착했다. 911년에는 프랑스도 공격을 받았다. 이전에도 프랑스 북부 일부를 정복한 바 있던 바이킹의 지도자 롤로(Rollo)

는 프랑크족이 바이킹의 급습을 받지 않도록 보호해 주겠다며 더 많은 토지를 공물로 바치라고 요구했다. 이때 롤로는 노르망디를 차지했는데, 이 지역은 후일 롤로의 후손인 정복자 윌리엄(William the Conqueror)이 1066년에 잉글랜드를 침입하는 발판 역할을 했다.

9세기에 앨프레드 대왕(Alfred the Great)[5]이 잉글랜드를 지키기 위해 용맹을 떨쳤지만, 앵글로색슨족은 이미 힘이 기운 뒤였다. 11세기 초 덴마크의 크누드(Canute) 왕은 덴마크와 노르웨이, 잉글랜드를 합쳐 거대한 북해 제국을 건설했다. 그러나 영토를 과도하게 확장했던 다른 제국들과 마찬가지로 제국을 오래 지켜 내지 못했다. 1066년 에드워드(Edward) 왕이 사망하자 데인족 바이킹 세력은 잉글랜드 북부를 정복하려다가 스탬퍼드 브리지 전투에서 패하여 섬에서 쫓겨났다.

문제는 스탬퍼드 브리지 전투가 있었던 바로 그달에 잉글랜드에 또 다른 공격이 있었다는 사실이다. 노르망디의 윌리엄 대공은 왕권을 요구하며 잉글랜드 남부를 공격했다. 에드워드 왕에 이어 왕권을 차지한 해럴드(Harold) 왕은 북부에서 데인족을 물리치자마자 다시 남쪽으로 320킬로미터가량을 달려가 헤

---

5) 앨프레드 대왕은 영국에서 유일하게 '대왕'으로 불렸다.

이스팅스 전투에서 노르만인과 맞붙었다. 불과 한 달이 안 되는 시차를 두고 북쪽과 남쪽의 침입자들과 싸우지만 않았다면 잉글랜드군은 기력을 회복하여 강한 군사력을 유지했을 테고, 노르만인을 섬에서 격퇴하는 데 성공했을지도 모른다. 그러나 현실은 그렇지 않았다. 해럴드 왕은 눈에 화살을 맞았고, 잉글랜드는 패했다. 불과 수천 명이 동원된 전투 한 번으로 영국 역사의 큰 줄기가 바뀌었고, 노르망디의 윌리엄은 '정복자 윌리엄'이라는 별칭을 얻었다. 중요한 사실은 1066년을 끝으로 잉글랜드는 더 이상 자국 영토에서 유럽의 적과 싸울 일이 없었다는 점이다.

잉글랜드를 점령한 노르만족은 나라 곳곳에 쌓은 성에서 영토를 통치했다. 노르만인들은 프랑스어를 쓰고 프랑크족과 바이킹의 관습을 고수했다. 게다가 쓸 만한 땅을 사냥에 활용하도록 제한했기 때문에 잉글랜드인들에게 인기를 얻지 못했다. 반면 유럽 대륙에서는 노르만족의 전쟁 기술이 익히 알려져 있었기 때문에 지배자들이 도움을 받기 위해 이들을 고용하기도 했다. 가령 교황은 시칠리아와 남부 이탈리아를 이슬람에서 해방시킬 때 노르만족의 도움을 얻었다. 이후 노르만 왕은 여러 대에 걸쳐 시칠리아를 지배했다.

Ⅳ
중세 후기

1000년~1500년

칼리프 지위에 대한 도전

아바스 왕조의 황금기는 오래가지 못했다. 궁전의 사치와 수니 이슬람을 포용한 정책은 내부 분란을 일으켰다. 아바스 왕조의 설립은 많은 시아파 무슬림의 지지가 있었기에 가능했다. 아바스 왕조를 따르던 추종자들이 대거 이탈하면서 이슬람 세계에서 여러 중심지가 대두했고, 이는 칼리프의 중앙집권에 대한 도전으로 이어졌다.

아바스 왕조에 환멸을 느낀 인물은 일가가 학살된 후 스페인으로 도망쳤던 우마이야의 왕자뿐만이 아니었다. 시아파의 많은 무슬림들은 아바스 왕조가 변심했다고 여기고, 아프리카 북부로 이동하여 아바스와 경쟁하게 되는 왕조를 설립했다. 이 가운데 무함마드의 딸 파티마(Fatima)의 후손을 자처하는 파티마 왕조가 가장 잘 알려져 있다. 910년에 세워진 파티마조는 969년에 이집트를 정복하여 카이로를 수도로 삼고 북아프리카 대부분 지역을 통치했다.

11세기 파티마 왕조는 바그다드의 아바스 왕조보다 더 큰 세력으로 성장했다. 그러나 한편으로는 팔레스타인과 시리아를 점차 잠식해 나가다가 셀주크 투르크와 유럽의 십자군을 동시에 직접 맞닥뜨리게 되었다. 이러한 충돌은 결국 파티마 왕조를 몰락시켰다.

셀주크 투르크는 11세기에 중앙아시아 스텝 지대에서 페르시아로 이주한 데 이어 아바스의 영토에 정착하여 수니파 무슬림이 되었다. 아바스 왕조의 세력이 약화되었음을 감지한 셀주크 투르크는 1055년 바그다드를 장악했다. 그리고 20년 안에 비잔티움을 비롯한 소아시아 대부분을 정복하여 독립 룸 술탄국(the Independent Sultanate of Rum)을 세웠는데[1], 룸은 로마의 아랍식 표현에서 유래한 것이다. 이는 투르크족이 처음으로 소아시아에 영구 정착하기 시작한 시기이며, 투르크족(Turks)의 땅인

---

1) 아바스조가 셀주크의 지도자에게 술탄이라는 칭호를 부여하면서, 그는 술탄으로 불린 최초의 무슬림 지도자가 되었다.

터키(Turkey)에서 이슬람이 시작된 기원으로 간주된다.[2]

유럽의 종교적 분열 1054년

셀주크가 소아시아를 정복하는 동안 유럽은 내부의 종교 분열로 신음하고 있었다. 중세 초기에 로마의 교황과 콘스탄티노플의 총대주교는 오랫동안 소원한 관계를 유지했다. 성직자가 수염을 길러야 하는가 같은 외견상 사소해 보이는 이견이 오랜 세월 이어지면서 양측의 관계는 멀어졌다. 하지만 결정적으로 양 세력을 갈라놓는 두 가지 문제가 있었다. 하나는 로마의 교황이 동방정교의 도전을 받고 있던 가톨릭교회의 다른 주교들보다 우위에 있느냐는 것이었다. 또 다른 하나는 성부, 성자, 성령의 삼위일체에서 성령의 중요성과 위상에 대한 문제였다.

문화와 언어의 차이는 오해를 증폭시켜 두 집단 사이를 더욱 멀어지게 만들었다. 갈등은 1054년 로마의 교황과 콘스탄티노플의 총대주교가 서로를 파문하면서 절정에 이르렀다. 이후 교회는 서쪽의 로마 가톨릭교회와 동쪽의 동방정교로 완전히 분리되었다. 14~15세기에 투르크족이 진격했을 때를 비롯하여 여러 번 화해의 계기가 마련되었으나 모두 불발되었다.

---

2) 또한 셀주크는 시아파 파티마조에서 시리아와 팔레스타인을 정복했다.

더구나 로마 교회는 내부적인 문제까지 안고 있었다. 유럽의 새 군주들은 교회를 손에 넣으면 교회의 재물까지 얻을 수 있다는 사실을 깨달았다. 게다가 세속 세계에서는 교회가 군주들과 경쟁하는 관계였으므로 서유럽의 왕들은 교회의 권력을 통제하고자 했다. 독일의 신성로마제국을 비롯한 새 황제들이 교회 고위 성직자들에 대한 서임권을 행사하자, 교회 측은 주교와 수도원장을 임명할 권한은 오로지 교황청에만 있다고 반격했다.

교황은 교회의 권위에 감히 도전한 신성로마제국의 하인리히 4세(Heinrich IV)를 파문했다. 그러자 하인리히가 다른 교황을 옹립하고, 하인리히의 정적들은 다른 황제를 추대하는 역사상 가장 기묘한 사건이 벌어졌다. 하인리히 4세가 로마를 급습하자 다급해진 교황은 노르만족에 도움을 요청했는데, 노르만족은 도리어 로마를 약탈했다! 황제와 교황은 평행선을 달리다가 1122년에야 황제가 주교 임명에 간섭하지 않으나 봉토를 내리는 권한은 계속 유지하는 내용에 합의했다. 이 사건의 전말을 '서임권 투쟁'이라 한다.

십자군 전쟁 1096~1291년

11세기 유럽은 동쪽에서 셀주크 투르크가 잠식해 오면서 성지 순례뿐만 아니라 기독교 세계 자체를 위협하자 깊은 고민에 빠졌다. 실제로 콘스탄티노플의 황제들은 교황에게 동쪽에서 진격하는 이교도와의 전쟁에 지원을 보내 달라고 여러 번 간청했다. 로마 교황은 계속 도전받아 온 교회의 권력을 이 기회에 과시할 뿐만 아니라 로마와 동방정교 사이의 균열을 봉합할 수 있으리라 판단했다.

마침내 1095년 교황 우르바노 2세(Urbano II)는 예루살렘을 이교도들로부터 해방시키기 위한 '십자군'을 조직했다. 교황은 참전을 독려하기 위해 십자군에 참여하면 죄 사함을 받는다는 약속까지 했다. 구원을 갈망하던 서민에서부터 (구원은 물론) 모험과 재물, 영토를 갈망하던 부유층까지 수만 명이 무기를 들고 동쪽으로 향했다.

제일 먼저 출정한 집단은 대규모 소작농 부대였는데, 이들은 이동하는 중에 중부 유럽을 약탈하고 유대인 수천 명을 학살하는 수치스러운 만행을 저질렀다. 이들 중 소수만 니케아에 도착하는 데 성공했으나 그마저도 투르크족에 살육당하고 말았다. 같은 해에 실력 있는 귀족층과 직업 군인들로 구성된 좀 더 조직적인 군대가 콘스탄티노플에 도착했고, 이들 역시 예루살렘으로 이동하는 길에 니케아와 안티오크 같은 셀주크의 도시들을 약탈했다.

안티오크 함락 소식을 전해 들은 이집트의 파티마 왕조는 팔레스타인을 침략하여 베들레헴을 점령했다. 그런데 셀주크와 파티마 왕조는 앙숙 관계였기 때문에 예루살렘을 방어할 준비를 하기는커녕 서로 싸우느라 시간을 허비했다. 이 때문에 십자군이 베들레헴에 입성한 지 얼마 되지 않은 1099년에 프랑스와 노르만 기사로 구성된 침략군들은 예루살렘을 수중에 넣을 수 있었다. 이들은 종교를 묻지 않고 대부분의 주민을 무자비하게 학살했다.

이후 수년 동안 십자군은 '이슬람의 영역' 심장부에 십자군 왕국을 건설하고 여러 지역에 거대한 요새를 쌓아 방어했는데, 이들 중 일부 유적이 지금까지 남아 있다. 이슬람의 영역에 세워진 십자군 왕국들을 총칭하여 '우트르메르(Outremer)'라고 한다. 우트르메르는 프랑스어로 '바다 건너의 땅'을 뜻하는데, 이는 1차 십자군 전쟁에 참여한 기사들 대부분이 프랑스인이거나 노르만인이었음을 보여 준다. 십자군의 다수가 서약을 지킨 후에 자기 고향으로 돌아가면서 십자군 왕국의 방어가 느슨해졌다. 이러한 문제는 성당 기사단을 창설하여 부분적으로 해결되었다. 기사단은 십자군 왕국을 수호하고, 다시 기독교의 손에 들어온 예루살렘을 방문하려는 순례자들을 보호하기 위해 설립되었다. 그러나 성당 기사단의 노력에도 불구하고 에데사라는

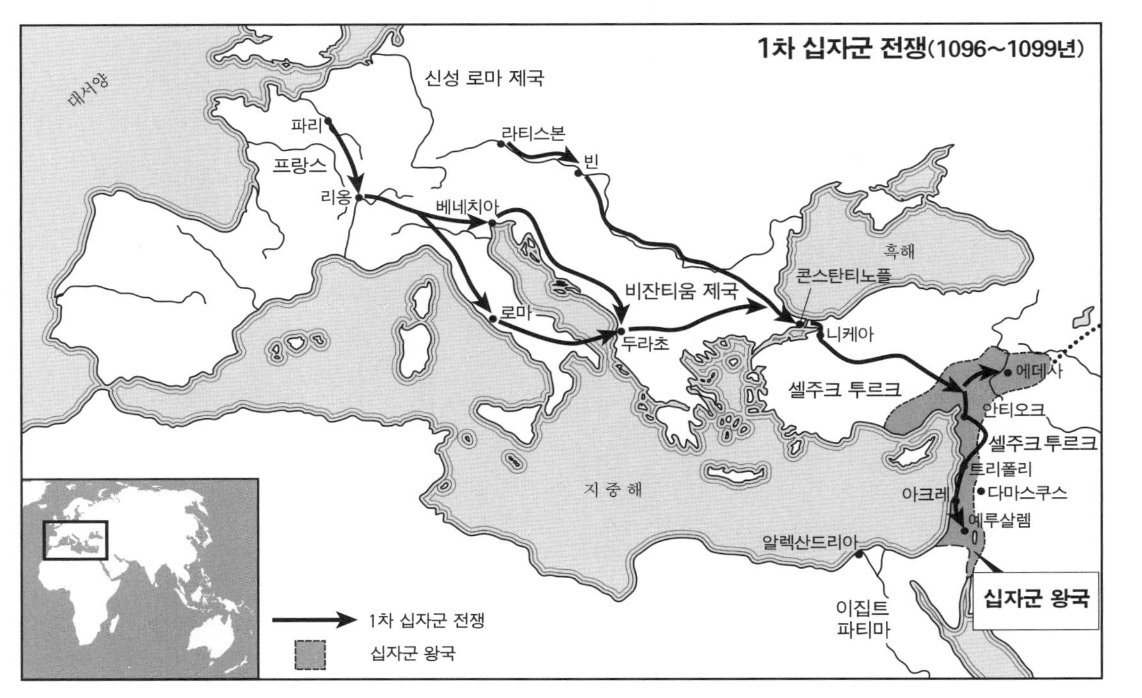

11세기 유럽은 셀주크 투르크가 잠식해 오면서 기독교 세계 자체를 위협하자 깊은 고민에 빠졌다. 로마 교황은 교회의 권력을 과시할 뿐만 아니라 로마와 동방정교 사이의 균열을 봉합할 기회라 판단하고, 마침내 예루살렘을 이교도들로부터 해방시키기 위한 '십자군'을 조직했다. 구원을 갈망하던 서민에서부터 (구원은 물론) 모험과 재물, 영토를 갈망하던 부유층까지 수만 명이 무기를 들고 동쪽으로 향했는데, 진군하면서 니케아와 안티오크 등의 도시를 약탈했다. 이후 프랑스와 노르만 기사로 구성된 침략군은 예루살렘을 장악했으며, 종교를 묻지 않고 대부분 주민을 무자비하게 학살했다. 십자군은 '이슬람의 영역' 심장부에 십자군 왕국을 건설했다.

왕국이 1144년 투르크인의 손에 넘어가는 사건이 발생했다. 그러자 에데사를 탈환하기 위해 다시 십자군이 조직되는 불행이 반복되었고, 이번 원정에는 프랑스의 루이 7세(Louis VII)와 독일의 콘라트 3세(Conrad III)가 앞장섰다.

12세기 말이 되면서 십자군은 더욱 난처한 상황에 놓이게 되었다. 이집트, 시리아, 북아프리카 상당 지역을 아우르는 무슬림 세계가 수니파의 유수프 이븐 아이유브(Yusuf ibn Ayyub)라는 인물의 지도력 아래 통일된 것이다. 믿음의 교정자 혹은 살라딘(Saladin)으로도 알려진 이 지도자는 아이유브 왕조를 열었다.[3] 살라딘이 이끄는 군대는 성지를 십자군 지배에서 해방시키는 데 주력하여 십자군 왕국을 하나둘씩 점령해 나갔고, 결국 1187년에 예루살렘을 탈환했다. 예루살렘을 포위하는 동안 살라딘은 주민들의 목숨을 살려 주어 이름이 높아졌는데, 이는 지난 90년 동안 십자군이 보인 행태와는 극명하게 대조적이었다.

유럽은 충격에 휩싸였고 교황 그레고리우스 8세(Gregory VIII)는 신속하게 3차 십자군을 조직했다. 이번에는 독일의 프리드리히 바르바로사(Frederick Barbarossa) 황제와 잉글랜드의 리

---

3) 살라딘에 의해 파티마 왕조는 종말을 맞았다.

처드 1세(Richard I)[4], 프랑스의 필리프 2세(Philip II)가 적극적으로 참여했다. 그러나 3차 십자군 원정은 불화와 불운으로 삐걱거렸다. 우선 프리드리히 바르바로사가 강에서 익사하는 사건이 발생해 황제의 군대는 독일로 돌아갔다. 필리프 2세도 의견 충돌이 일어나자 군대를 이끌고 프랑스로 돌아가 버렸다. 리처드 1세는 예루살렘 성벽에 도달하기는 했지만, 예루살렘을 탈환하더라도 성을 지킬 만한 군대를 확보하지 못할 것이라는 성당 기사단의 조언을 듣게 되었다.

이에 리처드 왕은 십자군 원정 기간 중 본국에서 왕권을 대행하고 있는 동생 존(John)의 위협을 다스리러 돌아가는 것이 차라리 낫겠다는 생각을 하게 되었다.[5] 왕은 성지를 떠나기 전에 살라딘과 평화 협정을 맺어 십자군 왕국이 기존의 영토를 대부분 유지할 수 있도록 만들었다. 협정은 기독교 순례자들도 예루살렘을 방문할 수 있으나 예루살렘 자체는 무슬림이 지배한다는 내용이었다.

1203~1204년에도 예루살렘을 탈환하기 위한 십자군 원정

---

4) 리처드 왕은 3차 십자군 원정에서 용맹한 활약을 보인 덕분에 '사자왕'이라는 별칭을 얻었다.

5) 1199년 리처드 왕의 사후에 잉글랜드를 다스린 존 왕은 인기가 없었고, 1215년에는 대헌장(Magna Carta)에 서명하도록 내몰렸다. 대헌장은 왕이 임의의 결정을 내리지 않겠다고 동의한 문서로, 훗날 시민권의 근간이 되었다.

대가 조직되었고, 이들 역시 수치스러운 일들을 저질렀다. 십자군이 예루살렘으로 향하는 길에 비잔티움에서 폐위된 황제의 아들이 왕위를 회복하도록 도와 달라면서 금전적 보상을 약속했다. 그러나 약속이 안 지켜지자 분노한 십자군은 콘스탄티노플을 약탈하고 주민들을 살육하는 소동을 벌였다. 로마와 동방정교의 화합이라는 꿈을 산산조각 내는 만행이었다.

이후 수백 년에 걸쳐 십자군이 반복적으로 조직되었고, 실제로 15년 동안 예루살렘을 지배했다. 그러나 십자군에 대한 인내는 이미 바닥난 상태였고, 1261년 비잔티움 황제는 콘스탄티노플에서 십자군을 몰아냈다. 다만 이 시기에 비잔티움 제국의 영토는 이전보다 크게 줄어 그리스의 일부 지역과 오늘날 터키의 북서부 지역에 국한되었다. 초기의 십자군이 스스로를 방어하려고 시리아와 팔레스타인에서 세운 요새들은 계속 유지되다가, 1291년에 마지막 요새가 맘루크 점령군에 함락되고 말았다.

노예들의 왕국, 맘루크 왕조 1250~1517년

아라비아어로 '노예 된 자'를 의미하는 '맘루크(Mamluk)'에서 유래한 맘루크 왕조는 아바스 왕조에 처음 등장했다. 아바스 왕조는 추종자들이 진정한 충성심을 가졌는지 의심했고, 비잔티움 제국이 쇠락기이기는 했어도 국경을 맞대는 데 두려움을 느꼈다. 이에 9세기에는 오로지 왕조에만 충성을 바치는 군대를 조직했다. 노예가 된 비무슬림을 데려다가 수니 전사로 양성하고 왕조를 위해 일할 수 있는 자격을 부여한 것이다. 이러한 노예들은 세력이 점점 커져 중세 이슬람 세계에서 중요한 역할을 할 정도로 성장했고, 1250년에는 살라딘의 아이유브 잔당 세력을 타도했다.[6] 이어 신속하게 팔레스타인과 시리아까지 세력을 넓혀 나갔다.[7]

---

6) 아이러니하게도 상당수의 맘루크를 처음으로 이집트에 데려온 주인공이 바로 아이유브 왕조였다.

7) 결국 이들은 1517년 또 다른 투르크 세력인 오스만 왕조의 맹공습에 무너지고 말았다.

십자군이 결과적으로는 배척당했을지 모르나, 원정에서 쌓은 경험은 서양 세계에 큰 유산을 남겼다. "십자군이 궁극적으로는 실패에 그쳤음에도 라틴어권에 아랍의 과학 기술력을 직접 전파하는 지대한 기여를 했다."[8] 십자군이 가지고 돌아간 석각 기술의 경우 12~13세기에 유럽 전역에서 웅장한 교회 건물을 짓는 데 지대한 공헌을 했다. 십자군은 경제에도 기여했다. 십자군은 서양에 중동과 아시아를 알려 아시아산 사치품에 대한 수요를 촉진했는데, 이 과정에서 베네치아와 제노바가 주요 무역 중심지로 성장했다. 이러한 기여는 경제적 번영의 초석을 마련하여 유럽에 르네상스 시대를 열었다는 점에서 중요한 의미가 있다.

성지는 혼돈의 상태였지만 유럽에는 평화의 시대가 도래했다. 농업 발전으로 생산성이 증가하여 농사에 더 적은 인원이 투입되자 도시로 유입되는 인구가 늘면서 교역이 크게 증가했다. 그러나 이러한 번영은 13세기에 몽골족이라는 동양의 잔인한 전사들이 유럽과 중동을 침략하면서 전면 중단되었다.

---

8) 조너선 라이언스, 앞의 책.

몽골족과 칭기즈 칸 13~15세기

오늘날의 외몽골 지역에 몽골족이라는 비교적 알려지지 않은 유목민 부족들이 거주했는데, 12세기 말경에 이르러 세력이 통합되었다. 특히 군사적 역량이 탁월했던 테무친(Temuchin)이라는 지도자는 1206년에 42세 나이로 '세계의 군주'를 의미하는 칭기즈 칸(Genghis Khan)이 되었다.

몽골족은 칭기즈 칸의 지휘 아래 스텝 지대를 벗어나 아시아의 많은 지역을 공포에 떨게 만들었다. 몽골족이 서쪽으로 이동한 원인은 명확하지 않다. 우선 기후변화로 가축을 먹일 새로운 목초지를 찾아 나섰을 가능성이 있다. 아니면 단순히 내부적인 통일을 달성하여 권력 다툼을 할 필요가 없어지자 그 시간과 에너지를 바깥 세계를 모험하는 데 썼을 수도 있다. 어쨌든 "칭기즈 칸의 몽골족 통일은 무함마드가 아랍 세계에서 이룬 성취에 비견되는 업적이었다."[9]

몽골족의 이동 원인은 분명치 않지만 이들의 성공 비결은 이해하기가 좀 더 쉽다. 중국이 내홍을 겪는 가운데 중앙아시아에서는 군대를 결집할 지도자가 없었다. 이 가운데 아바스 왕조의 힘은 기울어 갔으며, 후일 러시아가 된 도시국가들은 일련의

---

9) 안토니 파그덴, 앞의 책.

분열 사태를 겪고 있었다. 본질적으로 누군가가 세계를 장악하기에 안성맞춤인 상황이었다.

신속한 기동성과 탁월한 기마술, 군사 조직의 규율에 힘입어 몽골족은 대단한 성공을 거두었다. 약 50년 후 쿠빌라이 칸(Kublai Khan)의 시대에는 몽골족이 아시아 영토의 대부분을 거느리게 되었다.

1227년 칭기즈 칸은 65세 나이로 숨을 거두었다. 칭기즈 칸의 후손들의 치세에 몽골족은 중국 북부를 차지했고 키예프 공국에서도 세를 확장했는데, 이 과정에서 주요 도시들의 대부분을 파괴했다. 이후 셀주크 투르크[10]를 정복한 데 이어 폴란드와 헝가리를 향해 서쪽으로 전진했다.

그런데 1241년 12월, 다뉴브 강을 건너 빈으로 진격하던 몽골족이 갑자기 후퇴하는 뜻밖의 사건이 벌어졌다. 유럽인들 입장에서는 기적이었겠지만, 몽골의 회군을 단순히 신의 개입으로만 보기에는 무리가 있다. 몽골군은 칭기즈 칸 사후에 통치자가 된 칭기즈 칸의 아들 오고타이(Ogedei)가 사망하자 후퇴한 것이었다. 당시 몽골 상류층은 통치자가 사망하면 후계자를 정하기 위해 고국으로 돌아가야 했다. 오고타이에 이어 그의 아들

---

10) 셀주크 투르크는 몽골족의 속국이 된 이후 14세기에 멸망했다.

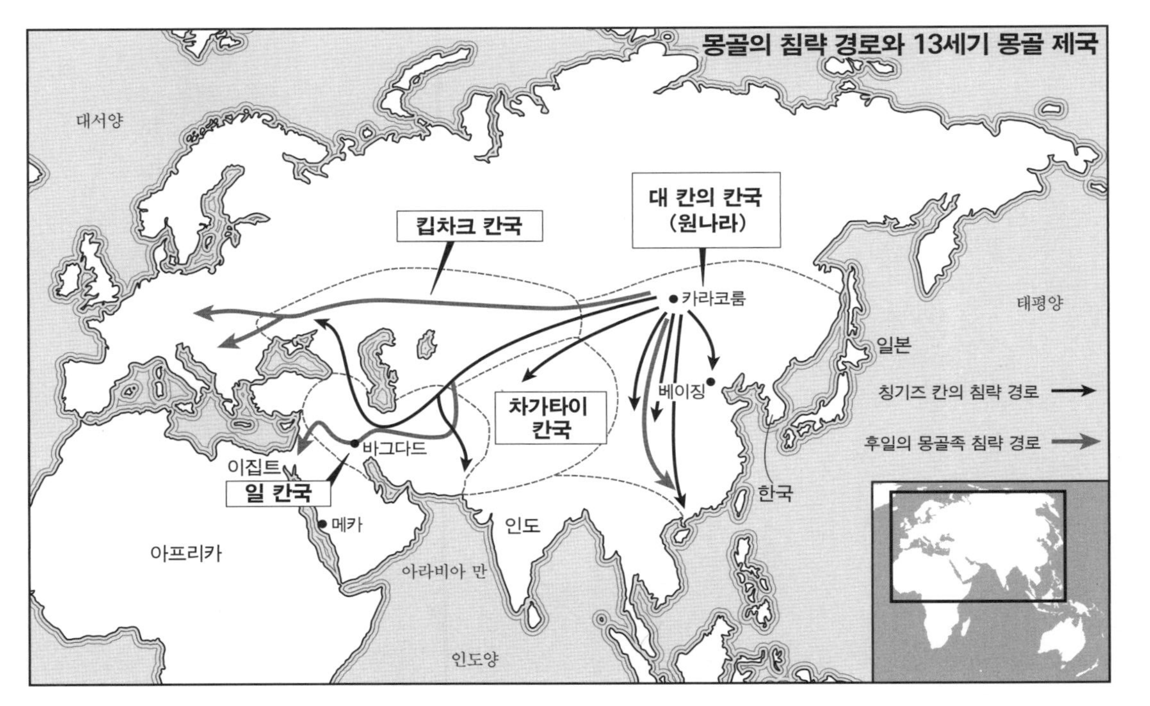

12세기 말경 오늘날 외몽골 지역에 거주하던 몽골족이라는 유목민 부족들의 세력이 통합되었다. 몽골족은 군사적 역량이 탁월했던 칭기즈 칸의 지휘 아래 스텝 지대에서 벗어나 아시아의 많은 지역을 공포에 떨게 만들며 대단한 성공을 거두었다. 약 50년 후 쿠빌라이 칸의 시대에는 아시아 영토의 대부분을 거느리게 되었다. 당시 몽골 제국은 칭기즈 칸의 네 아들들이 사실상 독립적이던 '칸국'을 각자 다스리면서 서로 상이한 이익과 목적을 추구했다. 이들 중 쿠빌라이가 다스린 칸국의 영토가 가장 넓었으며, 중국 정복을 완성하여 '원'이라는 새로운 왕조를 열었다.

이 짧은 기간 통치한 후, 1251년 대 칸(Great Khan)의 지위는 몽케(Monke)라는 칭기즈 칸의 또 다른 손자에게 돌아갔다. 몽케는 중국 침략을 계속하는 한편 아바스 왕조를 정벌하기 위해 자기 형제인 훌라구(Hulegu)를 서쪽으로 보냈다.

1258년 훌라구는 셀주크 투르크가 다스리던 바그다드에 도착하여 군사를 풀었는데, 당시 80만 명의 무슬림이 학살당했다는 추정도 있다. 권력이 크게 약화된 아바스 왕조의 마지막 칼리프도 희생자 가운데 하나였다. 몽골군은 칼리프를 양탄자에 말아서 말에 밟혀 죽게 만들었다. 살육의 광풍이 몰아치는 동안 무슬림들이 수백 년 동안 축적한 지식과 문학의 보고도 불에 타거나 티그리스 강에 던져졌다. 이라크가 권력과 문화의 중심지로 기능하던 시대는 이렇게 끝이 났다. 이때부터 1453년 투르크족이 기독교 사회의 콘스탄티노플을 정복하기 전까지는 카이로가 이슬람의 중심지 역할을 했다.

기적적이게도 서양 세계는 불을 보듯 뻔했던 몽골의 파괴를 한 번 더 비껴갔다. 이번에는 대 칸인 몽케가 사망한 것이었다. 몽케가 1259년 중국의 한 지방을 정벌하다가 숨을 거두자, 훌라구는 권력 쟁탈전에 끼기 위해 고국으로 돌아갈 수밖에 없었다. 훌라구가 서쪽에 남겨 둔 세력들은 맘루크에 철저히 짓밟혔다.

쿠빌라이 칸 1215~1294년

몽케를 이어 몽골의 통치자가 된 인물은 쿠빌라이 칸이었다. 외견상으로는 쿠빌라이 칸이 역사상 가장 넓은 영토의 제국을 다스린 것으로 보인다. 그러나 당시 몽골 제국은 칭기즈 칸의 네 아들들이 사실상 각자 독립 '칸국'을 다스리는 형태를 취했다. 칸들은 자기 칸국을 서로 다른 이익과 목적으로 다스렸다.

이들 중 쿠빌라이가 다스린 칸국이 몽골, 한국, 티베트와 중국 일부에 걸쳐 있어 영토가 가장 넓었다. 쿠빌라이는 중국 정복을 완성하여 송나라를 실질적으로 멸망시켰다. 두 번째는 차가타이 칸국으로 중앙아시아의 상당 지역을 차지했으며, 세 번째는 동남아시아와 페르시아 및 중동을 지배한 일 칸국으로 훌라구가 건설했다.[11] 마지막이자 가장 오래 유지된 칸국은 킵차크 칸국으로 '황금 군단'으로도 불렸으며, 러시아 대부분과 폴란드 및 헝가리를 아울렀다.

쿠빌라이 칸은 몽골 제국의 수도를 몽골의 카라코룸에서 중국 북부의 베이징으로 옮겼다. 중국 남부 지역을 모두 정복한

---

11) 점차 세력을 키워 나가던 차가타이 칸국은 티무르의 부상으로 파괴되었으며, 티무르의 사후 소국으로 남아 있다가 18세기에 중국 청나라에 합병되었다. 페르시아의 일 칸국은 훌라구가 1260년 건설했으며 짧은 기간 존속하는 데 그쳤다. 일 칸국은 여러 계승 국가로 쪼개졌고 몽골의 지배 계층은 결국 이슬람을 포용하며 페르시아와 이라크의 원주민으로 흡수되었다.

쿠빌라이 칸은 자신을 수식하는 긴 목록에 중국의 황제를 추가했고, 원(元)이라는 새로운 왕조를 열기까지 했다. 원나라는 중국을 100년가량 다스렸다.

쿠빌라이 칸은 영토를 더 확장하기 위해 1274~1281년 두 차례에 걸쳐 일본에 대한 대규모 공습을 감행했으나, 두 번 모두 지독한 폭풍우에 가로막혔다. 일본인들은 신들이 일본을 보호하기 위해 바람을 보내 주었다며 그 폭풍우를 '신풍(神風)', 즉 '가미카제'라고 불렀다.

중국 바깥에 위치한 다른 칸국들은 대 칸의 요구를 소홀히 하면서 점차 자치를 시작했다. 이들은 동쪽의 대 칸국이 몽골의 뿌리를 버리고 지나치게 중국에 동화되어 간다고 판단했다. 칸국들은 서로 단결하지 못한 데다 1260년에 대 칸 몽케가 사망한 후에는 알력 다툼까지 벌어져 통일 몽골 제국의 시대가 저물었다. 그리고 쿠빌라이 칸은 몽골의 대 칸이라는 칭호를 단 마지막 인물이 되고 말았다.

모스크바의 부상

황금 군단이라 불리던 킵차크 칸국은 조공을 바치던 대공들을 통해 키예프 공국을 다스렸다. 모스크바는 원래 위상이 높지 않았으나 몽골의 공물 징수를 도와주면서 교역의 전초기지가 되어 14세기에 번영을 누렸다. 비교적 치안이 안전한 장소가 되면서 더 많은 부와 사람이 몰려들었다. 블라디미르에 머물던 러시아 동방정교의 총대주교가 모스크바로 옮겨 와 모스크바를 러시아의 영적 수도로 삼았다는 사실만으로도 이 도시의 달라진 위상을 짐작할 수 있다.

1480년 무렵에는 막대한 부를 축적한 모스크바 대공국의 대공들에게 대적할 세력이 없었다. 대공 이반 3세(Ivan III)는 ('폭군 이반'이라고도 불리는 그의 아들 이반 4세와는 다른 인물로) 모스크바에 대항하던 도시들을 대부분 예속시키고, 모스크바의 통치자로는 처음으로 차르와 '모든 루시의 지도자(Ruler of all Rus)'라는 칭호를 사용했다. 이반 3세의 치세에 러시아 북부는 단일 지도자에 의한 통일을 이루었고, 몽골의 침략도 물리쳤다.

몽골족은 모스크바가 인근의 도시국가들을 희생시켜 세력을 확장하도록 용인함으로써 초기 러시아 제국의 확대를 가속화한 측면이 있다. 그러나 한편으로 몽골의 지배 때문에 러시아는 다른 유럽 지역에서 고립되었다. 유럽이 르네상스와 종교개혁 덕분에 사회적·정치적으로 중요한 변화를 겪던 시기에 왜 러시아는 뒤처지는 양상을 보였는지를 부분적으로 설명해 주는 대목이다. 또 러시아에서는 유럽과 달리 중산층이 확대되지 못했고, 이는 향후 러시아의 발전에 지대한 영향을 미쳤다.

몽골족의 유산

영토 측면에서 볼 때 몽골족은 역사상 가장 위대한 정복자로서, 아시아 대륙 전체가 대 칸 한 사람의 지배 아래 있었다. 19세기의 대영제국이 유일하게 몽골족보다 더 넓은 영토를 다스리기는 했지만, 영국의 식민지는 세계 각지에 흩어져 있었다. 유교적 전통의 중국인들이 교역을 등한시했던 것과 달리 몽골족은 무역의 중요성을 인식하고 있었다. 또한 이들은 제국 내에서의 의사소통 수단을 발전시키고, 처음으로 유럽의 상인들이 육로를 통해 중국까지 이동하도록 허용함으로써 동서양을 연결했다. 무함마드 시대 이후 잠자고 있던 무역로도 이때 다시 열렸다.

이탈리아의 탐험가인 마르코 폴로(Marco Polo)가 동방 세계를 경험한 것이 바로 이때였다. 13세기 베네치아 출신의 탐험가인 마르코 폴로는 쿠빌라이 칸의 궁전에 초대되어 여러 해를 머물렀으며, 제국의 각지를 여행했다. 그는 베네치아와 제노바 간 전쟁이 벌어졌을 때 포로로 잡혔는데, 옥중에서 몽골 제국의 경험을 기록으로 남겼고 이 덕분에 유럽에서 명성을 얻었다.

뒤에서 살펴보겠지만, 유럽인들이 아시아로 향하는 서쪽의 해로를 찾아 나선 목적은 크게 인기를 끌던 비단과 향신료를 얻기 위해 동양에 가려는 데 있었다. 그리고 이 과정에서 유럽인들은 아메리카를 '발견'했다.

유럽의 백년전쟁 1337~1453년

1337년 유럽에서는 잉글랜드와 프랑스가 프랑스 왕권을 놓고 전쟁을 벌였다. 이 갈등은 잉글랜드 역사상 단일 전쟁으로는 최장기간에 해당하는 100년을 끌었다. 잉글랜드가 스코틀랜드의 국정에 개입한 데 대해 프랑스가 스코틀랜드의 편을 들자, 잉글랜드는 프랑스인들의 버릇을 고치겠다고 단단히 결심했다. 잉글랜드는 궁수들의 활약에 힘입어 크레시 전투(1346년), 아쟁쿠르 전투(1415년) 같은 주요 전투에서 잇달아 승리하며 프랑스 귀족들의 자존심을 짓밟았다.

1420년대에 잉글랜드는 오늘날 루아르 강 이북의 프랑스 영토 대부분을 차지했고, 이제 프랑스는 완전히 무너진 듯 보였다. 그러나 잉글랜드인들 역시 장기간의 전쟁에 지쳤으며, 군대의 자금줄인 세금을 대느라 삶이 피폐해진 터였다.[12] 프랑스군이 잔 다르크(Jeanne d'Arc)의 지휘 아래 연합하여 일어서자, 잉글랜드는 맞서 싸우지 못하고 프랑스 영토에서 축출되었다. 1453년 프랑스가 보르도를 탈환한 것은 오스만 왕조의 콘스탄티노플 함락과 마찬가지로 전쟁에 종지부를 찍는 사건이었다. 그러나 잉글랜드군은 퇴각하는 길에 잔 다르크를 사로잡아 이

---

12) 이 세금은 1381년 잉글랜드에서 농민 봉기가 일어난 핵심 원인이었다.

단 협의로 재판한 후 화형에 처했다.

백년전쟁이 10년째에 접어들었을 무렵, 유럽은 아시아에서 온 배를 통해 전해진 끔찍한 전염병으로 휘청거렸다. 전염되면 피부가 부풀어 오르고 환부 주위의 피부가 검게 변해 '흑사병'이라고 불린 이 전염병으로 1347~1351년에 유럽 인구의 4분의 1 내지 3분의 1에 해당하는 2,000만 명이 사망했다.

당시 비유대인계의 유럽인들은 대개 교육을 받지 못했기 때문에 유대인과 무슬림처럼 규율에 따라 몸을 씻는 종교 집단에서 흑사병의 발병률이 낮은 이유를 이해하지 못했다. 그래서 질병의 근원지라거나 마법을 부렸다는 이유로 많은 유대인들이 살해당하거나 마을에서 쫓겨났다. 종교 집단을 향한 광풍이 불면서 유대인들은 1290년 잉글랜드에서 쫓겨났고 1394년 프랑스에서, 1492년 스페인에서 축출되었다.

전염병과 전쟁이 계속되자 14세기 유럽인들은 권위에 도전하기 시작했다. 교회도 예외가 아니었는데, 교회 내부에서 벌어진 권력 다툼은 권위를 더욱 약화시켰다. 1378년 유럽은 교황 선출이 유효한지를 놓고 로마의 이탈리아 교황 지지파와 프랑스 아비뇽의 프랑스 교황 지지파로 갈라졌다. 두 교황이 서로를 파문한 가운데 40년 동안 교착 상태가 이어졌고, 교황들은 각자 자신의 후계자를 지명했다. 이른바 '교회의 대분열' 사건이다. 갈등이 봉합되려던 참에 제3의 교황이 탄생했으나, 1417년 마르티누스 5세(Martinus V)가 교황에 선출되면서 세 명의 교황은 모두 물러났다. 마르티누스 5세의 선출로 가톨릭 세계는 로마 교황 한 사람의 지배를 받게 되었지만, 분열 사건을 겪으면서 교황의 위상이 약화되었고 교회에 대한 대중의 충성심도 반감되었다.[13]

오스만 왕조의 부상 1300년경

셀주크 투르크는 내전으로 세력이 약해져 있었다. 게다가 서쪽에서는 십자군이, 남쪽에서는 아랍인들이, 동쪽에서는 몽골족이 지속적으로 압박을 가해 왔다. 이런 환경에서도 용케 버텨 내다가 결국에는 힘이 꺾이고, 작은 공국들이 패권을 놓고 경쟁을 벌이기 시작했다. 몽골족과 십자군이 물러가면서 다시 평화가 찾아오자 공국들 가운데 하나가 우세한 세력으로 부상했고, 이후 수백 년을 호령하는 강하고 드넓은 제국을 건설했다. 바로 오스만 제국이다.

1301년 오스만(Osman)이라는 공국의 지도자이자 오스만 제국의 창시자는 콘스탄티노플 지척에서 비잔티움의 군대를 물

13) 교황 선출을 위해 공의회에 모인 이들은 체코의 얀 후스(1369~1415년)라는 사제를 이단 협의로 재판하기도 했다. 후스는 교회의 타락을 비판하면서 기독교 권위의 원천은 교회 성직자들이 아닌 성경이라고 주장했다.

리쳤다. 이 사건으로 오스만은 엄청난 명예를 얻었고, 북서 아나톨리아(터키)의 거대한 지역은 오스만의 권위 아래 통합되었다. 오스만 제국은 빠른 속도로 확대되어 동쪽의 미약한 부족들을 흡수했다. 1351년에는 쇠약해진 비잔티움 제국을 콘스탄티노플에 국한된 세력으로 축소해 버렸다. 비잔티움 황제는 로마의 교황에게 쌍방이 서로 다르기는 하지만 오스만 제국이라는 공적(公敵)이 있지 않느냐며 도움을 청했다. 심지어 1369년에는 몸소 로마를 방문하여 교황에게 공개적으로 지원을 요청했으나 목적을 이루지 못했다.

1389년 오스만 제국은 무라드 1세(Murad I)의 지휘 아래 세르비아인, 알바니아인, 폴란드인으로 구성된 거대 연합군을 코소보 폴레(오늘날 세르비아) 전투에서 물리쳤고, 이는 서양에 결정적 위기로 작용했다. 코소보 폴레 전투가 벌어진 직후 오스만은 마케도니아 전체를 병합했다. 무라드 1세가 전장에서 전사하기는 했지만, 아버지의 뒤를 이어 왕이 된 바예지드(Bayezid)는 1394년 콘스탄티노플을 포위하는 데 성공했다. 이제 오스만의 진격을 막을 방법도, 오래 끌어온 비잔티움 제국의 몰락을 피해 갈 길도 없는 듯했다. 그러나 마지막 순간에 오스만 투르크가 동쪽에서 공격을 받는 사건이 일어났다. 콘스탄티노플의 함락은 잠시 미뤄질 수밖에 없었다.

티무르 1336~1405년

몽골의 지도자 티무르(Timur)는 서양에서 타메를란(Tamerlane)이라 불리는 인물로, 15세기 들어 엉겁결에 유럽의 방어자 역할을 했다. 티무르는 14세기 중반 차가타이 칸국이 지도력 약화로 서서히 와해되는 틈을 타 세력을 키우면서 중앙아시아의 지배자를 꿈꾸었다. 그는 "하늘에 오로지 하나의 신이 있듯이 지구의 지배자도 하나뿐"이라고 선포했다. 티무르는 1396년부터 8년간 파괴를 거듭하여 중앙아시아 대부분을 정복한 데 이어, 인도 북부를 침략하여 10만 명에 달하는 포로들을 델리의 성문 앞에서 잔혹하게 처형했다. 또한 바그다드를 파괴하여 2만 명에 이르는 정복지 주민들을 학살하고 그 해골로 탑을 쌓았다. 이어 시리아와 페르시아를 정복하며 이집트의 항복을 받아 내기도 했다.

서양에서는 오스만과 맘루크라는 적을 향해 군사 작전을 펼쳤다. 일단 맘루크에 승리를 거둔 티무르는 1402년 앙카라 전투에서 오스만 군대를 성공적으로 격파하고 술탄 바예지드를 사로잡았다. 오스만의 술탄으로서는 수치스럽게도 바예지드는 철창에 갇혀 행렬을 도는 신세가 되었다가 숨을 거두었다. 술탄이 포로로 잡혔다는 소식에 서양의 왕들은 뛸 듯이 기뻐했다. 혹시 티무르가 자신들과 손잡고 투르크족과 맞서 싸워 줄까 싶어 아첨

하는 전갈을 보내기까지 했다. 그런데 모두에게 다행스럽게도 티무르는 자신의 원대한 꿈 가운데 어느 것 하나 실현하지 못하고 1405년 69세 나이로 운명을 달리했다. 티무르의 사후 제국은 단명하고 말았지만, 그가 인도에서 남긴 유산은 명맥을 유지하여 5대손 바부르(Babur)의 무굴 제국 창건으로 이어졌다.

콘스탄티노플 함락 1453년

바예지드의 아들들은 10년 동안 아버지의 유산을 놓고 분쟁을 벌였고, 결국 메흐메드 1세(Mehmed I)가 새로운 지도자가 되었다. 메흐메드는 권력을 잡은 즉시 출정하여 티무르가 빼앗아 간 바예지드의 영토를 탈환했다. 메흐메드의 아들 무라드 2세는 1439년 세르비아를 침공했고, 이에 대항한 유럽의 동맹을 성공적으로 격파했다.

54일 동안 콘스탄티노플을 포위한 끝에 동로마 제국[14]과의 대치를 마침내 종식시킨 주인공은 무라드 2세의 아들 메흐메드 2세였다. 콘스탄티노플을 수백 년 동안 방어했던 성벽은 새로 개발된 대포라는 무기에 산산이 부서지고 말았다. 콘스탄티노플을 차지한 메흐메드는 가장 먼저 하기아 소피아로 달려갔다.

14) 비잔티움 제국의 마지막 황제는 포위 중에 사망했다.

유스티니아누스 황제가 건축한 동방정교의 위대한 성당에서 짧게 감사 기도를 한 메흐메드는 성당을 모스크로 개조하라는 명령을 내렸다.

14세기 말 비잔티움 제국은 과거의 영향력을 잃었고, 더 이상 군사적 위협 거리도 되지 못했다. 제국의 영토는 고작 콘스탄티노플과 인근의 토지 일부에 불과했다. 특히 콘스탄티노플은 1204~1261년에 십자군이 점령한 이후 사실상 옛 위엄을 회복하지 못했다. 그럼에도 800년 이상 세계의 주요 도시로 군림해 온 콘스탄티노플이 함락되었을 때 서양 세계가 어떤 감정에 휩싸였을지는 어렵지 않게 짐작할 수 있다. 제 기능을 하지 못했더라도 콘스탄티노플은 여전히 로마 제국의 수도였다. 따라서 이 도시가 함락된 사건은 투르크족이 유럽 전체를 차지하고 말 것이라는 두려움을 증폭시켰다. 이 두려움이 얼마나 컸던지 교황 비오 2세(Pius II)는 메흐메드에게 기독교 개종을 제안할 정도였다.

이 시점에서 오스만의 술탄은 아시아의 모든 무슬림을 통치하여 동쪽의 유프라테스 강까지 영토를 차지했고, 다른 이슬람 지도자 위에 군림했다.[15] 제국의 새로운 수도 콘스탄티노플은 점차 이스탄불로 불리게 되었다.

---

15) 오스만 술탄들은 1924년까지 칼리프라는 칭호를 유지했다.

서쪽에서는 육지와 바다에서 모두 전쟁이 계속되었다. 콘스탄티노플 함락 직후 세르비아가 항복했고, 발칸 지역 대부분에서도 항복이 뒤이었다. 결국 오스만 왕조는 그리스 남부의 대부분을 차지하고 베네치아에서 승리를 거두었으며, 이탈리아 반도를 발굽 위치까지 점령했다. 그나마 오스만 군대가 유럽에서 더 나아가지 못한 것은 1481년 메흐메드 2세가 사망했기 때문이다. 술탄이 사망하자 전선의 부대는 새 술탄이 형제들과 벌이고 있는 권력 투쟁을 지원하라는 명을 받고 돌아갔다. 이렇게 하여 유럽은 또다시 마지막 순간에 구원을 얻었다.

중국 명나라 1368~1644년

중동에서 오스만 왕조가 팽창하는 동안 중국은 세계의 대국이 될 기회를 놓쳤다. 중국인들은 몽골이 세운 원나라를 인정하지 않았고, 원의 통치에 점점 불만을 품었다. 원나라 시절에는 비용이 막대하게 드는 사업이 추진되면서 백성들에게 과중한 세금이 부과되었다. 이런 사업에는 도로 정비뿐만 아니라 결국은 실패로 끝난 다수의 군사 작전도 포함되었다. 1340년대에는 북부의 넓은 평야에 흉작이 들어 기근이 찾아오면서 그렇지 않아도 취약한 통치 체계에 금이 가기 시작했다.

굶주림에 지치고 기거할 곳이 없던 소작농들은 한데 힘을 합쳐 봉기했다. 1360년대에 주원장(朱元璋)이라는 불교 수도승 출신의 소작농이 양쯔 강 일대에서 세를 결집하는 데 성공했고, 1368년에는 베이징을 점령하여 몽골족을 자기 나라로 쫓아냈다. 주원장은 명(明)[16]이라는 새로운 나라를 건국하고 홍무제에 올랐다.

명나라는 초기에는 외부 세계에 개방적이었고 교역을 장려하는 분위기였다. 2대 황제 때에는 여러 번 대규모 해상 탐험을 떠나기까지 했다. 마젤란과 콜럼버스보다도 수십 년 앞선 1405~1433년에 명나라 사람들은 정화(鄭和) 제독의 지휘 아래 인도양 일대를 탐험하고 외교 활동을 펼쳤으며, 아프리카까지 이동했다. 최대 2만 8,000명이 약 90미터 길이의 함선에 나누어 타고 탐험을 떠났다.

이 시기 중국의 잠재력은 무궁무진한 듯 보였다. 중국이 외부 세계에 대한 관심을 계속 유지했다면 아메리카 대륙의 발견은 유럽인이 아니라 중국인 몫이었을지도 모를 일이다.[17] 안타깝게도 실상은 그렇지 못했다. 몽골인들이 축출된 후 황제의 궁에서는 유학 사상을 중시하는 관료들이 득세했다. 관료들은 무역

---

16) '명(明)'은 중국어로 '밝은', '빛나는'이라는 뜻이다.

17) 실제로 중국인들이 아메리카에 도달한 바 있다는, 증명되지 않은 이론도 있다.

과 외세의 모든 것에 대해 적대적이었는데, 그도 그럴 것이 몽골의 지배를 받은 것이 불과 얼마 전의 일이었다. 이들은 과거를 숭배하는 바람직하지 못한 의식도 가지고 있었다. "서양인들이 세계 탐험 같은 당면 과제를 해결하는 데 관심을 두었다면 중국에서는 과거의 영광을 보존하는 일을 더 중시했다."[18] 중국인들의 시야를 가두는 데 많은 요인들이 기여했지만, 여기에는 지속적으로 국경을 공격하고 약탈하는 몽골인들의 축출도 한몫했다. 해상 교역의 역량을 발전시키는 일은 관료들의 안중에 없었던 것이다.

유교 관료들의 영향으로 명나라 정부는 해상 탐험에 대한 지원을 끊고 조선소를 해체하는 한편 돛대가 여럿인 선박의 건조도 금했다.[19] 1470년대에는 정화의 원정 기록을 파괴했고, 1525년에는 모든 종류의 원양 항해용 선박의 건조를 법적으로 금했다. 이렇게 탐험 분야에서 중국인들의 위대한 시대가 저물었고, 세계 해상 교역의 발전은 이제 막 탐험에 나선 유럽인들의 몫이 되었다.

---

18) 이언 모리스(Ian Morris), 『왜 서양이 지배하는가(Why the West Rules for Now)』, 글항아리(2013).

19) 다른 분야에서도 퇴행적인 조치들이 취해졌다. 한 예로 시계 제작에서 세계적 기술을 보유했던 중국은 기계식 시계의 생산을 금했다.

의심할 나위 없이 관료들의 정책은 나라의 발전에 심각한 해악을 끼쳤다. 지금까지 중국은 종이, 화약, 자기, 자기 나침반 등을 발명하며 세계에서 기술이 가장 앞선 나라였다. 그러나 황제의 권력 강화는 곧 한 사람에게 의사 결정이 집중되어 혁신을 저해하는 역할을 했다. 과거를 지나치게 중시한 태도도 한때 혁신과 발명에 힘입어 경쟁력을 갖췄던 중국에 독소로 작용했다. 집안에서는 "옛것을 지키고 신성시한 반면 새롭지만 분열의 가능성이 있는 것들은 지양했다."[20] 중국이 다른 나라로부터 고립되어 있던 점도 시선을 안으로만 향하게 만들었다. 이를 보여 주는 단적인 사례가 외세를 배격하기 위해 쌓아 올린 만리장성일 것이다.

중국과 달리 유럽에서는 문화와 언어가 각양각색인 작은 국가들이 경쟁했다. 이는 발명가와 탐험가들에게는 우호적인 환경이었는데, 후원을 받다가 끊기면 다른 후원자를 찾을 수 있었기 때문이다. 누구에게 후원을 받든 최신 기술을 보유하는 것은 권력의 균형을 유지할 수 있게 해 주어 국익에도 보탬이 되었다. 이에 발명가들은 낙담하지 않고 의욕을 지켜 나갈 수 있었다.

"결과를 놓고 보면 오랜 세월 피하려 해도 피할 수 없었던 불안정성이야말로 유럽인들이 가진 가장 큰 힘이었다. 유럽인들이

---

20) 안토니 파그덴, 앞의 책.

벌인 전쟁과 끊임없는 내분, 종교 분쟁 등이 불행한 사건이기는 했으나 지적인 성장에는 필요조건이었다. 아시아의 국가들과 달리 자연을 파고들고 탐구하는 태도를 갖추면서 유럽인들은 자신이 살고 있는 세계를 변화시키고 통제하는 힘을 키우게 되었다."[21]

이슬람의 후퇴

역행한 문명은 중국만이 아니었다. 퇴보하는 세상에서 진보의 횃불 역할을 했던 이슬람 세계도 이제 경전에 갇혀 버렸다. 무슬림들은 코란에서 명시적으로 언급하지 않은 가르침이나 발전이 갖는 가치를 받아들이려 하지 않았다. 인간이 알아야 할 모든 것이 코란에 기록되어 있다면 혁신이 왜 필요하겠는가? 데이비드 랜즈(David Landes)의 지적대로 "광신자들이 이단으로 몰아세우자 이슬람의 과학자들은 영적인 합일을 이루기 위하여 신학적인 압력에 굴복했다."[22]

이슬람 세계에서는 코란의 인쇄를 거부했다. 이는 곧 르네상스 사상을 전파하는 핵심 통로 역할을 하고 서유럽의 지적 발전에 기여했던 인쇄기 도입에 부정적이었음을 시사한다.

---

21) 안토니 파그덴, 앞의 책..

22) 데이비드 랜즈, 『국가의 부와 빈곤(The Wealth and Poverty of Nations)』, 한국경제신문사(2009).

당시 유럽이 성취해 낸 성장의 폭과 속도는 누구도 예측하지 못한 수준이었다.

V

서양 세계의 부상

1450년~1800년

이슬람의 학자들은 코란과 하디스[1]에 명시적으로 기록되지 않은 분야에서 연구를 소홀히 했다. 마치 중국이 외부 세계와 단절하고 기원전 6세기의 유교 경전으로 되돌아간 것과 같은 현상이었는데, 유럽 입장에서는 행운이었다. 지금껏 전반적인 발전이 중국과 이슬람 세계에 뒤처져 있던 유럽은 중세 시대에서 빠져나와 역사의 흐름을 바꾸고 세계를 유럽의 발아래 두려는 변화를 시도했다.

---

1) 하디스는 무함마드의 말을 모아 놓은 언행록으로, 무함마드 사후 250년경에 기록되었다.

르네상스 15세기 초~16세기 말

여러 요인들이 유럽의 변화를 이끌었다. 십자군 원정이 끝난 후 사상과 재화의 교류가 증가했고, 신세계가 발견되면서 사람들은 이제까지 믿어 왔던 사실에 의문을 품게 되었다. 또한 교회의 잇따른 분열 사태로 교회와 성직자들의 가르침이 도전받게 되었으며, 오스만의 진군으로 도망쳐 온 학자들 덕분에 유럽 사회에 지식이 유입되었다. '재탄생'이라는 뜻의 프랑스어에서 유래하여 흔히 르네상스(Renaissance)라고 부르는 이 현상은 15세기 초에서 16세기 말에 발전하여 유럽인들의 사고와 통치, 생활양식에 거대한 변화를 불러일으켰다.

르네상스 시대의 기술 및 문화적 혁신에서 가장 중요한 사건은 1450년경 구텐베르크의 인쇄술 발명을 들 수 있다. 새로운 사상을 신속하고 값싸게 전파할 수 있는 능력이 없었다면 유럽은 그토록 빠른 속도로 발전할 수 없었을 것이다. 인쇄기는 의사소통에 혁명을 일으켰고, 1480년에는 독일, 프랑스, 네덜란드, 잉글랜드와 폴란드 주요 도시에서 책이 인쇄되었다. "인쇄기의 발명 후 50년 동안 생산된 책이 앞서 1,000년 동안 발간된 책보다도 더 많았다."[2] 인쇄 매수가 많을수록 비용이 절감되었기 때문에 더 많은 책이 일

---

2) 조엘 모키어(Joel Mokyr), 『부의 지렛대(The Lever of Riches)』, 옥스퍼드대학 출판부.

반 대중에게 저렴하게 보급되었다. 게다가 책이 점차 라틴어가 아닌 각국의 언어로 출판되기 시작하면서 민족성이 함양되었다.

인쇄기의 발명이 르네상스에 혁명적 기여를 했지만, 이 시기 유럽은 비교적 평온했다. 프랑스와 잉글랜드 사이에 벌어진 백년전쟁은 우연찮게도 콘스탄티노플이 함락된 1453년에 끝났다. 마침 1453년은 스페인[3]에서 벌어진 무슬림과 기독교인의 분쟁이 기독교의 승리로 마무리된 시기이기도 했다. 4~5세기에 이민족이 침입한 이후 기독교와 이슬람이 대치하던 오랜 갈등이 종식되었다. 교역과 농업이 다시 번성했으며, 봉건 유럽 사회는 점차 무역 중심의 사회로 탈바꿈했다.

이탈리아에서는 특히 피렌체와 베네치아가 동양과 서양 사이에 위치한 지리적 이점을 활용하여 막대한 부를 축적했다. 사업가와 정치인은 교회 성직자에 버금가는 존경을 받았다. 1,000년 전 로마의 멸망에 따라 동쪽으로 흘러 들어갔던 다양한 고전 사상들이 유럽으로 회귀하여 그리스-로마 문화를 지

---

3) 15세기 초에는 포르투갈, 나바르, 카스티야, 아라곤, 그리고 무슬림의 근거지였던 그라나다 등 독립 왕국 다섯 곳이 이베리아 반도를 지배했다. 1469년 카스티야의 이사벨 공주가 아라곤의 계승자였던 페르디난드 왕자와 결혼하면서 카스티야와 아라곤은 한 나라가 되었다. 1492년 '연합 정부(Union of the Crowns)'가 그라나다에서 무슬림 잔당 세력을 축출하는 데 성공했고, 1512년 나바르 왕국이 이 연합에 추가되어 근대 스페인이 형성되었다.

적·예술적으로 재평가하는 작업이 이루어졌다. 종교와 무관한 주제도 더 이상 경시되지 않았으며, 재력가들이 건축학과 건축물에 자금을 지원했는데, 이는 로마 시대 이후 찾아볼 수 없었던 모습들이다. 메디치 같은 위대한 가문들은 르네상스의 결정체인 회화 작품을 후원하며 명성을 얻었다. 레오나르도 다 빈치와 미켈란젤로는 메디치 등 부유한 후원자들의 아낌없는 지원을 받던 빛나는 인재들 중 일부에 불과했다. 또한 수학, 의학, 공학, 건축 등의 분야에서도 엄청난 발전이 일어났다.

대항해의 시대 1450~1600년

1453년 오스만 투르크의 콘스탄티노플 정복은 유럽인들이 탐험을 떠나게 만든 핵심 원인으로 작용했다. 육로를 통해 페르시아, 중앙아시아, 중국으로 가는 여정은 거리가 멀고 위험했다. 여기에 중간상인의 개입으로 비용도 만만치 않았고, 세금을 떼이는 경우도 있었다.

오랜 세월 비단과 향신료에 취해 있던 포르투갈인들은 베네치아를 비롯한 이탈리아 도시가 무역으로 축적한 부를 질시한 나머지, 아프리카 대륙을 돌아 동양으로 가는 해로를 직접 찾아 나섰다. 이를 통해 오스만 왕조가 징수하는 세금을 회피하고 이탈리아의 무역에도 타격을 줄 수 있으리라 기대한 것이다.

향료 무역

유럽인들은 수백 년 동안 동양과 교역을 했다. 아랍과 인도의 중간상들을 거쳐 주로 목재, 유리 그릇, 비누, 종이, 구리, 소금을 팔고 비단, 향, 향료를 구입했다. 비단은 조악한 직물을 사용하던 유럽 사회에서 사치품에 속했으며, 향은 위생 개념이 없던 사회에서 악취를 해결해 주었다. 또한 정향, 계피, 육두구, 후추 같은 향료는 음식의 풍미를 더하고 보관 기간을 늘렸을 뿐만 아니라 부패한 고기의 냄새를 가려 주었다. 겨우내 비축 음식과 가축을 먹일 사료가 부족했던 당시에는 주로 가을철에 가축들을 도축했는데, 얼음이 없었기 때문에 후추는 육류를 저장하게 하는 하나의 방편이 되었다.

특히 유럽인들은 정향의 의료 목적상 가치를 높이 평가했으며, 일부 의사들은 육두구가 전염병을 예방한다고 생각할 정도였다. 어느 시점에서 단위당 육두구의 가격이 금보다 더 비싸지자 목숨을 걸고라도 수입하려는 사람들까지 생겼다. 후추는 주로 인도에서 재배되었고 육두구와 정향은 지구상에서 오직 한 곳, 몰루카 제도(오늘날 인도네시아)에서만 자랐다. 뉴기니 북서쪽에 위치한 몰루카 제도는 향료 제도라고도 알려졌으며, 유럽 각국이 이 지역을 찾기 위해 서쪽 길을 모색하다가 세계의 미래가 완전히 변하게 되었다.

탐험의 또 다른 원인은 아프리카에 있었다. 포르투갈인들은 동양에서 물건을 들여올 때 금으로 결제했는데, 당시 유럽인들이 확보할 수 있는 금은 주로 사하라를 횡단하는 대상로를 통해 아프리카에서 왔다. 가나 등 일부 아프리카 왕국들은 금 무역을 통해 엄청난 부를 축적했으며, 포르투갈인들은 자체적으로 금을 확보하기 위해 아프리카 해안을 따라 해로를 구축하고자 했다.

아프리카 해안을 따라 이동하던 포르투갈인들은 소규모의 탐험들이 꽤 성공적이고 이윤이 남는다는 사실을 증명해 보였다. 포르투갈 국왕의 아들로, 항해왕으로도 알려진 엔히크 왕자(Henry the Navigator)는 향료 제도의 발견을 기원하면서 해양 과학 분야를 후원하여 명성을 얻었다. 엔히크 왕자는 탐험을 위한 항해에 자금을 대는 한편 포르투갈 남단에 선박 조종술을 연마하는 학교를 열었다. 이곳에서는 지도 제작자, 지리학자, 천문학자와 항해사들이 최신의 해양 기술을 놓고 토론하며 발전을 도모했다.

속도가 빠르면서도 더 많은 짐을 실을 수 있는 신형 카라벨선의 건조는 이러한 노력의 산물이었다. 돛은 바람에 더 가깝게 항해할 수 있도록 설계되었다. 덕분에 예전처럼 바람을 타기 위해 지그재그로 움직이지 않고 직선에 가까운 항해가 가능

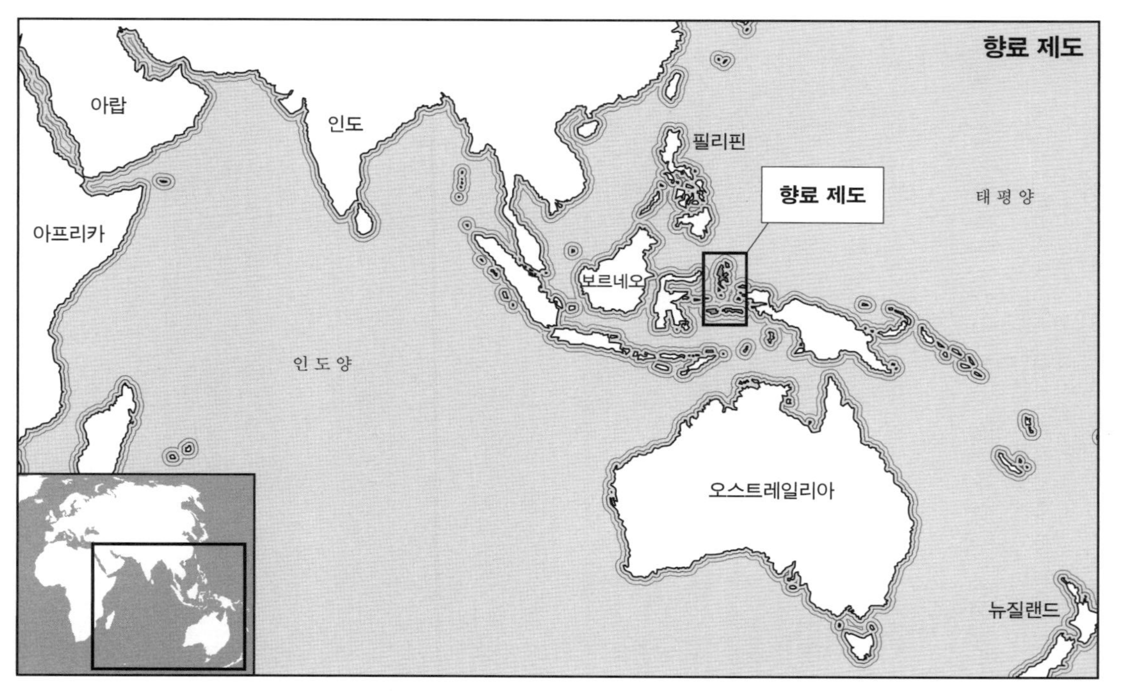

유럽인들은 수백 년 동안 동양과 교역했다. 아랍과 인도의 중간상들을 거쳐 주로 목재, 유리 그릇, 비누, 종이, 구리, 소금을 팔고 비단, 향, 향료를 구입했다. 정향, 계피, 육두구, 후추 같은 향료는 음식의 풍미를 더하고 보관 기간을 늘렸을 뿐만 아니라 부패한 고기의 냄새를 가려 주었다. 유럽인들은 특히 정향의 의료 목적상 가치를 높이 평가했으며, 일부 의사들은 육두구가 전염병을 예방한다고 생각할 정도였다. 육두구와 정향은 지구상에서 오직 한 곳, 몰루카 제도에서만 자랐다. 뉴기니 북서쪽에 위치한 몰루카 제도는 향료 제도라고도 알려졌으며, 유럽 각국이 이 지역을 찾기 위해 서쪽 길을 모색하다가 세계의 미래가 완전히 변하게 되었다.

해지면서 항해 시간이 상당히 단축되었다. 카라벨선은 신대륙을 발견한 15세기의 항해에 큰 공헌을 했는데, 실제로 크리스토퍼 콜럼버스가 탐험에 사용한 배 세 척 가운데 두 척이 카라벨선이었다.

엔히크 왕자는 1460년에 사망하였으나 그의 아들인 주앙(João) 왕자가 후원을 계속하여, 1486년에는 바르톨로뮤 디아스(Bartolemeu Dias)가 아프리카 남단을 돌아 탐험할 수 있었다. 한편 왕자는 디아스에게 아프리카의 전설적인 기독교 왕 프레스터 존(Prester John)을 만나 인도양 무역을 장악한 무슬림을 함께 퇴치하자는 제안을 하라고 명했다. 프레스터 존은 실존 인물이 아니었기 때문에 디아스가 만나고 오지 못한 것은 당연하다. 그러나 디아스는 첫 번째 임무를 성공적으로 수행하고 16개월 후 리스본으로 돌아왔다. 디아스는 항해 중 경험한 폭풍들을 떠올리며 아프리카의 끝자락에 '폭풍의 곶(Cabo das Tormentas)'이라는 이름을 붙였다. 그러나 디아스가 동양으로 향하는 길을 찾았기를 염원한 왕이 지명을 '희망봉(Cabo da Boa Esperança)'으로 바꾼 것 같다.

디아스가 희망봉을 돌아오는 데 성공하면서 대서양과 인도양이 당대의 유럽인 지리학자들의 생각처럼 육지로 둘러싸인 것이 아니라는 사실이 분명해졌다. 또한 인도로 향하는 해로를 발견해 내리라는 희망을 주었다. 디아스의 성공은 동양으로 향하는 해로를 꿈꾸던 이들에게도 용기를 주었다. 그러나 포르투갈이 추가로 항해를 떠나기에 앞서 스페인 왕궁에 중대한 소식이 날아들었다. 스페인의 왕과 왕비가 후원한 이탈리아 출신의 뱃사람이 대서양을 가로질러 동양에 도착한 것으로 보인다는 전갈이었다. 물론 그 뱃사람이 발견한 장소는 동양이 아니라 아메리카 대륙이었다.

크리스토퍼 콜럼버스 1451~1506년

크리스토퍼 콜럼버스(Christopher Columbus)는 이탈리아의 제노바라는 항구도시에서 태어났지만, 20대에 포르투갈로 이주하여 동생의 지도 제작 사업을 도왔다. 마르코 폴로의 모험에 마음을 빼앗긴 콜럼버스는 서쪽으로 항해하면 극동에 닿을 뿐만 아니라 거리도 육로보다 짧을 것이라고 생각했다.

포르투갈, 프랑스, 잉글랜드의 왕실은 모두 콜럼버스에 대한 후원을 거절했다. 포르투갈 입장에서는 디아스가 희망봉을 돌아온 상황에서 서쪽 경로를 찾아 나설 이유가 없었고, 잉글랜드와 프랑스는 그저 후원 의사가 없었다. 콜럼버스는 각고의 노력 끝에 새로 통합된 스페인 왕국의 페르디난드(Ferdinand) 왕과 이사벨(Isabella) 여왕을 알현하게 되었다. 왕과 여왕은 '레콩

키스타(Reconquista)', 즉 '재정복'이라는 기치 아래 오랜 세월 무어인들과 분쟁을 벌여 왔고, 이제 이베리아 반도를 회복해야 하는 값비싼 임무를 안고 있었다. 콜럼버스는 서쪽 경로를 찾아내면 이제껏 이탈리아가 독점해 온 수익성 좋은 향료 무역에 스페인도 참여하여 막대한 부를 거머쥘 수 있다고 설득했다.

왕과 여왕은 무어인들과의 전쟁에서 승리를 예감한 데다 콜럼버스가 제시한 기회가 엄청나다는 사실을 깨닫고 항해에 필요한 자원을 제공했다. 마침내 1492년 8월 콜럼버스는 배 세 척에 90명의 선원을 태우고 스페인의 항구를 떠났다. 그런데 당시 지도 제작자들은 마르코 폴로가 기록한 『동방견문록』의 영향을 받아 아시아의 크기를 과장하여 그렸다. 이는 콜럼버스가 지구의 크기를 상당히 과소평가하는 데 일조했고, 탐험대가 육지를 발견하는 데 두 달이 걸렸다. 일행이 처음 발견한 육지는 바하마 제도의 한 섬이었다. 그러나 콜럼버스는 인도에 도착했다고 굳게 믿고 안전한 횡단을 기념하여 산살바도르(San Salvador)라고 불렀다(산살바도르는 스페인어로 '구원자 그리스도'를 뜻한다 – 옮긴이 주). 설상가상으로 콜럼버스는 쿠바가 일본 혹은 중국일 것이라고 착각했다.

콜럼버스는 육지를 발견했음을 입증하기 위해 소량의 금과 원주민 일부, 앵무새를 싣고 돌아왔다. 이에 넉넉한 보상을 받았을 뿐만 아니라 출항 때 요구했던 해군 제독 및 인도 제도의 총독이라는 직함까지 챙겼다. 콜럼버스의 발견 소식은 인쇄기의 발명 덕분에 신속하게 전파되었고, 오랫동안 믿어 온 사실에 의문을 품는 르네상스 정신에도 크게 기여했다.

콜럼버스는 그 뒤로 아메리카 대륙을 세 차례 더 방문했다. 1493~1496년의 2차 항해에서는 정착지 한 곳을 건설하고 콜럼버스 자신이 식민지의 총독이 되었는데, 후일 이 지역은 도미니카공화국의 수도 산토도밍고가 되었다. 그러나 콜럼버스는 스스로 행정가 자질이 부족하다고 여겼고, 1498년 3차 항해로 정착지에 도착했을 때는 식민지를 다스리는 데 도움을 줄 인력을 본국에 요청했다. 그런데 본국에서 보낸 새로운 총독은 오히려 콜럼버스와 두 형제를 체포한 뒤 사슬에 묶어 스페인으로 압송했다. 마침내 콜럼버스가 석방되었을 때 이사벨 여왕은 4차 항해의 지원을 약속했다.

콜럼버스는 1506년에 사망하는 순간까지도 자신이 아시아를 발견했다고 굳게 믿었다. 그는 4차 탐험 때 남아메리카 본토에 상륙하는 데 성공했지만, 북아메리카는 본토에 발을 디딘 적조차 없다. 대신 이 명예는 잉글랜드 헨리 7세(Henry VII)의 후원을 받아 1497년에 북아메리카를 발견한 조반니 카보토(Giovanni Caboto)에게 돌아갔다. 물론 카보토조차 처음 북아메리카에 발을 디뎠을 때는 자신이 아시아에 당도했다고 믿었다.

콜럼버스가 아시아가 아닌 미지의 신대륙을 발견했음을 밝힌 주인공은 1499~1502년에 스페인과 포르투갈의 후원으로 항해에 나선 아메리고 베스푸치(Amerigo Vespucci)였다. 아메리카라는 대륙명은 아메리고의 라틴어 여성형[4]에서 유래했으며, 1507년 제작된 새로운 세계 지도에도 반영되었다. 이 시기에야 비로소 알아볼 수 있는 지구의 이미지가 나타나게 되었다. 이전까지 유럽인들은 여전히 고대 그리스인들의 지리적 지식에 기대고 있었던 것이다.

탐험의 시대에 동양인들이 서양으로 향하는 길을 찾아 나서지 않고 반대로 서양인들이 동양으로 가는 길을 찾아낸 이유는 무엇일까? 답을 중국과 관련해서 찾자면 이렇다. 유교적 관료들은 수백 년 동안 외세와 전쟁을 벌이면서 변화를 불신하게 되었다. 게다가 동양인들 입장에서는 동쪽이든 서쪽이든 탐험을 떠날 이유가 극히 드물었다. 자극을 주는 서양의 혁신이 거의 없었고, 발전이 더딘 작은 왕국들을 차지할 이유도 없었다. 이미 인도양에서 교역이 일어나고 있는 마당에 텅 비어 있는 것으로 보이는 태평양으로 새로 진출할 필요도 없었다. 이것이 동양

4) 대륙명은 통상 여성형이다.

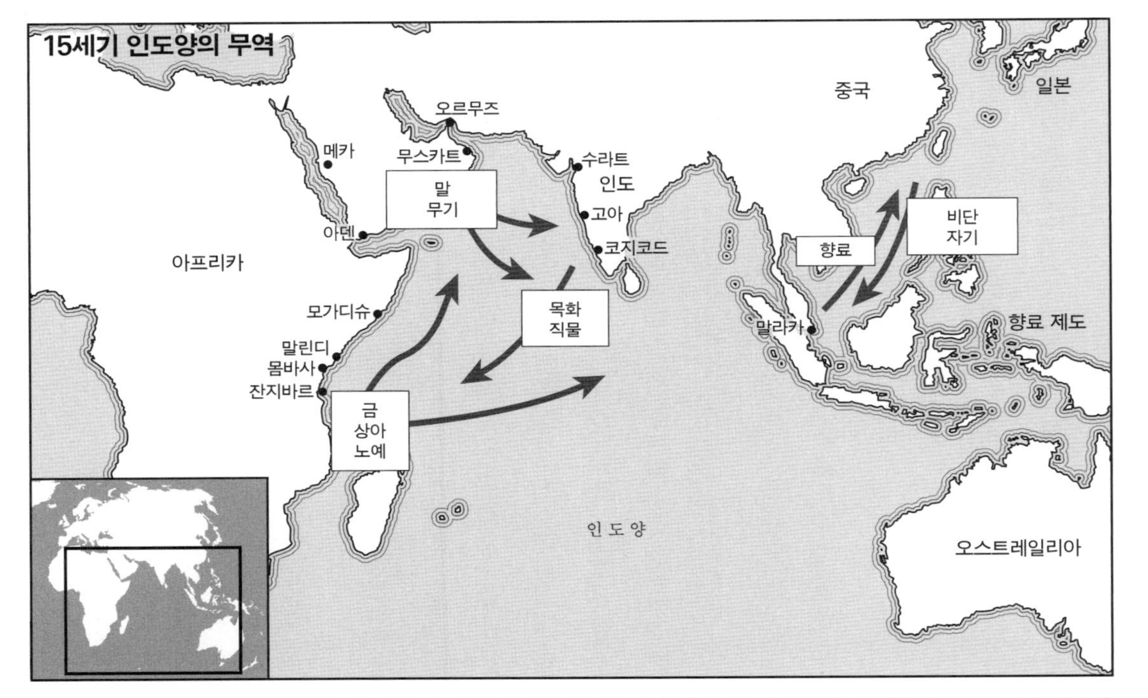

탐험의 시대에 동양인들이 서양으로 향하는 길을 찾아 나서지 않고 반대로 서양인들이 동양으로 가는 길을 찾아낸 이유는 무엇일까? 답을 중국과 관련해서 찾자면 이렇다. 유교적 관료들은 수백 년 동안 외세와 전쟁을 벌이면서 변화를 불신하게 되었다. 게다가 동양인들 입장에서는 동쪽이든 서쪽이든 탐험을 떠날 이유가 극히 드물었다. 자극을 주는 서양의 혁신이 거의 없었고, 발전이 더딘 작은 왕국들을 차지할 이유도 없었다. 이미 인도양에서 교역이 일어나고 있는 마당에 텅 비어 있는 것으로 보이는 태평양으로 새로 진출할 필요도 없었다. 이것이 동양인들이 발견의 기회를 놓친 원인이었다.

인들이 발견의 기회를 놓친 원인이었다.

반면 서양 세계에서는 콜럼버스가 1차 항해에서 돌아오자마자 탐험 경쟁에 불이 붙었다. 특히 포르투갈이 동양으로 향하는 해로를 개척하는 데 열을 올렸으며, 이미 디아스가 10년 전에 시도한 바 있던 인도 항로를 완성하기 위해 바스코 다 가마(Vasco da Gama)를 원정대 책임자로 임명했다.

다 가마는 아프리카 동부 해안에서 태운 아랍 항해사들의 도움으로 1498년에 인도 해안의 캘리컷에 상륙했다. 돌아오는 길에 괴혈병과 기아 및 질병으로 선원의 절반 이상이 사망하는 등 극한 어려움이 따랐지만, 다 가마는 약간의 향료를 가지고 귀환하는 데 성공했다. 리스본의 환영 인파는 흥분에 사로잡혔다. 다 가마는 2년이 넘는 항해 기간 동안 외해에서만 3만 8,000킬로미터 이상을 이동했지만 인도로 가는 해로를 발견함으로써 유명해졌다. 결국 스페인은 포르투갈의 적수가 되지 못한 것일까?

다 가마가 귀환하자 1,000명 이상의 선원이 더 많은 배를 나누어 타고 2차 항해에 나섰다. 이번에는 페드로 카브랄(Pedro Cabral)이 지휘를 맡고 디아스도 승선했다. 그러나 디아스는 자신이 최초로 발견한 희망봉을 돌아 오는 길에 폭풍우를 만나 사망하고 말았다. 카브랄의 항해로 향료 제도를 차지하는 과정에서 유럽인들의 폭력성이 여과 없이 드러났다. 일부 무슬림 무역상들은 유럽인들이 무역을 가로채 갈지 모른다는 불안감에 탐험대를 공격했고, 이에 카브랄의 선원들 다수가 사망했다. 카브랄도 지지 않고 피의 복수에 나서 수백 명의 무슬림을 살상했다. 이듬해에 또 다른 탐험에 나선 다 가마도 카브랄과 크게 다를 바가 없는 인물이었다. 필요하다고 판단하면 언제 어디에서나 약탈과 살인을 서슴지 않았다. 그래서 동인도 제도의 사람들은 다 가마와 포르투갈인을 극도로 혐오했다. 선주민들은 몇 년 후 네덜란드인들을 두 팔 벌려 환영했지만, 이들도 포르투갈인보다 정도가 더하지는 않더라도 마찬가지로 잔악한 무리라는 사실이 드러났다.

오랫동안 유럽인들이 고대해 온 인도 해로를 다 가마가 발견한 이후 단기적으로는 유럽에서 힘의 균형이 깨지는 효과가 있었다. 서양 세계에서 베네치아와 이탈리아 북부는 동양과의 무역을 독점하던 지위를 상실하고 점차 스태그네이션(경기 침체)으로 빠져들었다. 이탈리아인들도 뒤늦게 해상 탐험을 후원했으나 성과는 미미했다. 동양에서는 아랍인과 투르크족이 점거한 육상 무역로의 중요성이 떨어지면서 오스만 제국이 멸망의 길로 접어들었다.

토르데시야스 조약 1494년

콜럼버스의 신대륙 발견은 스페인뿐만 아니라 지금까지 해상 탐험에서 독보적 입지를 다져 왔던 포르투갈에게도 중대한 소식이었다. 포르투갈은 자국이 향후 영토를 발견하는 데 스페인이 도전이 될 것으로 우려하면서 스페인의 영유권 주장을 인정하지 않았다. 이에 스페인 보르자 가문의 부패한 교황 알렉산데르 6세(Alexander VI)가 중재에 나섰다. 1493년 교황은 동쪽으로는 북서 아프리카 해안이, 서쪽으로는 콜럼버스가 새로 발견한 스페인의 영토가 위치하도록 대서양을 통과하는 가상의 선을 설정했다. 교황이 발표한 칙령에 따르면 가상의 경계선으로부터 동쪽에서 새로 발견되는 영토는 포르투갈, 서쪽의 영토는 스페인의 차지였다. 그러나 포르투갈인들은 추가로 탐험을 한 뒤 기존의 합의가 부당하다고 생각하게 되었다. 게다가 남쪽과 동쪽으로 항해하려면 순풍을 타기 위해 대서양에서 더 깊숙이 들어가야 했다. 결국 1494년 6월 스페인의 토르데시야스라는 조용한 마을에서 경계선에 대한 재협상이 이루어졌고, 양국은 교황이 정한 경계선을 서쪽으로 1,300킬로미터 이동시키는 데 합의했다.

당대에 가장 영향력이 컸던 해상 강국 두 나라는 조약을 통해 세계를 나누어 갖게 되었다. 스페인은 아메리카 대륙의 대부분을 얻었으나 가장 동쪽의 브라질은 1500년에 포르투갈의 페드로

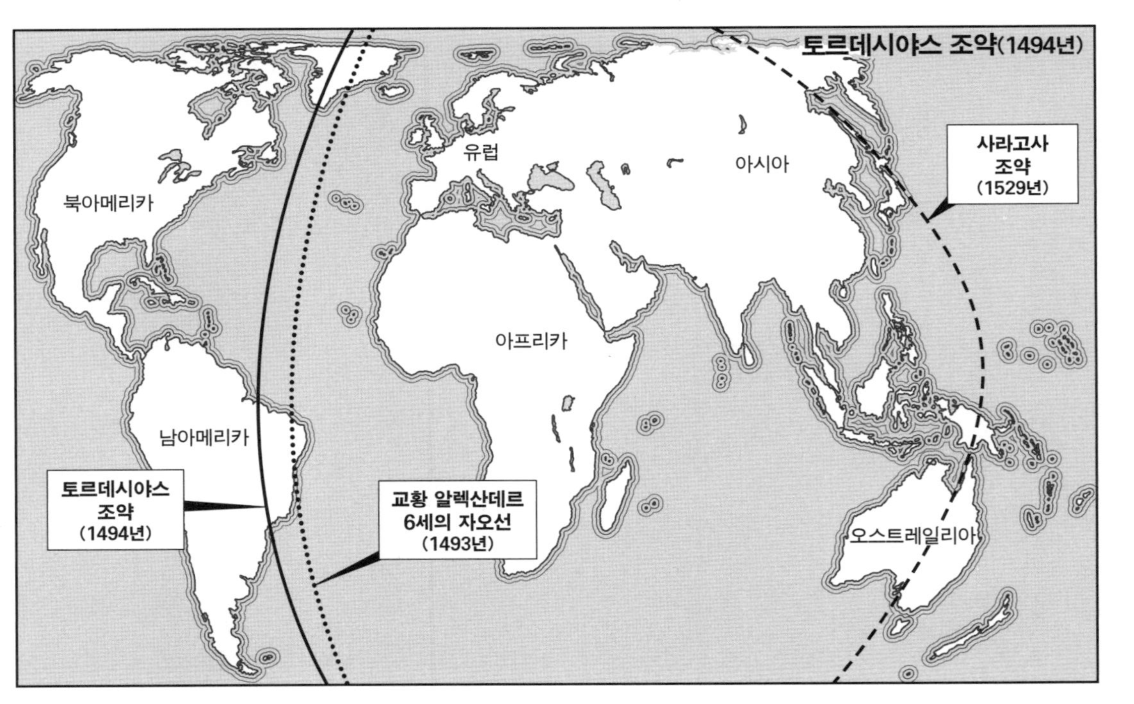

대항해 시대 포르투갈이 신대륙에 대한 스페인의 영유권을 인정하지 않자, 1493년 스페인의 교황 알렉산데르 6세가 중재에 나섰다. 교황은 동쪽으로 북서 아프리카 해안이, 서쪽으로 콜럼버스가 발견한 스페인의 영토가 위치하도록 대서양을 통과하는 가상의 선을 설정했다. 교황의 칙령에 따르면 그 선으로부터 동쪽에서 새로 발견되는 영토는 포르투갈, 서쪽의 영토는 스페인의 차지였다. 그러나 1494년 스페인의 토르데시야스라는 조용한 마을에서 경계선에 대한 재협상이 이루어졌고, 양국은 교황이 정한 경계선을 서쪽으로 1,300킬로미터 이동시키는 데 합의했다. 이로써 당대에 가장 영향력이 컸던 두 해상 강국은 세계를 나누어 갖게 되었다.

카브랄이 발견했기 때문에 포르투갈령이 되었다. 남아메리카 대륙에서 브라질만 포르투갈어를 사용하고 나머지 국가들은 스페인어를 쓰는 이유는 바로 이 때문이다. 포르투갈은 인도로 향하는 잠재적인 해로를 장악했다. 하지만 북유럽의 다른 국가들은 토르데시야스 조약을 인정하지 않았다. 교황이 누구이기에 특정 국가들에게 영토를 나누어 줄 수 있는지 의문이 제기되었다. 그럼에도 스페인은 조약에 힘입어 이후 유럽과 아메리카 대륙에서 실력을 행사하는 새로운 제국으로 발돋움했다.

페르디난드 마젤란 1480~1521년

스페인도 팔짱 끼고 보고 있지만은 않았다. 페르디난드 마젤란(Ferdinand Magellan)은 토르데시야스 조약 아래 향료 제도가 포르투갈이 아닌 스페인의 영토에 해당한다면서 청년 카를로스 1세(Carlos I)를 설득했고, 결국 서쪽 탐험에 대한 후원을 얻어 냈다. 1507년 유럽인들은 이미 아메리카 대륙이 아시아가 아니며 인도 제도는 미지의 물길 너머 대륙이라는 사실을 분명히 인지하고 있었다. 이에 16세기 초에 인도로 향하는 알려지지 않은 해로를 개척하고자 수많은 탐험이 이루어졌지만 모두 무위로 돌아갔다. 만일 마젤란이 그 해로를 찾아낸다면 스페인은 틀림없이 부강해질 것이었다. 그리하여 카를로스 1세의 후원을 받은 마젤란의 탐험대가 1519년에 출항했다.

마젤란의 탐험대는 남아메리카의 동쪽 해안을 따라 항해하면서 폭풍우를 이겨 낸 끝에 1520년 10월에 또 다른 대양으로 이어지는 물길을 발견했다. 새로 발견한 대양은 대서양에 비해 훨씬 잔잔했기 때문에 마젤란은 이곳을 '평온한 바다(Mar Pacifico)'라고 이름 붙였다. 이후 마젤란은 향료 제도를 찾아 헤맸지만, 콜럼버스가 대서양의 크기를 과소평가했듯 마젤란 역시 태평양의 크기를 과소평가했다. 태평양은 대서양보다 무려 두 배나 넓었다. 탐험대는 14주가 흐른 후에야 태평양의 작은 섬

(오늘날 괌)에 도달했고, 여기에서 필리핀으로 항해해 들어갔다. 그러나 마젤란은 현지 족장들의 다툼에 휘말려 살해되었다.

탐험대에서 오로지 후안 세바스티안 델 카노(Juan Sebastian del Cano) 선장이 이끄는 한 척만 1522년 9월 스페인으로 귀환했다.[5] 인류 최초의 지구 일주였다. 비록 출정한 선원들 중 10분의 1 정도만 생환했지만, 26톤에 달하는 정향을 싣고 온 덕에 탐험에 들어간 비용을 모두 만회했다. 델 카노는 지구를 일주한 최초의 인물로 유명세를 얻었다. 그러나 마젤란은 델 카노에 앞서 동남아시아를 들른 적이 있었다. 오늘날에는 두 번에 나누어 일주를 완성했더라도 최초로 지구를 한 바퀴 돈 인물로 마젤란을 기리고 있다. 항해 역사상 가장 위대한 모험인 마젤란의 일주는 사상 최초로 지구의 실제 크기를 가늠케 했고, 지구를 한 바퀴 돌아 항해할 수 있다는 사실도 증명했다.

스페인은 즉시 향료 제도의 영유권을 주장했으나 포르투갈의 강한 반대에 부딪혔다. 이미 토르데시야스 조약을 수정하는 과정에서 포르투갈은 막대한 양의 금으로 보상한 바 있었기 때문이다. 스페인은 포르투갈을 위로하는 차원에서 인도양에서의 교역권을 보장하는 대신 자국은 필리핀과 무역할 권리를 얻었

---

5) 나머지는 사로잡히거나 불타거나 난파되었다.

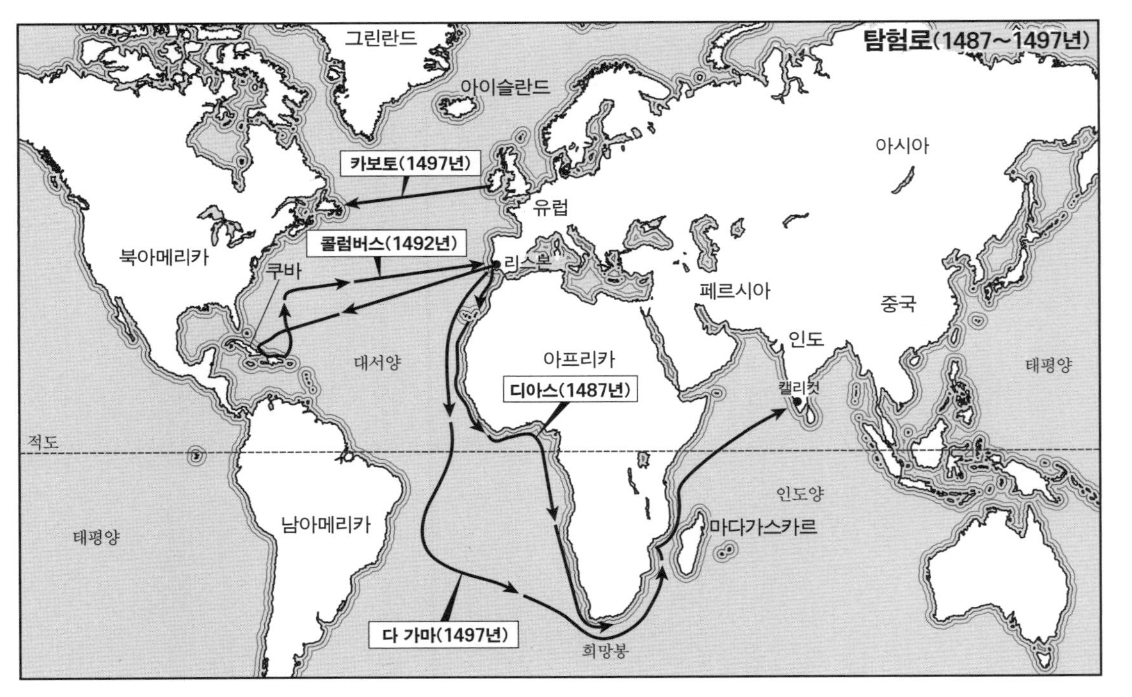

1487년 디아스는 아프리카 남단을 돌아 탐험한 뒤 리스본으로 돌아왔다. 디아스의 성공은 동양으로 향하는 해로를 꿈꾸던 이들에게 용기를 주었다. 그 이후 콜럼버스가 1492년 스페인의 항구를 떠났다. 탐험대가 처음 발견한 육지는 바하마 제도의 한 섬이었다. 그러나 콜럼버스는 인도에 도착했다고 굳게 믿었다. 신대륙 발견의 명예는 1497년 북아메리카를 발견한 잉글랜드의 카보토에게 돌아갔다. 물론 카보토조차 처음 북아메리카에 발을 디뎠을 때는 자신이 아시아에 당도했다고 믿었다. 디아스의 인도 항로를 완성하고자 원정에 나선 다 가마는 1498년 인도 해안의 캘리컷에 상륙했으며, 약간의 향료를 가지고 리스본으로 귀환하는 데 성공했다.

다. 두 나라는 유럽의 다른 열강들이 자체 해군과 상선을 개발하기 전까지 100년 동안 이 지역의 무역을 독점했다.

당시 유럽에서는 유럽 대륙뿐만 아니라 세계 역사에 거대하고 지속적인 영향을 미칠 두 가지 사건이 일어났다. 먼저 1517년 독일의 수도승인 마틴 루터(Martin Luther)는 로마로 향하다가 충격적인 장면을 목격하고 로마 가톨릭교회를 비판하는 반박문을 작성했다. 이는 유럽 역사상 최대의 혁명으로 이어졌다. 다음으로 1519년에는 독실한 가톨릭 신자였던 스페인의 카를로스 1세가 합스부르크 영토를 물려받는 사건이 일어났다. 그는 로마 이래 서유럽에서 가장 큰 제국을 거느리는 황제 카를 5세(Karl V)가 되었다.

유럽의 개혁 1517~1598년

물론 루터 이전에도 교회의 교리에 도전한 사람들이 있었다. 잉글랜드의 존 위클리프(John Wycliffe)와 보헤미아의 얀 후스(Jan Hus)는 일반 대중도 성경을 읽고 스스로 해석할 권리가 있다고 주장했다가 교회의 박해를 받았다. 지난 수백 년간 교회는 정기적으로 신도들의 돈을 갈취하여 배를 불렸고, 나태한 행실로 스스로의 명성을 갉아먹었다. 유럽인들이 도시로 이주하여 교육을 받고 깨이면서 성직자의 터무니없는 요구에 분개하기 시작했다.

루터는 1510년 로마로 가다가 교회가 이른바 면죄부를 파는 것을 목격하고 충격에 휩싸였다. 교회는 면죄부라는 증서를 구입하면 지옥에서 고통 받는 시간이 단축되고 죄 사함을 받기 위해 들여야 하는 노력도 줄어든다고 주장했다. 그러나 루터가 성경을 해석한 바에 따르면, 인간이 하나님의 은혜를 받고자 고행을 한다 해도 인간에 대한 하나님의 역사에 영향을 미칠 수 없으므로 고행은 필요 없었다. 신도는 오직 믿음으로만 구원을 얻으며, 선행을 베풀고 면죄부를 구입한다 해도 어떤 변화가 있을 수 없다고 루터는 생각했다. 그는 교황의 권위를 거부하고 사제들이 평신도보다 특별한 권력을 갖지 않는다고 비판하면서, 기독교 진리의 유일한 원천은 성경임을 강조했다. “신도는 속죄를 하고 값비싼 순례를 하거나 성자로 추정되는 해골을 숭배할 필요가 없다. 희생을 치를 필요도 없다. 교회는 전쟁을 치르고 웅장한 건물을 올리며 유럽에서 가장 솜씨 좋고 몸값이 비싼 예술가들과 장인들에게 의뢰해 그림, 조각, 목공예 조각, 금잔, 보석 세공한 성자의 유물 안치함을 제작하는 데 돈이 필요하다. 이를 충당하기 위해 성도들을 현혹하여 싸구려 물품들을 팔지만 성도는 구매할 필요가 없다.”[6]

1517년에는 오스만 제국이 맘루크족에게서 이집트를 빼앗았는데, 당시 맘루크는 향료 제도로 가는 해로가 발견된 이후 경제적인 타격을 받은 상태였다. 같은 해 루터는 면죄부 판매를 비난한 95개조 반박문을 작성하여 지역의 주교에게 보냈다. 지인들의 도움과 인쇄기 발명에 힘입어 루터의 반박문은 들불같이 퍼져 나갔고, 교황 레오 10세(Leo X)는 교황 칙령으로 루터의 주장을 비판했다.

루터가 반박할 가치를 느끼지 못하고 칙령을 불태우자, 카를 5세는 1521년 루터를 소환하여 종전의 주장을 철회하라고 권했다. 카를 황제는 등 뒤에 오스만 제국의 위협이 상존하는 가운데 독일이 분열되는 상황을 원치 않았던 것이다. 루터는 황

---

6) 안토니 파그덴, 앞의 책.

제의 명을 거부하며 성경에 기록되어 있는 경우에만 자신의 주장을 번복하겠다고 밝혔다. 결국 교회는 루터를 이단으로 파문했다. 불행 중 다행으로 독일의 여러 제후들은 스페인이 권력을 잠식하는 상황에서 독립을 유지하기를 원했고, 그중 한 제후가 루터를 보호해 주었다.

전통과 기독교 권위에 정면으로 도전한 면죄부 사건으로 루터는 억압적인 종교와 경제에 대한 불만의 중심에 서게 되었다. 수많은 소작농들은 이 기회에 교회 권력에 대한 분노를 분출했다. 피지배 계층이 보기에 교회는 압제적 통치자와 한통속임이 분명했다. 불만의 세력이 결집하면서 반란으로 번졌고 1525년에는 소작농들의 전면적인 봉기가 일어났다. 그러나 소작농들에게는 실망스럽게도, "원래 의도했던 바보다 훨씬 크고 급진적인 불길이 유럽으로 번져"[7] 나가자 루터는 소작농들을 지지하기는커녕 오히려 반란의 불길을 진화하려는 독일의 상류층에게 힘을 실어 주었다.

오래지 않아 종교개혁은 서유럽 전역을 휩쓸었다. "민족적이고 역동적인 경쟁이 종교적 열정과 융합되면서 이전 같으면

---

7) 안토니 파그덴, 앞의 책.

타협했을 사람들을 싸우게 만들었다."[8] 독일에서는 루터의 영향력이 가장 컸던 반면, 스위스와 네덜란드에서는 프랑스에서 망명한 장 칼뱅(Jean Calvin)의 개신교 교리가 지대한 영향을 끼쳤다. 칼뱅은 하나님이 이미 구원받을 자와 지옥에 떨어질 자를 정해 놓았다는 예정론을 주장했다.[9] 위그노라고도 불리는 프랑스의 신교도는 극심한 탄압을 받았으며, 1598년 앙리 4세(Henry IV)가 낭트 칙령[10]으로 신교도에게 예배의 자유를 허락하기 전까지 개신교와 가톨릭은 한바탕 전쟁을 치러야 했다. 잉글랜드에서는 헨리 8세(Henry VIII)가 왕비와 이혼하기 위한 구실로 새로운 교리를 활용했다. 왕비는 스페인 페르디난드 왕과 이사벨 여왕의 딸로, 아라곤의 캐서린(Catherine of Aragon)으로 알려진 가톨릭 신자였다.

종교개혁은 서양 세계가 발전하는 데 긍정적으로나 부정적으로 막대한 영향을 미쳤다. 유럽의 많은 지역에서 가톨릭의 도그마라는 족쇄가 풀리면서 혁신에 필수적인 사상의 자유가 발전했다. 그러나 한편으로는 남부와 북부 유럽의 기독교인들을

8) 폴 케네디(Paul Kennedy), 『강대국의 흥망(The Rise and Fall of the Great Powers)』, 한국경제신문사(1997).

9) 루터 교도와 칼뱅파는 서로를 경시했다.

10) 이미 50만 명의 개신교도들이 프랑스에서 추방당한 후였다.

분리해 결국 종교전쟁이 일어났고, 그 불씨는 1648년까지 꺼지지 않았다.

유럽을 지배한 합스부르크 가

1519년 스페인의 카를로스 1세가 신성로마제국의 황제가 되었을 당시, 합스부르크 가문은 서유럽에서 로마 이래 가장 큰 제국을 거느리고 있었다. 제국에는 스페인, 네덜란드, 오스트리아와 다수의 소국 외에 스페인이 보유한 미개척의 아메리카 식민지까지 포함되었다. 황제가 거느린 제국의 문화와 언어가 얼마나 다양했는지 황제가 신에게는 스페인어, 애인에게는 프랑스어, 말에게는 독일어를 한다는 우스갯소리가 있을 정도였다. 이미 1516년에 스페인 국왕에 오른 카를 5세는 제국에서 스페인을 가장 중시했고, 독일어를 쓰는 지역들은 동생인 페르디난트(Ferdinand)에게 맡겼다.

카를 5세가 다스렸던 39년은 유럽 역사상 매우 중요한 시기였다. 그는 이탈리아와 네덜란드 영토를 놓고 프랑스와 전쟁을 벌였으며[11], 독일에서는 개신교 제후들의 연맹과, 지중해에서는 오스만 투르크와 대치했다. 심지어 교황청이 프랑스 편을 들

11) 전쟁에서 카를 5세는 놀랍게도 잉글랜드의 헨리 8세와 동맹을 맺었다.

었다는 이유로 1527년 로마를 약탈하여 교황을 유배시키는 등 교황과도 대립각을 세웠다. 유럽 바깥에서는 아즈텍과 잉카 제국을 정복하는 등 아메리카 대륙을 식민지로 만들었다.

철기 문명을 마주친 아즈텍족과 잉카족 1200~1520년/1531년

아메리카 대륙이 발견된 후 유럽에서는 신대륙에 금이 풍부하다는 소문이 퍼졌다. 실제로 상상 이상의 금이 발견되기는 했다. 당시 아메리카 대륙의 양대 제국은 오늘날 멕시코의 아즈텍 제국과 오늘날 에콰도르, 칠레, 페루, 아르헨티나, 볼리비아를 아우르던 잉카 제국이었다. 특히 잉카는 당대 전 세계에서 가장 큰 제국에 속했다. 올메크 문명과 마야 문명 같은 초기 문명들은 이미 불분명한 이유로 멸망한 뒤였다. 16세기 초 스페인의 정복자들이 도착했을 때 300년 역사의 아즈텍과 잉카 제국은 각각 문명의 황금기를 꽃피우고 있었다.

정복자들은 금에 눈이 멀어 아즈텍과 잉카 제국을 잔인하게 짓밟았다. 에르난 코르테스(Hernan Cortes)는 1519~1520년 아즈텍을 정복했고, 10여 년 뒤 프란시스코 피사로(Francisco Pizarro)는 잉카 제국을 정복했다. 아즈텍과 잉카의 정복은 수적으로 아무리 거대한 제국이라도 극소수의 유럽인에게 정복될 수 있다는 사실을 보여 주었다.

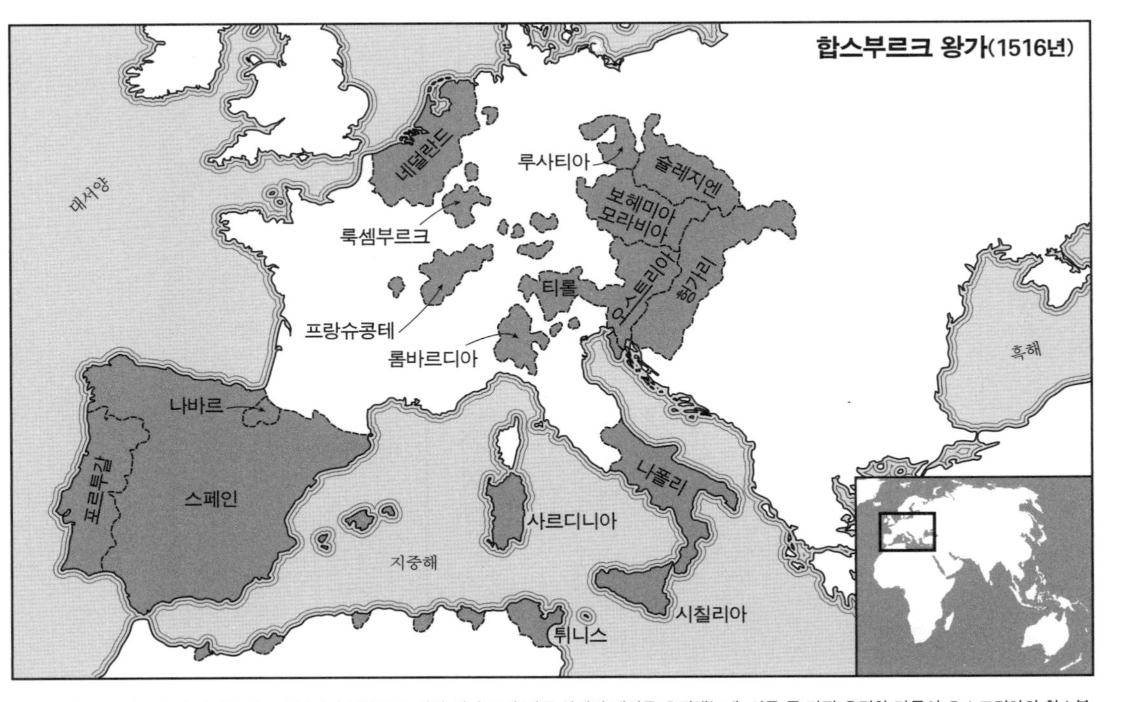

수백 곳의 크고 작은 독립 영방을 다스린 독일의 군주들은 항상 신성 로마 제국 황제의 제위를 유지했는데, 이들 중 가장 유력한 가문이 오스트리아의 합스부르크 왕가로 1452~1806년 제위를 유지했다. 1519년에는 독실한 가톨릭 신자였던 스페인의 카를로스 1세가 합스부르크 영토를 물려받았으며, 그는 로마 이래 서유럽에서 가장 큰 제국을 거느리는 황제 카를 5세가 되었다. 카를 5세가 신성 로마 제국의 황제가 되었을 당시, 합스부르크 가문은 서유럽에서 로마 이래 가장 큰 제국을 거느렸다. 제국에는 스페인, 네덜란드, 오스트리아와 다수의 소국 외에 스페인이 보유한 미개척의 아메리카 식민지까지 포함되었다.

아즈텍 최대의 도시 테노치티틀란에서 제국을 다스리던 몬테수마(Montezuma) 황제는 코르테스를 환생한 신으로 여겨 경계심을 낮췄던 것으로 보인다. 게다가 아즈텍인들은 처음 접해 보는 총과 말을 매우 두려워했다. 실제로 아메리카 대륙에는 1492년 유럽인들이 도착하기 전까지 말의 존재를 입증할 기록이 없다. 코르테스는 제국을 차지하기 위해 원주민들 가운데 황제의 압제를 받던 사람들과 동맹을 맺었다. 당시 아즈텍인들은 인간 제물을 바치지 않으면 태양이 뜨지 않아 세계가 멸망한다고 믿었다. 코르테스가 스페인에서 타고 온 배를 불사르면서 사생결단의 마음가짐으로 싸우도록 군대를 몰아붙였다는 일화는 유명하다.

잉카에서는 피사로가 아타우알파(Atahualpa) 왕을 사로잡아 놓고 길이 7미터에 너비 5미터, 높이 3미터 크기의 방을 금으로 채우지 않으면 왕을 풀어 주지 않겠다고 협박했다. 잉카인들이 약속을 지켰음에도 피사로는 왕을 살해했는데, 심지어 죽이기 전에 가톨릭으로 개종시키고 세례까지 받게 했다! 불과 168명의 스페인군은 무려 8만 명에 달하는 잉카군을 제압하는 데 성공했다. 게다가 유럽인들이 옮긴 질병으로 수많은 원주민들이 전장에 나가 보지도 못하고 죽었다. 설사 방어를 위해 세를 결집했어도 석기시대와 철기시대의 문명이 충돌한 결과가 어떠했

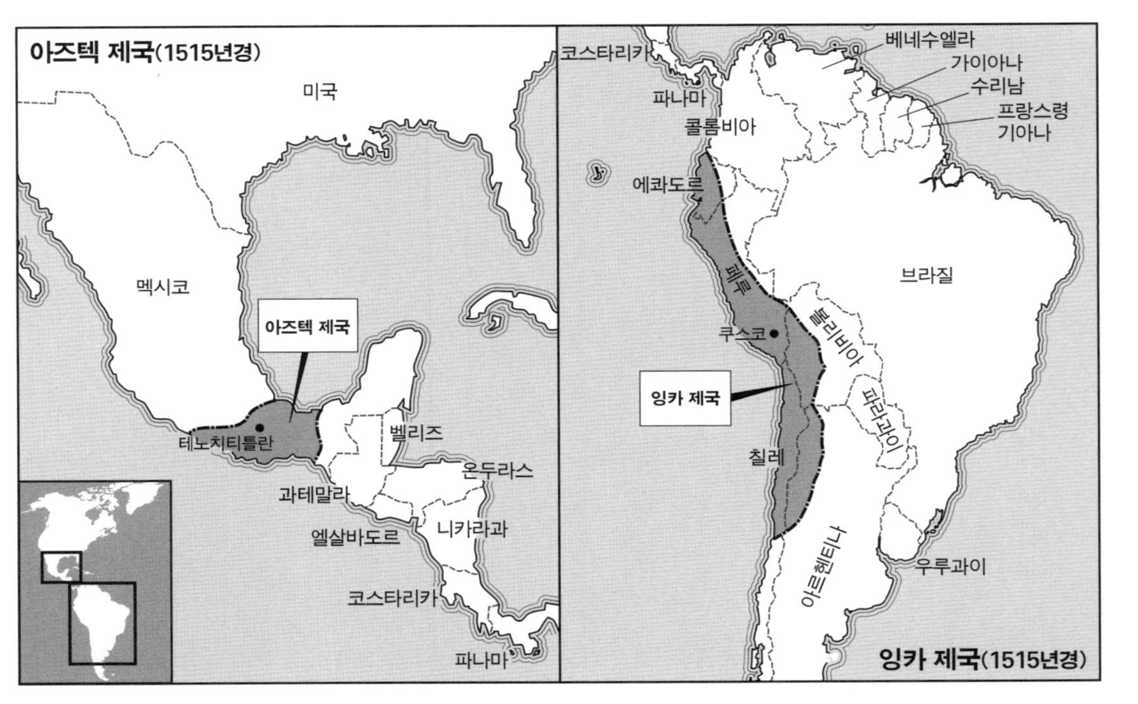

아메리카 대륙이 발견된 후 유럽에서는 신대륙에 금이 풍부하다는 소문이 퍼졌다. 당시 아메리카 대륙의 양대 제국은 오늘날 멕시코의 아즈텍 제국과 오늘날 에콰도르, 칠레, 페루, 아르헨티나, 볼리비아를 아우르던 잉카 제국이었다. 특히 잉카는 당대 전 세계에서 가장 큰 제국에 속했다. 16세기 초 스페인의 정복자들이 도착했을 때 300년 역사의 아즈텍과 잉카 제국은 각각 문명의 황금기를 꽃피우고 있었으나, 금에 눈먼 정복자들은 아즈텍과 잉카 제국을 잔인하게 짓밟았다. 나무와 돌로 만든 무기를 든 원주민들은 철강으로 무장한 정복자들을 이겨 낼 도리가 없었다.

을지 충분히 짐작할 수 있다. 나무와 돌로 만든 무기를 든 원주민들은 철강으로 무장한 정복자들을 이겨 낼 도리가 없었다.

한편 스페인에서는 카를 5세가 아들 펠리페 2세(Felipe II)에게 잉글랜드 튜더 왕조의 가톨릭 신자 메리(Mary)와 혼인할 것을 종용했다. 잉글랜드, 네덜란드와 더불어 가톨릭 국가 동맹을 결성하려는 속셈이었다. 카를 5세는 신교도들이 저항 여론을 부추기는 것을 두려워하여 신교가 유럽에서 득세하지 못하게 만들어야겠다는 의지가 강했다. 사실상 황제 입장에서는 개신교나 투르크족이나 다를 바가 없었던 것이다. 그러나 루터가 독일 제후들의 보호를 받고 있는 데다 스페인이 프랑스 및 오스만 왕조와 각각 전쟁을 벌이게 되면서 황제의 관심사는 분산될 수밖에 없었다. 독일에서 일어난 종교 반란을 진압할 기회가 분명 있었음에도 실행에 옮기지 못한 것은 이러한 배경 때문이었다.

카를 5세가 진압을 시도하려던 시점은 이미 개신교가 적어도 독일 북부에 깊이 파고든 뒤였다. 결국 1555년 신성로마제국 내에서 루터 교도들의 지위를 공식적으로 보장하는 아우크스부르크 화의에 합의할 수밖에 없었다. 이에 더해 225인의 제후들이 다스리는 영지에서 (가톨릭과 루터교 가운데) 공식 종교를 선택할 수 있도록 권리를 부여하게 되었다.

카를 5세에게 가시 같던 오스만 제국은 1529년에 빈을 점

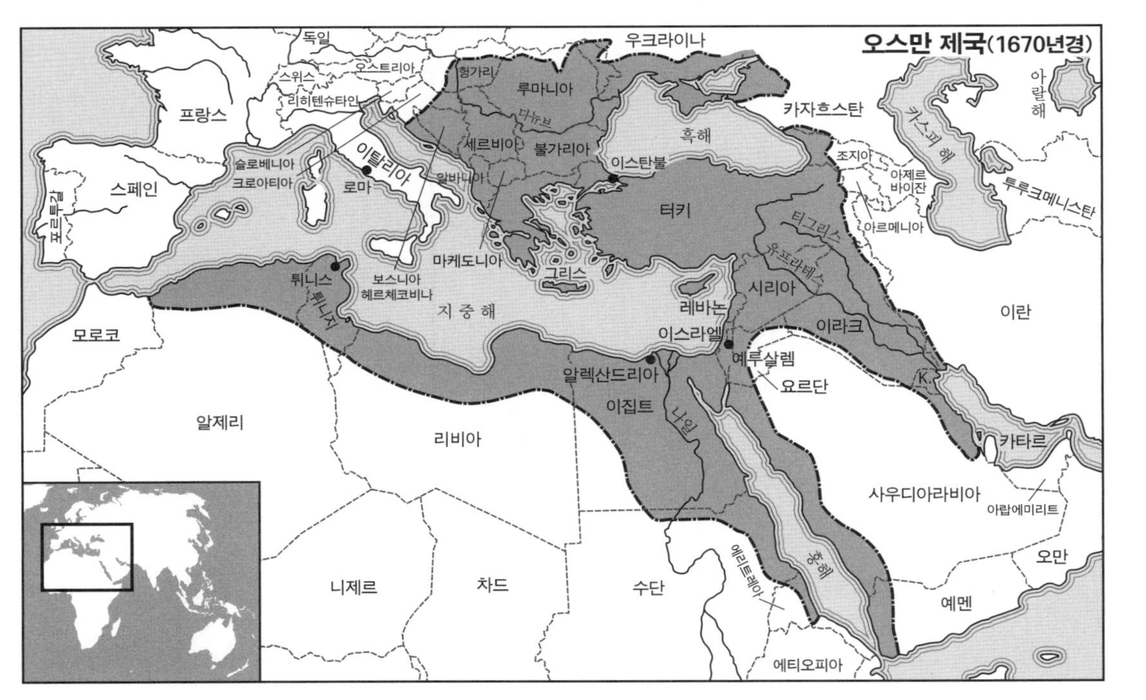

카를 5세에게 가시 같던 오스만 제국은 1529년에 빈을 점령하려고 시도했으나 실패로 돌아갔다. 오스만은 카를 황제의 사후에도 지중해에서 강력한 해상력을 유지했다. 번영의 황제 술레이만 1세의 치세 동안 오스만 제국은 서쪽으로 합스부르크 제국과, 동쪽으로 국경을 길게 맞대고 있던 시아파의 사파비 왕조 페르시아와 전쟁을 계속했다. 그러나 술레이만 이후 무능한 술탄의 치세가 이어진 데다 제국이 과도하게 확대된 부작용이 나타났다. 여기에 자유로운 사상에 대한 열망이 더해지면서 17세기부터 서서히 멸망의 길로 접어들었다.

령하려고 시도했으나 실패로 돌아갔다.[12] 오스만은 카를 황제 사후에도 지중해에서 강력한 해상력을 유지했다. 번영의 황제 술레이만 1세(Suleiman I)의 치세 동안 오스만 제국은 서쪽으로 합스부르크 제국과, 동쪽으로 국경을 길게 맞대고 있던 시아파의 사파비 왕조 페르시아와 전쟁을 계속했다. 그러나 술레이만 이후 무능한 술탄의 치세가 이어진 데다 제국이 과도하게 확대된 부작용이 나타났다. 여기에 자유로운 사상에 대한 열망이 더해지면서 오스만 제국은 17세기부터 서서히 멸망의 길로 접어들었다.

사파비 왕조 페르시아 1502~1732년

시아파의 사파비 왕조는 티무르의 몽골족이 후퇴하면서 발생한 혼돈을 틈타 페르시아에서 권력을 잡고 강력한 독립국을 건설했다. 다만 바그다드를 비롯한 이라크 전체를 이해가 엇갈리던 오스만 투르크에 내줄 수밖에 없었다. 사파비 왕조의 샤(Shah)들 가운데 가장 널리 알려진 샤 압바스(Shah Abbas, 1571~1629년)의 통치 이후에는 힘이 약한 지도자들이 뒤를 이으면서 페르시아가 오스만 제국에 미치는 위협 또한 약화되었다.

---

12) 오스만 제국은 1683년에도 빈을 공격했으나 또다시 실패했다.

19세기에는 러시아와 영국이 쇠약해진 페르시아를 서로 차지하기 위해 다투었다.

가톨릭의 반종교개혁 1545년

개신교 운동의 성장에 맞서 가톨릭교회도 자체적인 개혁에 나섰다. 1545년 교황 바오로 3세(Paul III)는 트리엔트 공의회를 소집하여 교회를 개혁하고 루터교에 대응하고자 했다. 그러나 실제로는 방어 태세를 취하면서 권위에 대한 도전에 강하게 맞대응하는 모습을 보였다. 공의회는 이단자를 색출하여 잔인하게 처형하는 로마 종교재판소의 설립을 지지했다. 대규모 검열을 통해 이단 서적들의 목록이 발표되었고, 금서를 읽는 경우 죽음보다 더 두렵다는 파문을 당할 가능성도 있었다.

1543년 폴란드의 천문학자인 니콜라우스 코페르니쿠스(Nicolaus Copernicus)는 지구가 우주의 중심이기는커녕 태양의 주위를 공전하는 행성에 불과하다고 주장했다가 거센 비판을 받았다. 72년 후 갈릴레오 갈릴레이(Galileo Galilei)는 코페르니쿠스의 의견에 동조했다는 이유만으로 로마 종교재판소에 회부되었다. 갈릴레이는 성경에 오류가 없다는 점은 인정하면서도 성경을 해석하는 인간은 오류가 있는 존재라고 믿었다. 결국 갈릴레이는 지동설을 공개적으로 부정하는 발언을 해야 했고 가

택연금을 당했다. 즉 "개신교의 종교개혁은 문해 능력을 끌어올리는 데 큰 기여를 했고 반대 의견과 이단을 양산했다. 또한 과학적 발전에 핵심이 되는 회의주의, 권위의 부정을 촉진했다. 가톨릭 국가들은 이러한 도전을 수용하지 않고 오히려 폐쇄와 검열로 맞섰다."[13]

사방에서 전쟁을 치르다 지쳐 버린 카를 5세는 1555년 퇴위했고, 2년 후 수도원에서 죽음을 맞이했다. 합스부르크의 영토 중 독일어를 쓰는 지역은 카를 황제의 동생인 페르디난트에게 상속되었는데, 이후 그는 신성로마제국의 황제가 되었다. 사실상 신성로마제국의 황제는 합스부르크의 세습 지위가 된 것이다. 반면 네덜란드, 합스부르크의 이탈리아 영토, 포르투갈을 포함한 스페인 제국은 카를 황제의 열정적 아들인 펠리페 2세가 물려받았다. 이로써 스페인 합스부르크 가는 본류가 되고 오스트리아 합스부르크 가가 지류가 되었다.

네덜란드 독립 전쟁 1579~1648년

펠리페 2세는 중앙 집권적인 정부를 지향했다. 그의 독재적 성향을 만족시키는 한편, 눈덩이처럼 불어나는 전쟁 비용을 충

13) 데이비드 랜즈, 앞의 책.

당하기 위해 세금 징수를 늘리려는 이유도 있었다. 펠리페 2세는 가톨릭교의 수장으로서 개신교도가 눈에 띄는 대로 억압하고자 했다. 이제껏 네덜란드에서는 무역을 장려하기 위해 개신교도들을 어느 정도 용인해 온 부분이 없지 않았다.

펠리페 2세의 통치가 시작되자 네덜란드에서는 불만이 들끓었다. 네덜란드가 스페인의 영토에 편입된 것은 얼마 안 된 1549년 카를 황제 때였다. 자치적 성향이 강했던 네덜란드인들은 펠리페 2세가 새로운 세금을 부과하려 한다는 데 분개했다. 게다가 흉작이 잇따르면서 대중 사이에서는 불안감이 확산되었고, 폭도는 여러 교회와 수도원을 약탈하기까지 했다.

펠리페 2세는 무례한 개신교도에게 자신의 권위를 보여 주고자 반란을 잠재울 군대를 파견했다. 그러나 잔인한 진압은 상황을 오히려 악화시켰고, 네덜란드의 일부 가톨릭 신자들조차 스페인의 통치에 반감을 가지고 독립 운동에 합류하기 시작했다.

1579년 북부의 7개 주는 '네덜란드 주연합(United Provinces of the Netherlands)'을 결성했다. 2년 후 이들은 펠리페 2세가 네덜란드의 정당한 왕이 아님을 선언하면서 사실상 스페인으로부터의 독립을 선포했다. 당시 주연합은 상상하지 못했겠지만, 네덜란드의 독립은 유럽 전역을 파괴한 전쟁의 광풍이 몰아친 뒤

1648년에야 현실화되었다. 반면 오늘날의 벨기에와 룩셈부르크를 포함한 남부의 주들은 스페인에게 계속 충성을 맹세했다. 스페인과의 전투에서 패전하고 궁핍한 상황에서 주연합은 잉글랜드의 엘리자베스 여왕과 프랑스 왕의 동생에게 네덜란드를 함께 다스려 달라고 요청했다. 양측 모두 거절했으나, 1584년 오렌지공 윌리엄(William I of Orange)이 암살당하는 사태가 벌어지자 엘리자베스 여왕은 반란군을 지원할 소규모 군대를 파병했다.

잉글랜드의 개혁 1517~1558년

한편 잉글랜드에서는 1509년 튜더 왕조의 헨리 8세가 국왕이 되었다. 헨리 8세가 왕이 될 수 있었던 것은 아라곤의 캐서린과 혼인한 형 아서(Arthur)가 일찍 운명했기 때문이었다. 헨리는 형의 미망인과 결혼했지만 여기저기 시선을 돌리다가 다른 여성에게 관심을 갖게 되었다. 이제 왕은 미망인과의 결혼을 무효로 돌리고자 했지만, 이혼 시도는 짐작도 못 했던 커다란 문제를 야기했다. 당시 잉글랜드는 이미 루터의 사상에 물들어 있었고, 왕이 호감을 품은 앤 불린(Anne Boleyn)도 루터교를 환영했다. 그러나 캐서린의 조카였던 황제 카를 5세가 영향력을 행사하면서 교황은 결혼 무효를 인정하지 않기로 했다. 이에 적의를 품은 헨리 8세도 교황의 권위를 인정하지 않았다. 왕이 바로 얼마 전 1521년에 루터의 가르침을 배격하여 '신앙의 수호자'[14] 칭호를 얻은 사실을 되돌아보면 매우 아이러니한 행동이었다.

가톨릭에서 이혼을 인정받지 못하자 헨리 8세는 캔터베리 대주교에게 이혼을 인정하라고 명했고, 대주교는 왕의 명령을 따랐다. 이어 1532년에 의회제정법을 만들어 헨리 8세가 성공회의 수장이 되면서 로마와는 완전히 단절하게 되었다. 이제 왕이 성공회 수장이 되었으니 명을 거스르는 자는 처형되었다. 반면 왕을 받들면 재산이 많은 수도원을 해체하여 얻은 재물과 토지를 재분배할 때 후한 보상을 받을 수 있었다. 교회 재산의 재분배 과정에서 왕실의 수입 또한 배로 늘었다.

헨리 8세는 총 여섯 번 혼인하여 에드워드, 메리, 엘리자베스라는 세 명의 상속자를 두었다. 자녀들은 저마다 종교가 달랐다. 아들인 에드워드(Edward)는 충성스러운 개신교도였으나 치세가 짧았다. 메리(Mary)는 어머니인 아라곤의 캐서린처럼 독실한 가톨릭교도였으므로 잉글랜드 최초로 여왕이 되었을 때 과거로의 회귀를 추진했다. 그러나 같은 가톨릭교도이자 카를 5세의 아들인 펠리페 2세와 혼인하면서, 메리는 어느 편의 지지도 받지 못하게 되었다. 잉글랜드인들은 스페인 왕의 지배를 받을

---

14) 오늘날 영국의 군주들도 신앙의 수호자라는 칭호를 사용하고 있다.

의사가 없었고, 교황이 종교적 삶을 지배하는 것도 원치 않았다. 특히나 헨리 8세에게 교회의 재산을 분배받은 세력들은 재산을 되돌려줄 마음이 없었다.

무엇보다 메리는 이단법을 부활시켜 이단자를 공개 처형하면서 '피의 메리'라는 오명을 얻었다. 설상가상으로 메리 여왕의 결혼으로 잉글랜드가 스페인과 우호 관계를 맺게 됨에 따라 프랑스와의 전쟁에 휘말려 들어가게 되었다. 그 결과 1558년 프랑스에 남아 있던 마지막 잉글랜드의 영토인 칼레를 빼앗겼다. 같은 해 메리가 숨을 거두었을 때 여왕의 죽음을 슬퍼하는 사람은 거의 없었다. 여왕과 펠리페 2세 사이에는 상속자가 없었기 때문에 왕위는 여동생 엘리자베스(Elizabeth)에게 돌아갔다. 엘리자베스 여왕은 45년을 다스렸고, 잉글랜드 역사상 가장 위대한 군주로 칭송받았다.

처녀 여왕 엘리자베스 1세 1533~1603년

교황은 개신교에 호의적인 엘리자베스 여왕을 파문했다. 그러나 여왕은 언니인 메리 같은 극단주의자가 아니었다. 여왕의 사촌인 스코틀랜드의 메리 여왕을 잉글랜드의 여왕으로 추대하려는 시도가 여러 번 발각되었는데, 이러한 경우가 아니라면 여왕은 대체로 관용을 베풀었다. 엘리자베스 여왕의 치세 동안 잉글랜드는 처음으로 북아메리카에 식민지를 건설했다. 여왕은 가톨릭 신하들의 비위를 맞춰 줄 요량으로 식민지에 처녀 여왕을 기리는 지명을 붙이는 안을 제시했고, 월터 롤리(Walter Raleigh)는 버지니아(Virginia)라는 이름을 붙여 주었다(버지니아라는 지명이 엘리자베스 여왕을 의미하는 처녀 여왕(Virgin Queen)에서 유래했다는 해석이 지배적이나, 가톨릭 일각에서는 동정녀 마리아(Virgin Mary)가 진정한 처녀 여왕이라며 의미를 부여하기도 한다 – 옮긴이 주).

이러한 잉글랜드의 영유권 주장은 스페인에게 최후의 일격을 가한 것이나 다름없었다. 스페인은 이미 아메리카 대륙 전체를 자기 소유로 선언했고 교황 역시 승인한 바 있었기 때문이다. 엘리자베스 여왕은 네덜란드 주연합에 지원군을 보내고, 스페인의 선박과 정착지를 계속 공격한 데다, 가톨릭 사촌인 메리를 처형한 바 있었다. 그러므로 영토 주장에 스페인이 이성적인 반응을 보이리라 기대하지는 않았을 것이다.

스페인은 즉각 '무적함대(Armada)'를 파견하여 잉글랜드를 정복하고 가톨릭 신앙을 회복하려는 조치에 돌입했다. 펠리페 2세가 전체 가톨릭 국가들에게 자금과 군사의 지원을 촉구하면서 무적함대의 파견 소식이 빠르게 퍼졌다. 무적함대는 130척에 7,000명의 선원과 1만 7,000명의 군사를 태우고 출항했다. 교황은 축복을 내렸고, 전 유럽이 사태의 추이를 지켜보았다. 그러나 막강한 자금력에도 불구하고 무적함대는 임무에 실패했다.

일단 잉글랜드의 프랜시스 드레이크(Francis Drake)가 스페인 남부의 카디스 항을 선제공격하여 스페인의 함선 30척이 침몰하면서 공격 일정이 다소 늦춰졌다. 물론 잉글랜드의 선제공격은 펠리페 2세를 더욱 격분시켰다.[15] 그다음으로 믿기 어렵게도 무적함대를 지휘한 메디나 시도니아 공작은 해군 지휘의 경험이 없었고 책임을 떠넘기기에 급급한 인물이었다. 스페인인들의 실수와 기상 악화라는 불운, 잉글랜드인들의 기지 등 여러 요인이 종합적으로 작용한 데다 잉글랜드가 작고 빠른 함선을 사용하면서 무적함대는 패망했다. 영국 제도 근처까지 항해했던 함대는 절반에 가까운 함선과 군사를 잃고 맥없이 스페인의 항구로 돌아왔다. 재정상으로도 큰 손실이었고, 치욕적인 패배였다.

물론 스페인은 아메리카 대륙에서 유입되는 자원 덕분에 빠른 시일에 재정 손실을 만회했지만, 실추된 명예는 좀처럼 회복할 수 없었다. 무적 스페인을 무찌른 잉글랜드는 누구이며, 또 스페인에 감히 도전한 네덜란드는 누구인가? 무적함대를 물리친 일은 이후 잉글랜드와 네덜란드가 바다에서 스페인을 공격하는 데 자신감을 심어 주었고, 다가오는 세기에는 국력을 신장

15) 드레이크의 급습은 역사에서 '스페인 왕의 수염을 태운' 사건으로 기록되었다.

하는 데 기여했다. 무적함대에 승리를 거둔 프랜시스 드레이크는 국민적 영웅으로 떠올랐고, 엘리자베스 여왕 역시 전설적인 인물이 되었다. 여왕은 노르만족의 침입 이후 400년 만에 맞은 거대한 위협을 성공적으로 막아 낸 것이다.

엘리자베스 여왕이 잉글랜드를 위대한 나라로 격상했지만, 여왕의 후계자들은 빛나는 업적들을 훼손했다. 1603년 스코틀랜드 메리 여왕의 아들인 제임스 6세(James VI)가 잉글랜드의 제임스 1세(James I)가 되었다. 잉글랜드와 스코틀랜드는 100여 년 후인 1707년에 연합법 제정을 통해 공식적으로 합쳐져 그레이트 브리튼 왕국(Kingdom of Great Britain)이 되었다.[16] 제임스 1세는 국민들에게 인기가 없었고, 재위하던 1605년에는 가이 포크스(Guy Fawkes)가 이끄는 가톨릭 집단이 의회 의사당을 폭파하려는 음모를 꾸몄다. 지금도 영국에서는 매년 11월 5일에 포크스의 음모가 무위로 돌아간 것을 기념하고 있다. 제임스 1세의 아들인 찰스 1세(Charles I)는 잉글랜드를 내전으로 몰아넣었다.

30년 전쟁과 베스트팔렌 조약 1618~1648년

펠리페 2세가 1598년 사망할 당시 스페인은 막대한 부채를

---

16) 1801년 북아일랜드가 합쳐지면서 '그레이트 브리튼 연합 왕국(United Kingdom of Great Britain)'이 되었다.

진 상태였고[17] 군대도 크게 지쳐 있었다. 뒤이어 왕이 된 펠리페 3세(Felipe III)는 1609년에 네덜란드 주연합과 휴전하는 것 말고 다른 도리가 없었다. 평화는 9년 동안 지속되었으나, 유럽 전역을 휩쓴 30년간의 종교전쟁(1618~1648년)으로 다시 평화가 깨졌다. 일이 복잡하게도 프랑스 부르봉 왕조의 가톨릭 군주는 합스부르크 영토에 둘러싸이는 상황을 우려하여 신교도 세력과 손잡고 스페인에 맞서 싸웠다.

독일은 전쟁의 여파로 전 지역이 폐허가 되다시피 했으며, 인구의 4분의 1 가까이가 전쟁과 기근 및 질병으로 목숨을 잃었다. 파산한 국가들도 있었다. 유럽 바깥에서는 아시아, 아프리카, 아메리카 같은 초기 식민지들이 전쟁의 포화에 휩싸였다. 동쪽에서는 네덜란드가 포르투갈과 치열한 전쟁을 벌인 끝에 수익성 좋은 향료 제도를 포함하여 대부분의 영토를 빼앗는 데 성공했다.

평화 협상은 1643년에 시작되었으나, 지루한 논의가 이어져 5년 뒤인 1648년에야 베스트팔렌 조약이 체결되었다. 이로써 80년간 이어진 네덜란드 독립 전쟁과 30년 전쟁이 모두 끝났다. 기독교는 평화의 종교라고 알려져 있지만 오히려 죽음과 파괴를 불러왔으며, 유럽을 영원히 분열시켰다. 변화가 절실한 시점이라

17) 펠리페 2세가 사망하면서 남긴 부채는 국가 연간 수입의 15배에 달했다.

는 사실을 모두가 분명히 깨닫게 되었다.

베스트팔렌 조약으로 유럽은 새롭게 탈바꿈했다. 네덜란드 공화국은 그토록 염원하던 독립국 지위를 얻게 되었으며, 신성로마제국에 속한 영토에는 사실상 자주권이 부여되어 황제의 영향력이 크게 약화되었다. 하지만 영토 문제는 조약으로 발생한 근본적인 변화들에 비하면 부수적인 결과에 지나지 않았다.

첫째, 모든 사람이 자신의 종교적 의견을 자유롭게 개진할 수 있어야 한다는 공감대가 형성되었다. 이러한 신념은 이후 시민사회의 근간이 되었다. 칼뱅주의나 루터교, 가톨릭교가 모두 동일하게 인정되었고 종교와 정치가 분리되었는데, 오늘날 대부분의 서양 국가들은 이 같은 기조를 유지하고 있다. 둘째, 베스트팔렌 조약은 근대 주권국가의 기틀을 마련했다. 이는 황제가 다스리는 제국과 대비되는 개념으로, 이후 왕정이 지배적인 정부 형태로 정착되었다. 당시 베스트팔렌 조약에서 설정된 국경은 대개 오늘날까지 동일하거나 유사하게 유지되고 있다. 조약 체결 이후에는 종교가 아닌 국가 간 경쟁이 전쟁의 주된 원인으로 작용했고, 유럽에서 힘의 균형에 변화를 일으켰다.

북아메리카 식민지 건설 17세기

16세기 유럽인들의 북아메리카 진출은 주로 원주민들이 가진 부를 찾는 데 초점이 맞춰져 있었다. 여전히 많은 유럽인들은 신대륙의 자원이 가장 손쉽게 부를 얻는 방편이라고 여겼다. 당초 유럽인들에게 아메리카는 정착하기 위한 장소라기보다 유럽의 주요 열강들이 이견을 조정하고 전쟁 비용을 대기 위한 약탈의 대상이었다.

16세기 중반 스페인은 중앙아메리카와 남아메리카 대부분을 차지하여 막대한 양의 은을 채굴했다. 스페인은 원주민들을 노예로 삼거나 재물을 빼앗기 위해서 대규모 학살을 일삼다가, 이제는 아프리카에서 아메리카로 노예를 데려오기 시작했다. 아프리카인들은 아메리카 대륙의 풍토병을 더 잘 견디고 힘든 노역도 감당할 수 있으리라 판단한 것이다. 이내 포르투갈이 스페인의 뒤를 이어 브라질 사탕수수 농장에 노예들을 데려왔다.

하지만 스페인이 부를 축적할수록 프랑스, 잉글랜드, 네덜란드 같은 다른 열강들도 식민지의 부를 나눠 갖는 일에 관심을 두게 되었다. 엘리자베스 1세 치세의 잉글랜드는 카리브 해 지역에서 해적질로 악명이 높았다. 해적들은 보물을 한가득 실은 스페인의 갤리온선을 공격하여 스페인이 신세계에서 착취한 금과 은을 가득 싣고 돌아왔다. 허망하게 해적한테 빼앗겨 버린다면 힘들게 금과 은을 채굴할 이유가 어디 있겠는가? 스페인이 북아메리카와 카리브 해에 자원이 거의 없다는 이유로 관심을 두지 않자, 스페인의 경쟁자들이 대신 이 지역에 진출하게 되었다.

그러나 유럽의 열강들이 식민지를 건설했을 때 취할 수 있는 이점을 완전히 이해하기까지는 시일이 걸렸다. 스페인은 1565년 아메리카 대륙 플로리다의 세인트오거스틴에 보다 실질적인 형태의 교역소를 건설했다. 20년 후에는 잉글랜드도 월터 롤리의 지휘 아래 오늘날 노스캐롤라이나 해안의 로아노크 섬에 단순한 식민지가 아닌 영구적인 교역소의 설치를 추진했다. 하지만 교역소 설치는 그리 쉬운 일이 아니었다. 최초의 식민지 주민들은 선전에 현혹되어 이주했지만, 당장 이듬해에 본국으로의 귀환을 요청했다. 다음에 유럽을 떠난 식민지 주민들마저 대서양을 횡단하는 긴 여정 중에 실종되어 버렸다.

17세기 초에 이르러 유럽의 열강들은 협력하여 아메리카 대륙에 식민지를 건설하기 시작했다. 종교 박해와 17세기 유럽을 휩쓴 흉작 때문에 자발적으로 식민지에 이주하려는 사람들이 늘기는 했지만, 많은 이가 대서양 횡단 중에 사망했다.

제임스타운과 북아메리카 정착 1607년

로아노크의 실패와 더불어 스페인과의 전쟁이 계속되면서 잉글랜드의 식민지 건설은 지체되었다. 1606년 제임스 1세는 정착지를 건설하기 위한 런던 회사의 설립을 승인했고, 1607년에는 버지니아에 제임스타운을 조성했다. 많은 이들은 제임스타운 건설이 진정한 북아메리카 식민 시대를 열었다고 보고 있다. 그러나 제임스타운 건설도 순탄치 않았다. 식민지 주민의 3분의 1이 항해 중 사망했고, 또 다른 3분의 1은 초기 1년의 '현지 적응' 기간에 숨졌다. 게다가 초기 20년 동안 기아와 질병이 식민지를 덮치면서 정착민들은 자립할 수 있을 때까지 본국에서 물품을 공급받아야 했다. 그나마 당시 유럽에서 흡연이 유행하면서 비교적 재배가 쉬운 담뱃잎을 생산한 결과 식민지의 형편이 나아지기 시작했다. 시중에는 곧 값싼 버지니아산 담배가 넘쳐 났다.

프랑스는 1608년 퀘벡에 최초의 영구 정착지를 건설했다. 1609년에는 잉글랜드인 항해가 헨리 허드슨(Henry Hudson)이 네덜란드의 자금 지원을 받아 맨해튼 섬을 발견했다. 네덜란드는 초기에 섬을 교역 기지로 활용하다가, 1624년에는 원주민들에게 값싼 장신구를 몇 점을 주고 아예 사들여서 정착민들을 보냈다. 역사상 최고의 부동산 거래였다. 네덜란드인들은 이 지역을 뉴암스테르담이라고 이름 붙였다. 40년 후 잉글랜드는 뉴암스테르담이 자신들의 서부 진출을 가로막고 있다고 판단하여 이곳을 점령했다. 그리고 찰스 2세의 동생인 요크 공작(Duke of York)에게 경의를 표하여 뉴욕이라고 개명했다. 잉글랜드는 뉴욕을 차지한 데 대한 보상을 하고 앵글로-네덜란드 전쟁을 종식하는 차원에서 네덜란드와 조약을 맺고, 남아메리카의 수리남 일부를 양도했다. 이는 아마 역사상 최악의 부동산 거래일 것이다!

아메리카 대륙이 기회의 땅으로 알려지자 점점 더 많은 유럽인들이 식민지 이주를 희망했다. 1610년 스페인은 아메리카의 다른 지역에 샌타페이라는 도시를 건설했다. 1620년에는 종교 분리주의자들이 잉글랜드의 박해를 피해 메이플라워 호를 타고 플리머스(오늘날 뉴잉글랜드)에 도착했다. 1년 후에는 처음으로 옥수수를 성공적으로 수확한 것을 감사하며 원주민 협력자들과 함께 추수 감사의 의식을 가졌는데, 지금도 매년 미국인들은 이 날을 기념하고 있다.

오래지 않아 아메리카 원주민들은 유럽인들에 대해 부정적인 인식을 갖게 되었고, '탐욕스럽게 땅을 차지하는 자들'이나 '코트를 입은 사람들' 등으로 불렀다. 이후 수백 년 동안 원주민들은 천연두와 콜레라 등 유럽에서 건너온 질병으로 목숨을 잃었다.

유럽인들은 살아남은 원주민들이 자신들에게 호의를 베푸는 데 놀라면서도 잔인한 학살을 멈추지 않았다. 백인 정착민들은 원주민들과의 조약을 거듭 파기했다. 반면 원주민들은 새 이주자들이 왜 곡식 재배에 필요한 땅보다도 더 많은 영토를 원하는지 이해하지 못했고, 내부 결속에도 실패했다. 결국 원주민들은 유럽인들의 영토 야욕에도, 질병에도 저항하지 못하여 땅을 빼앗기고 종속되었으며 몰살되다시피 했다. 아메리카 원주민 입장에서 유럽인들의 도착은 그 자체로 홀로코스트였던 셈이다.

남아메리카의 상황도 크게 다르지 않았다. 전염병에서 살아남은 원주민은 스페인과 포르투갈에서 운영하는 탄광이나 농장에서 죽을 때까지 일했다. 원주민의 사망률이 급격히 치솟자 유럽인들은 노동력을 공급할 수 있는 다른 방편을 모색하기 시작했다.

설탕과 노예무역 15~19세기

서아프리카 해안 탐험에 성공했던 포르투갈은 15세기 중반에 점점 더 많은 아프리카 노예들을 자기 나라로 실어 갔다. 유럽인들이 노예무역에 뛰어들기 오래전부터 이미 아프리카 원주민과 아랍의 중개상 사이에는 노예가 거래되어 왔다. 기온에 빠르게 적응하고 기골이 튼튼한 아프리카 노예들은 카나리아 제도, 아조레스 제도, 마데이라 제도 등 포르투갈이 새로 개척한 서아프리카 연안 식민지의 사탕수수 농장에서 훌륭한 노동력을 제공했다.

포르투갈 기업인들은 한 단계 더 나아가, 노예들을 새로 발견한 브라질로 데려갔다. 포르투갈은 브라질에서도 수익성 좋은 사탕수수 재배와 은 채굴 사업을 발 빠르게 확장하고 있었던 것이다. 브라질에 대규모의 아프리카 노예들이 유입된 결과[18] 17세기에는 브라질 인구의 절반 가까이가 아프리카 노예들이었다.

유럽에서 차와 커피의 인기가 높아져 설탕 수요가 덩달아 증가하자, 다른 유럽 국가들도 브라질과 기후가 비슷한 카리브 제도에서 사탕수수를 재배하기 시작했다. 이는 값싼 버지니아 산 담배가 시장을 장악하면서 카리브 제도의 담배 사업 수익률이 떨어진 현상과 무관치 않았다. 그러나 카리브 제도는 사망률이 높아서 유럽인 노동자들도 사망하거나 기후가 온화한 북아메리카로 도망치는 경우가 허다했다. 카리브에는 새로운 작물뿐만 아니라 새 노동력도 필요해졌다.

잉글랜드와 프랑스가 사탕수수 농장을 늘리는 데 여념이 없는 동안, 네덜란드인들은 설탕 판매를 중개하는 대가로 막대한 자금을 융통해 주고 노예를 공급했다. 1619년에 북아메리카로 노예를 처음 공급한 이도 네덜란드인이었는데, 종국에는 북아메리카 경제에서 노예가 핵심적 역할을 하게 되었다.

아메리카 대륙으로 건너간 아프리카 노예는 300년 후 노예

---

18) 이후 300년에 걸쳐 300만 명 이상의 아프리카인들이 브라질로 수출되었다.

무역이 종료된 시점을 기준으로 1,500만 명에 달했다. 이 가운데 절반이 카리브 제도에 거주했다. 실제로 19세기 초반까지 아메리카 대륙으로 이주하는 인구의 대부분은 아프리카인이었다.

아프리카에서 아메리카 대륙까지 대서양을 횡단하는 여행은 참혹하기 그지없었다. 이윤을 남기는 데 혈안이 된 무역상들은 배에 노예들을 가득 싣고 쇠사슬로 한데 묶었다. 배 안에서는 질병이 만연했고, '중간 항로'로 알려진 횡단 여정 중 사망하는 노예가 25퍼센트에 달했다. 아메리카 대륙에 도착한다 해도 노예들은 짐승 취급을 받았다. 노예의 기대 수명이 짧은 데다 여성과 아동의 숫자가 적었기 때문에 노동력을 충당하기 위해 정기적으로 노예를 데려와야 했다.

1680년대에는 네덜란드와 잉글랜드와 프랑스가 모두 식민지에서 사탕수수 농장을 경영했는데, 그 생산량이 브라질을 넘어서는 수준이었다. 잉글랜드가 소유한 바베이도스는 한때 자메이카와 프랑스 소유의 산토도밍고(오늘날 아이티)에 이어 세계 3대 설탕 생산지로 떠올랐다. 섬 전체가 이윤이 높아 '백색의 금'으로도 불린 설탕 생산에 의존했다.

노예무역은 17~19세기 '대서양 체제(Atlantic System)'라는 삼각무역에서 한 축을 담당했다. 무역상들은 서양에서 제조된 섬유와 총기 등의 물건을 아프리카로 수출하여 노예와 교환했다.

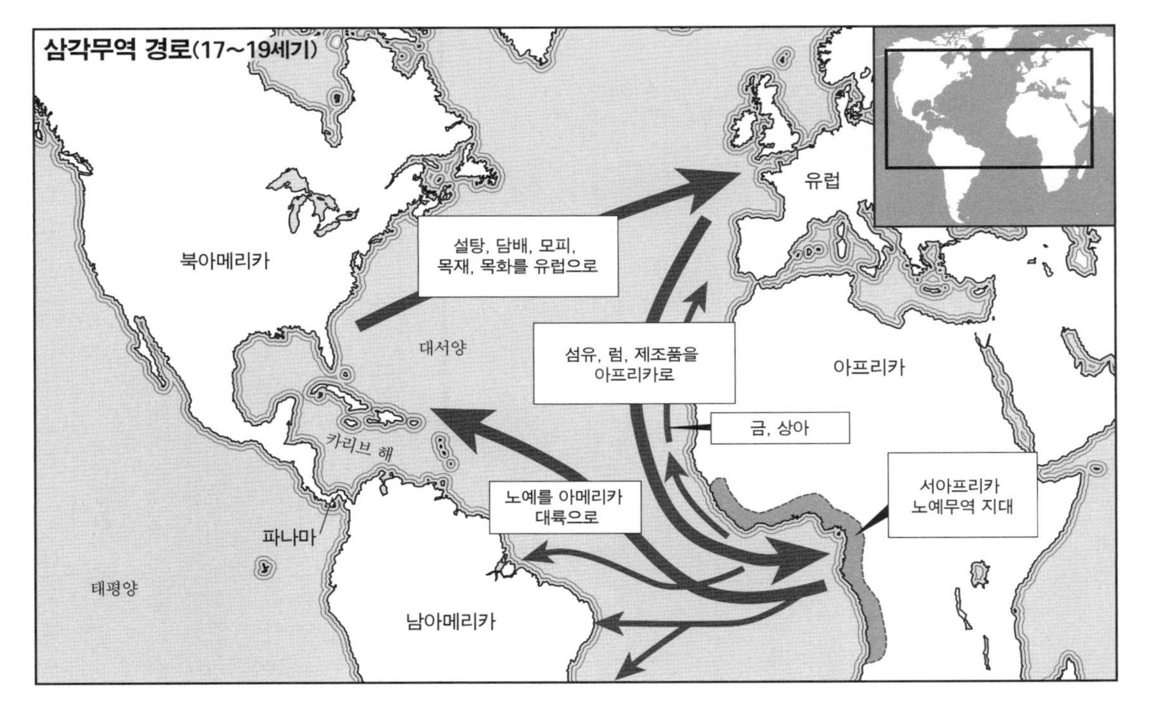

'대서양 체제'라는 삼각무역에서 노예무역은 한 축을 담당했다. 무역상들은 서양에서 제조된 섬유와 총기 등의 물건을 아프리카로 수출해 노예와 교환했고, 이 노예들을 카리브 제도로 데려가 설탕, 담배, 커피 같은 다른 상품들과 맞바꾸었다. 카리브에서 얻은 상품들은 유럽에서 제품을 구입하는 데 사용되었고, 이 제품들은 아프리카에 수출되는 식으로 삼각무역이 다시 반복되었다. 특히 당밀 같은 설탕 부산물을 증류해 추출한 럼이 아프리카로 수출된 것을 주목할 만하다. 노예 노동의 산물로 더 많은 아프리카인이 노예가 되는 악순환 체제가 구축된 것이다.

그리고 이 노예들을 카리브 제도로 데려가 설탕, 담배, 커피 같은 상품들과 맞바꾸었다.

카리브에서 얻은 상품들은 유럽에서 제품을 구입하는 데 사용되었고, 이 제품들은 아프리카에 수출되는 식으로 삼각무역이 다시 반복되었다. 특히 당밀 같은 설탕 부산물을 증류해 추출한 럼이 아프리카로 수출된 것을 주목할 만하다. 노예 노동의 산물로 더 많은 아프리카인이 노예가 되는 이윤 추구의 악순환 체제가 구축된 것이다.

설탕 등 노예 의존적 산업에서 창출된 자본은 은행에 자금을 공급했고, 은행은 그 돈을 새로운 발명에 투자하고 대출을 확대했다. 이는 영국에서 산업혁명이 일어나는 환경을 조성했다.

네덜란드 제국이 확장되는 동안…

끝이 보이지 않던 스페인과 네덜란드의 전쟁 속에서도 네덜란드 주연합은 경제적으로 번영하면서 세계적인 제국을 건설했다. 곡물 수입과 어업, 조선 산업이 호조세를 보인 가운데 남부 유럽 등지에서 종교 박해를 피해 인구가 유입된 덕분에 네덜란드는 부를 축적했고, 또한 그 부를 어떻게 관리할지에 대한 독창적인 방안들을 고안해 냈다. 1609년에는 세계 최초의 중앙은행인 암스테르담은행이 설립되어 금융 거래에 크게 기여했다. 네덜란드인들은 채무를 확실히 이행하여 신용도가 좋았으므로 우대금리를 적용받았고, 덕분에 무역과 전쟁에 필요한 자금이 손쉽게 확보되었다. 또한 조선업에 투자하여 17세기 후반까지 세계에서 가장 막강한 해군력을 자랑했다.

또 스페인의 금수 조치에 가로막힌 네덜란드는 새로운 시장을 개척할 수밖에 없었다. 이에 1602년 아메리카 대륙과 아시아에 네덜란드 동인도회사라는 세계 최초의 다국적기업을 설립하여 새 시장에 성공적으로 진출했다. 네덜란드의 사략선은 대서양과 인도양에서 포르투갈 선박을 약탈해도 처벌받지 않았으며, 향료 제도와 독점에 가까운 무역을 할 수 있었다. 이와 함께 동양으로 가는 해로를 보호하기 위해 아프리카 희망봉에 전초기지를 세웠는데, 수백 년 후 이 지역을 놓고 영국과 전쟁을 벌이게 된다. 네덜란드는 세계에서 가장 큰 무역 제국이 되었으나, 영국의 끈질긴 추격을 받아 패권을 넘겨주게 되었다.

스페인과 포르투갈은 저물고…

반면 1580~1640년 한시적으로 스페인의 통치 아래 연합했던 포르투갈과 스페인 제국은 점차 쇠락의 길을 걸었다. 운이 없게도 포르투갈은 스페인이 세계의 절반에 가까운 지역에서 전쟁을 벌이던 시기에 지배를 받았으므로 세계에서 점차 고립되어 갔다. 막대한 부가 아메리카 대륙에서 스페인으로 유입되었지만 워낙 동시다발적으로 전쟁이 진행되다 보니, 스페인은 16세기에만 세 번 파산을 선언했다. 게다가 스페인은 가톨릭에 도전하는 자유사상이나 지적인 활동을 뿌리 뽑으려 했다. 금서를 정하고[19], 학생들의 해외 유학을 금지했으며, 외국의 사상은 근본적으로 기피했다.

변화를 두려워한 이베리아 반도[20]는 유럽의 다른 지역에서 일어나고 있는 발전의 속도를 따라잡지 못했다. 특히 유럽 대륙의 발전에 지대한 영향을 미친 종교개혁의 기회를 놓쳐 버렸다. 게다가 신세계에서 엄청난 부가 유입되면서 굳이 혁신할 필요 없이 손쉽게 제품을 구매하는 분위기가 조성되었고, 예상치 못했던 심각한 인플레이션이 발생하기도 했다.

포르투갈은 브라간사 왕가의 지휘 아래 1640년 스페인에서 독립하는 데 성공했다. 그러나 옛 영광을 회복하기에는 늦은 감이 없지 않았다. 자유로운 사고가 억압되면서 힘이 약해졌고, 당초 포르투갈의 국력을 신장하는 데 기여했던 항해술조차 다른 나라에 뒤처져 버렸다.

---

19) 불운하게도 예수회가 인쇄기를 관리했다.

20) 이베리아는 유럽의 일부 지역으로 스페인과 포르투갈이 속해 있다.

루이 14세 통치로 정치를 장악한 프랑스

스페인이 저물고 잉글랜드가 아직 패권을 잡지 못한 17세기 후반, 유럽의 정치는 프랑스가 장악했다. 1643년 겨우 다섯 살에 왕이 된 루이 14세(Louis XIV)는 유럽 역사상 재위 기간이 가장 길었다(1643~1715년). 왕권신수설을 주장한 루이 14세는 '짐이 곧 국가'라는 유명한 말을 남기기도 했다.

17세기가 루이 14세의 시대라고 해도 무색하지 않을 만큼 왕은 막강한 권력을 행사했다. 제국을 확장하기 위해 스페인 펠리페 4세의 딸인 자신의 사촌과 혼인했다. 그러나 국력이 막강해진 프랑스에도 문제는 있었다. 내부적으로는 독실한 가톨릭 교도인 루이 14세가 낭트 칙령을 폐지하고 개신교를 불법으로 선언하면서 종교전쟁이 벌어졌다. 루이 14세는 스스로 '태양왕'을 표방했는데, 왕의 치세 후반 수십 년 동안에는 나라 바깥에서 전쟁을 계속하면서 국부를 낭비했다.

제국을 향해 가는 잉글랜드

16세기 잉글랜드의 인구와 자원은 스페인이나 프랑스에 비해 보잘것없었다. 잉글랜드는 프랑스와 역사적으로 원수지간이었고, 부상하는 네덜란드와는 상업적 측면에서 경쟁 관계에 놓이게 된다. 이후 100년간 잉글랜드는 프랑스, 네덜란드와 전쟁과 화평을 반복했다. 그러나 잉글랜드에도 다른 유럽 국가가 갖지 못한 장점이 있었는데, 섬나라로서 침략이 어렵다는 지리적 특성이었다. 또한 강력한 힘을 가진 의회는 왕권을 견제하는 기능을 했다. 의회와 왕권의 팽팽한 대립은 1642~1651년에 발생한 내전으로 극명하게 표출되었다.

찰스 1세는 아버지와 마찬가지로 왕이 신성한 권리를 갖는다고 굳게 믿었고, 한동안 의회의 소집을 거부했다. 그러다가 스코틀랜드가 예배에 사용되는 기도서에 세금을 부과한 데 반발하여 잉글랜드를 침입하는 사건이 발생했다. 왕은 자금을 모으기 위해 의회를 소집할 수밖에 없었다. 1642년 찰스 1세는 다섯 명의 의원을 체포하려다 실패했으며, 이 사건으로 내전이 시작되었다. 내전은 다른 나라들처럼 가톨릭과 신교 사이에 벌어진 갈등이 아니라, '왕당파'로 알려진 왕정주의자들과 짧은 머리를 한 '원두당(의회파)' 사이의 전쟁이었다.

의회파로서 청교도였던 올리버 크롬웰(Oliver Cromwell)은 왕당파 반대 세력의 지도자로 떠올랐고, 의회가 직업군인을 양성하는 데 결정적인 역할을 했다. 크롬웰은 훈련이 잘된 군대를 이끌고 잉글랜드와 아일랜드에서 여러 차례 승리를 거두었다. 1649년 내전에서 패배한 찰스 1세는 처형되었고, 4년 후에는 크롬웰이 코먼웰스(Commonwealth)의 호국경이 되었다. 크롬웰은 군정을 실시하고 1658년에 사망할 때까지 나라를 이끌었다. 크롬웰의 아들이 호국경 자리를 세습했으나, 도망쳐서 루이 14세의 궁에 머물던 찰스 2세(Charles II)가 1660년 궁으로 복귀하여 잉글랜드와 스코틀랜드 및 아일랜드의 왕이 되었다. 잉글랜드로 돌아온 찰스 2세가 가장 먼저 한 일은 크롬웰의 시신을 파내 참수한 것이었다.

찰스 2세의 통치 기간 동안 대역병이 창궐하고(1665년), 런던 대화재가 발생하여(1666년) 1만 3,000가구의 삶을 파괴했다. 1685년 찰스 2세가 사망한 후 동생 제임스 2세(James II)가 왕이 되었으며, 그는 왕국의 요직에 가톨릭교도를 대거 앉혔다. 이는 신교도가 장악하고 있던 의회의 우려를 불러일으킬 만한 수준이었다. 결국 의회는 제임스의 딸 메리와 결혼한 네덜란드의 오렌지공 윌리엄에게 구원을 요청했다.

윌리엄이 1688년 잉글랜드에 당도하자 군대의 수장인 제임스 2세, 곧 윌리엄의 장인인 잉글랜드 최후의 가톨릭 군주는 프랑스로 도망쳤다. 윌리엄과 메리는 무혈혁명을 이룬 후 1689년에 공동 통치자의 자리에 올랐다. 윌리엄은 메리가 1694년 사망한 후 잉글랜드를 홀로 통치하다가 1702년에 숨을 거두었다. 윌리엄의 사후 제임스 2세의 딸인 앤(Anne)이 왕위를 물려받았으나 1714년 사망하면서 스튜어트 왕가의 대가 끊겼다. 이에 따라 제임스 1세의 증손자인 하노버의 선거후(Elector of Hanover)가 조지 1세(George I)로서 잉글랜드를 다스리게 되었다. 조지 1세는 영어가 아닌 독어를 구사했다.

잉글랜드는 네덜란드의 선진 은행 체계를 모방하고 미래가 유망한 아메리카 대륙으로 눈을 돌리면서, 점차 네덜란드를 넘어서는 경제 및 군사 대국으로 떠올랐다.

세계인에 빗장을 걸어 잠근 일본 17세기

유럽인들이 세계 탐험에 열을 올리는 동안 일본에서는 군대가 동행하지 않는 한 국외 여행이 금지되었다. 16세기 일본은 오랜 기간 쇼군이라는 무사의 통솔자들이 천황의 이름으로 통치하던 무정부 상태와 전란이 마무리되면서 이제 막 부상할 채비를 마친 상태였다. 막부 시대의 마지막 주자이자 가장 막강했던 쇼군인 도쿠가와 이에야스(德川家康)가 1603년 에도(오늘날 도쿄) 지역에 막부를 세운 이후 250년 동안 일본은 평화를 누렸다.

이에 앞서 1543년에는 유럽 최초로 포르투갈인들이 일본을 방문했다. 일본어로 감사 인사에 해당하는 '아리가토(arigato)'는 포르투갈의 '오브리가두(obrigado)'와 매우 유사하다. 이때부터 다른 유럽인들도 일본을 찾아 화기를 소개한 것은 물론이고, 무역 관계를 맺고 기독교를 전파했다. 그러나 일본인들은 유럽인의 무력 정복 가능성을 우려하여 17세기 초에 이들을 추방했다. 이어 1635년 일본인들이 해외로 나가는 일을 금했고, 이미 일본을 떠나 있는 사람들에게는 귀국을 허락하지 않았다. 1641년에는 나가사키 항을 제외한 전 지역에서 유럽과의 교역을 금지했고, 해외 서적은 전부 금서로 지정했다.[21] 이후 200년 동안 일본은 사실상 외세가 간섭할 여지를 차단해 버렸다.

만주족의 중국 확장

이웃 명나라에서는 동북쪽에 위치한 만주족의 위협이 커졌지만 능력 없는 황제들이 제대로 대처하지 못하면서 국운이 기울었다. 1644년에 황제가 머물던 베이징이 반란 세력에 넘어가자[22] 명나라에 충성을 바쳤던 신하들은 만주족에게 달려가 황제의 도시인 베이징을 되찾아 달라고 청했다. 하지만 만주족은 도리어 중국의 마지막 왕조인 청(淸)나라를 세웠다. 청나라는 1911년까지 250년 넘게 존속했다.

만주족은 전체 인구에서 차지하는 비중이 낮은 데다 문화

---

21) 금서 조치는 1720년까지 지속되었다.

22) 베이징이 함락되자 명나라의 마지막 황제는 목을 매 자살했다.

와 언어 및 글자 체계가 한(漢)족과 상이했다. 모든 남성은 만주족에 대한 복종의 징표로 변발(머리 둘레를 삭발하고 윗머리만 남겨 길게 땋은 모양)을 강요받았다. 만주족은 제국을 확장하는 데 탁월한 능력을 발휘하여 몽골까지 정복했으며, 오늘날의 티베트는 보호령으로 만들었다. 끝까지 저항하던 타이완 섬까지 정복하며 중국 전체를 정벌하는 데 걸린 기간은 불과 30년이었다.

한편 러시아에서는…

일본이 외세에 문을 닫아걸던 시점에 러시아는 이제 막 서구화를 시도했다. 1600년대 중반 러시아는 광활하고 외진 미개발 지역에 지나지 않았다. 외부와의 교역이 거의 없었고, 군사력도 약했다. 수백 년 동안 러시아를 지배했던 몽골은 지적인 발전을 억눌렀는데, 이 기간에 다른 유럽 국가가 괄목할 만한 발전을 이룬 것과 대조적이었다. 게다가 "러시아는 서양 세계를 휩쓸고 간 로마 가톨릭주의, 봉건제도, 르네상스, 종교개혁, 해외 탐험, 식민지화 같은 역사적인 사건에 노출되지 않다시피 했다."[23] 그러나 모스크바의 대공 이반 3세가 1480년 몽골의 칸에 대한 충성을 거부하고 차르를 칭하면서 러시아의 발전이 시작되

---

23) 새뮤얼 헌팅턴(Samuel Huntington), 『문명의 충돌(The Clash of Civilizations)』, 김영사(1997).

었다. 이반 3세 이후 러시아의 지도자들은 동쪽으로 전진했고, 반대하는 세력은 가차 없이 제거했다.

1682~1725년에 러시아를 다스렸던 표트르 대제(Peter the Great)는 러시아를 강력한 근대국가로 탈바꿈시키는 위업을 달성했다. 즉위한 지 얼마 되지 않아 오스만 투르크와 충돌이 일어나자, 표트르 대제는 오스만 투르크라면 신물이 나 있던 유럽의 여러 열강에게 도움을 청했다. 이런 노력의 일환으로 1697년에는 독일, 네덜란드, 잉글랜드 등 다른 유럽 국가들을 17개월 동안 순방했다.

여행을 하면서 표트르 대제는 서유럽 국가들이 새로운 기술과 무역을 통해 부강해졌음을 분명히 인식하고 러시아도 발전해야 한다는 다짐을 하게 되었다. 귀국 후에는 조선업을 일으키고 군대를 근대화했으며, 전통 복식을 금하고 러시아의 알파벳을 간소화했다. 이와 함께 러시아를 중세 시대에서 끌어올리기 위해 교육을 장려하고, 턱수염을 기르면 세금을 부과하는 등 서구화를 추진했다. 그러나 표트르 대제에게도 많은 결점이 있었다. 그는 진취적인 비전의 소유자였지만 아들을 고문하고 살해한 비정한 지도자였으며, 습지대에 상트페테르부르크 건설을 고집하여 수천 명의 노동자를 죽음으로 내몰았다.

특히 표트르 대제는 러시아에 없던 부동항을 확보하여 발트 해에 손쉽게 접근하고 교역을 증진하는 데 역점을 두었다. 1700년에는 덴마크 및 폴란드와 비밀 동맹을 맺고 발트 해 지역으로 진군함으로써 스웨덴의 젊은 군주인 샤를 12세(Charles XII)와의 전쟁이 불가피했다. 초기에는 스웨덴이 연승을 거두면서 샤를 12세에게 위대한 군사 지도자라는 명성을 안겨 주었다. 그러나 이후 21년을 끈 '대북방 전쟁'에서 샤를 12세는 결정적인 패배를 맛보았다. 러시아는 새 영토를 차지했고, 표트르 대제는 차르인 동시에 '모든 러시아의 표트르 대제'가 되었다. 표트르 대제는 수도를 모스크바에서 상트페테르부르크로 옮겼다. 스웨덴이 발트 해에서 패권을 상실한 반면 러시아는 성장을 구가했고 "이제껏 멀리 떨어져 있어 천박한 구석이 있던 모스크바 공국이 유럽의 정사에서 영향력을 행사하려는 데 대해 열강들은 긴장했다."[24]

러시아는 1725년 표트르 대제가 사망한 직후를 제외하고 70년 가까이 여제가 다스렸다. 표트르 대제의 손자며느리인 예카테리나 여제(Catherine the Great)가 다스리는 동안 러시아의 영토는 계속 확장되어 국경이 중부 유럽 너머까지 닿았지만, 서양의 발 빠른 발전에 보조를 맞추지는 못했다. 표트르 대제에 이

---

24) 폴 케네디, 앞의 책.

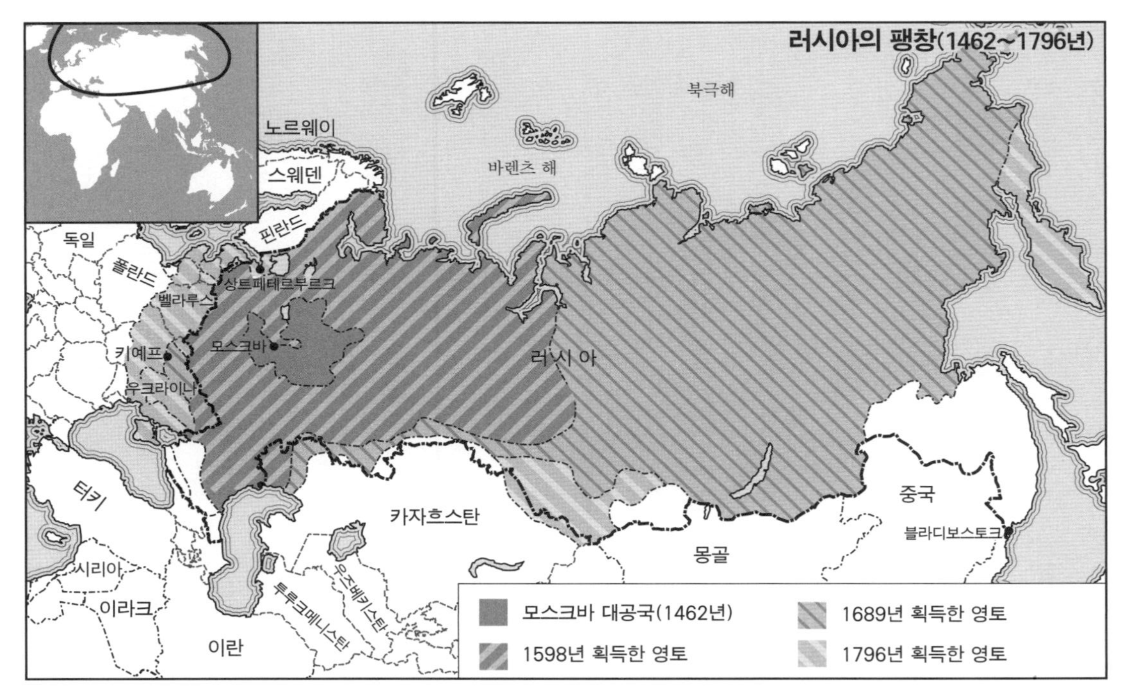

모스크바의 대공 이반 3세가 1480년에 몽골의 칸에 대한 충성을 거부하고 차르를 칭하면서 러시아의 발전이 시작되었다. 러시아의 지도자들은 동쪽으로 전진했다. 1682~1725년 재위한 표트르 대제는 러시아를 강력한 근대국가로 탈바꿈시켰다. 특히 부동항을 확보해 발트 해에 손쉽게 접근하고 교역을 증진하는 데 역점을 두었다. 1700년에는 덴마크 및 폴란드와 비밀 동맹을 맺고 발트 해 지역으로 진군했고, 스웨덴과의 대북방 전쟁에서 승리하며 수도를 모스크바에서 상트페테르부르크로 옮겼다. 예카테리나 여제가 다스리는 동안 영토는 계속 확장되어 국경이 중부 유럽 너머까지 닿았다.

어 예카테리나 여제도 개혁을 시도했으나, 프랑스의 루이 16세가 혁명 중 처형되자 마음을 바꾸었다. 러시아에서 개혁이 물 건너가면서 사회의 불만이 쌓여 갔고, 시간이 흐를수록 혁명으로 치달았다.

프로이센 왕국 1701~1871년

러시아 서편에서는 1648년에 베스트팔렌 조약이 체결되면서 신성로마제국이 300개의 영방으로 나뉘었다. 그 가운데 하나인 프로이센은 1701년에 자체 왕국을 세우고, 최초의 왕 프리드리히 1세(Frederick I)의 통치 아래 발전해 나갔다. 1740년 아버지 프리드리히 1세에 이어 왕이 된 프리드리히 2세, 곧 프리드리히 대왕(Frederick the Great)은 당시 유럽에서 가장 선진적인 군대를 물려받았다. 프리드리히 2세는 프로이센의 호엔촐레른 왕조(Hohenzollern Dynasty)가 18세기 유럽의 정치를 장악한 프랑스의 부르봉이나 오스트리아의 합스부르크 같은 명문가가 되기를 희망했는데, 마침 두 차례의 전쟁에서 군사적 기량을 뽐낼 기회를 얻었다. 첫 번째는 오스트리아 합스부르크의 카를 4세(Karl VI)를 누가 계승하느냐를 둘러싼 갈등이었는데, 소모적인 교착 상태에 빠져 버렸다. 두 번째 갈등은 1756년 프리드리히 2세가 오스트리아와 프로이센 사이의 영토를 차지하면서 빚어졌다.

전쟁을 거치면서 프로이센과 러시아는 스페인과 네덜란드에 이어 강대국 대열에 올라섰다. 반면 이들 사이에 끼어 있던 폴란드는 프로이센과 러시아가 서로 나누어 가지면서 더 이상 독립국으로 존재하지 못했고 1차 세계대전 후에야 독립을 되찾았다.

프리드리히 2세는 예상치 못했겠지만 그의 영토 야욕은 유럽의 다른 열강들을 전장으로 끌어들였고, 그 불똥이 아메리카에까지도 옮겨 붙었다. 특히 프랑스와 영국은 아메리카에서 전쟁을 벌이면서 막대한 비용을 지출했고, 이는 미국 독립 전쟁과 프랑스혁명 발발의 단초가 되었다.

7년 전쟁 1756~1763년

1754년 이래 프랑스와 영국은 아메리카의 영토와 수익성 좋은 모피 무역의 주도권을 놓고 공공연히 반목했다. 유럽에서 발발한 전쟁은 1756년에 아메리카로 옮겨 갔다. 초기에는 프랑스가 영국인들에게 천대받고 소외된 원주민들의 지지를 등에 업고 승기를 잡는 듯했다. 하지만 1758년 윌리엄 피트(William Pitt) 국무부 장관이 전쟁을 지휘하면서 전세가 역전되었다. 후일 총리직까지 오르는 피트 장관은 대단한 달변가였으며, 자신에 대한 신뢰가 강해 "다른 사람이 아닌 나야말로 조국을 구할 수 있다"고 공언했다.

제해권을 장악한 영국은 1759년 프랑스 함대를 격파하여 프랑스 본국에서 아메리카로 향하는 보급로를 효과적으로 차단했다. 특히 영국이 몬트리올과 퀘벡을 점령했을 때는 프랑스에 암운이 드리워졌다. 결국 1760년에 프랑스가 점령했던 캐나다 영토가 영국의 손에 넘어갔다. 1763년에 전쟁의 종식을 알리는 평화 협정이 체결되었지만, 사실상 영국의 승리였다. 힘의 균형이 영국으로 기우는 것을 우려한 스페인이 1762년에 프랑스 편을 들었지만, 이미 전세를 뒤집기는 늦었고 오히려 영국에 쿠바를 빼앗기는 결과만 얻었다.

아메리카의 전쟁에서 승리한 영국은 미시시피 강 동쪽의 북아메리카를 손에 넣었고, 프랑스와 스페인으로부터 각각 캐나다와 플로리다를 넘겨받았다.[25] 제국의 영토가 크게 확장되면서 영국은 세계에서 가장 강력한 식민지 대국으로 떠올랐다. 반면 프랑스는 모든 전선에서 패배하면서 뉴올리언스와 카리브의 일부 설탕 제도를 제외하고 아메리카 본토 전부를 빼앗겼다. 프랑스의 아메리카 제국은 이렇게 몰락했고, 식민지에 미치던 정치적·문화적 영향도 막을 내렸다.

---

25) 스페인과는 플로리다와 쿠바를 맞바꾸었다.

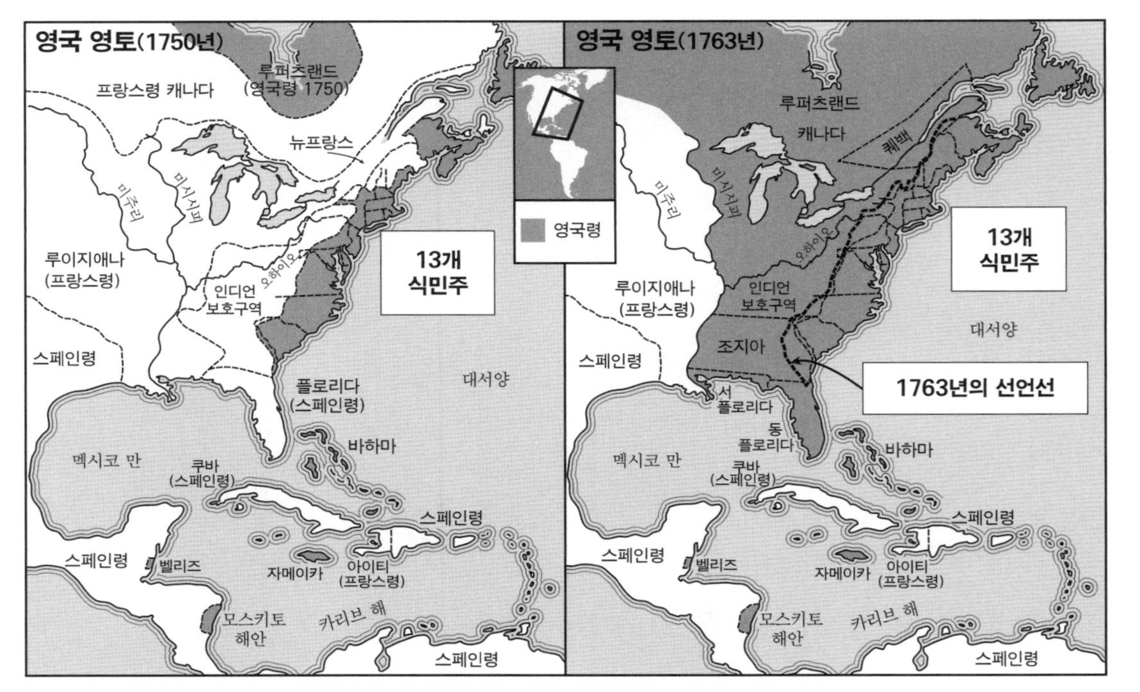

프랑스와 영국은 아메리카의 영토와 무역의 주도권을 놓고 공공연히 반목했다. 유럽에서 발발한 전쟁은 1756년에 아메리카로 옮겨 붙었다. 초기에는 프랑스가 승기를 잡는 듯했으나, 영국의 윌리엄 피트가 전쟁을 지휘하면서 전세가 역전되었다. 스페인이 프랑스 편을 들었지만 쿠바를 빼앗기는 결과만 얻었다.1763년 전쟁의 종식을 알리는 평화 협정이 체결되었다. 전쟁에서 승리한 영국은 미시시피 강 동쪽의 북아메리카를 손에 넣었고, 프랑스와 스페인에게 각각 캐나다와 플로리다를 넘겨받았다. 제국의 영토가 크게 확장되면서 영국은 세계에서 가장 강력한 식민지 대국으로 떠올랐다.

이제 13개의 영국 식민지는 프랑스의 위협에서 벗어났지만 기쁨도 잠시였다. 1763년 선언으로 정착민들은 애팔래치아 산맥 서쪽의 원주민 영토를 식민지화할 수 없게 된 것이다. 개척자부터 땅 투기꾼, 일반적인 식민지 주민들에 이르기까지 영국의 지배에 대한 불만이 점차 커져 갔고, 영국 정부가 불만을 잠재우는 데 무기력한 모습을 보이자 분란의 불씨가 활활 타올랐다.

유럽의 인도 지배

7년 전쟁은 인도에도 영향을 미쳐, 영국이 인도에서 프랑스를 몰아내는 데 성공했다. 1526년 이래 인도의 많은 지역은 무굴족(몽골족의 페르시아식 표현)의 통치를 받았다. 티무르와 칭기즈 칸의 후손인 무슬림 왕자 바부르(Babur)가 인도 북부를 정복하고 파니파트 전투에서 델리 술탄에 승리를 거둔 결과였다. 무굴 제국의 황금기는 바부르의 손자인 악바르(Akbar) 황제 시절에 찾아왔는데, 그는 사고가 열려 있고 종교에서 관용을 베풀어 악바르 대제로 추앙받았다.

잉글랜드는 악바르 대제의 안정적인 통치를 이용했다. 엘리자베스 1세는 1600년 동인도회사라는 무역 회사를 설립하도록 명령하여 아시아와의 모든 교역을 독점했다. 향료 제도의 경우 네덜란드가 지대한 영향력을 행사하고 있어 개입이 어렵다는 사실이 자명했기에, 동인도회사는 시선을 인도로 돌렸다. 인도에서도 엄청난 교역이 이뤄질 수 있는데 패배할지 모르는 전쟁에 뛰어들 이유가 없었던 것이다. 더구나 당시 유럽에서는 인도의 방직공들이 생산하는 면직물에 대한 수요가 크게 증가했다. 면직물은 유럽에서 보편적으로 사용하던 간지러운 소재의 모직물에 비해 가격이 저렴한 데다 세탁이 가능하고 가벼웠다. 이내 동인도회사는 인도 해안을 따라 교역소를 설치했고, 거점 역할을 하던 봄베이, 마드라스, 캘커타는 인도의 주요 도시로 성장했다.

무굴 제국의 지배자들은 엄격한 이슬람 교리를 따르면서 대다수 백성들이 의지하는 힌두교와 거리를 두었다. 이에 여러 종교 국가들이 일어나 영국과 프랑스에 지지를 요청했고, 두 나라는 이 과정에서 대가를 두둑이 챙겼다. 또한 영국과 프랑스 사이에 존재하는 경쟁의식 때문에 동인도회사가 인도에서 영향력을 확대해 나간 측면도 있었다.

프랑스와 영국은 1740~1750년대에 걸쳐 여러 번 전쟁을 벌였고, 1757년 영국은 클라이브(Clive)가 지휘하는 플라시[26] 전투에서 대승을 거두었다. 플라시 전투는 이후 인도 땅에서 동인

---

26) 플라시(Plassey)는 'Palashi'의 영어식 표현으로, 캘커타에서 북쪽으로 150킬로미터 떨어진 지역이다.

도회사가 프랑스보다 우위에 서도록 만들었다는 점에서 중요한 의미가 있다. 전쟁에서 승리한 영국은 프랑스를 지원했던 벵골에서 막대한 보상금을 챙겼고, 이는 인도에서 영국의 세력을 팽창해 나가는 데 자금줄로 활용되었다. 또한 영국은 무굴 제국의 황제에 내정자를 앉히기까지 했다. 이후 수백 년 동안 동인도회사는 교역의 활성화를 위해 인도의 기간산업에 투자했다.

힌두교

힌두교는 현존하는 종교 가운데 가장 오랜 역사를 자랑한다. 기원은 불분명하지만 인도 북부의 인더스 강 유역이나 인근에서 4,000년 전쯤 발원한 것으로 알려져 있다. 오늘날에도 상당히 많은 인도인들이 힌두교 신앙을 가지고 있다.[27] 세계의 주요 종교들과 달리 힌두교에는 창시자나 선지자가 없다. 신도들은 브라만이라는 최고 신이 다양한 특성과 형상으로 나타나며, 브라만에서 파생된 다른 신들을 대표한다고 믿는다.

힌두교도들은 출생, 사망, 부활이 끝없이 되풀이되는 환생을 믿는데, 이생은 전생에 어떤 삶을 살았느냐에 좌우된다고 한다. 힌두 교리에 따르면 인간은 어느 시점에 과오를 통해 깨닫고 고통에서 벗어나 영원한 구원을 얻게 된다. 수천 년 동안 힌두교는 미신과 전통 및 종교적 신념에 근거하여 계급적이고 차별적인 카스트 제도를 강요했고, 그 영향은 오늘날까지 이어지고 있다. 카스트 체제로 정해진 운명에 순응하는 태도는 진취성을 억누르는데, 바로 이 때문에 무굴 제국과 영국이 손쉽게 인도를 지배했을 가능성이 높다는 해석도 제기되고 있다.

---

27) 인도인의 80퍼센트 정도가 스스로 힌두교도라고 응답했다.

미국 독립 전쟁 1775~1783년

영국은 인도에서 부가 유입되었음에도 7년 전쟁으로 발생한 막대한 비용을 감당하느라 고군분투했고, 아메리카 식민지를 방어하는 데도 부담을 느꼈다. 이에 정부는 식민지가 자체 방어를 할 수 있는 여러 방편을 마련했는데, 여기에는 설탕에 대한 과세부터 모든 문서에 인지세를 부과하는 방안까지 포함되었다. 그러나 아메리카의 식민지들은 대의권이 없는 정부가 과세할 수 없다며 반발했고, 영국 정부는 과세안의 일부를 폐지할 수밖에 없었다.

아이러니하게도 세금을 둘러싼 갈등은 세금 부과가 아닌 철회 과정에서 불거졌다. 아메리카로 차를 수입할 때 동인도회사와 경쟁 관계에 있던 밀수업자들은 정상적인 유통 경로로 판매되는 차의 판매량을 떨어뜨렸다. 영국 정부에 세금 납부의 의무를 지고 있는 동인도회사 입장에서는 차를 아메리카로 직접 수입하게 되면 정부에 세금을 납부할 필요가 없어지고, 따라서 차 가격은 그만큼 인하되어 판매량이 늘게 된다. 이 경우 동인도회사가 체납 세금을 상환하는 데 걸리는 시간은 앞당겨질 수 있었다.

그동안 밀수업자들은 영국의 통치에 반대해 왔지만 차에 대한 세금이 없어지면 밀수 사업이 타격을 받게 될까 봐 우려했다. 이들은 1773년 12월 저항의 표시로 동인도회사의 차 상자 340개를 보스턴 항의 바다로 던졌다. 이른바 '보스턴 차 사건'에 영국 정부는 격분했고 항구를 폐쇄했다. 또한 질서를 바로잡고 의회에 대한 복종을 강제하기 위해 영국군을 파견했다. 군대에 방어를 의존하던 사람들에게 이는 매우 중요한 조치였다.

1775년 4월 영국군은 콩코드라는 작은 도시에 위치한 무기 은닉처를 급습했다. 아메리카 동북 해안의 보스턴 인근에 위치한 이 도시에서 총알이 발사되면서 미국 독립 전쟁의 막이 올랐다. 그 누구도 1776년 7월 4일 아메리카 식민주들이 선언한 독립을 영국 정부가 인정하기까지 잔인한 전쟁이 8년이나 이어질 것으로 예상하지 못했다.

양측이 팽팽히 맞서면서 독립 전쟁은 장기화되었다. 결국 영국은 근 5,000킬로미터에 달하는 긴 보급로, 이전까지 전혀 경험해 보지 못한 혹독한 겨울, 지독히 나빴던 운 때문에 패배했다. 반면 미국인들은 조지 워싱턴(George Washington)의 탁월한 지도력 덕분에 승리를 쟁취했고, 1789년 워싱턴은 미합중국 최초의 대통령이 되었다. 게다가 프랑스, 스페인, 네덜란드도 영국에 선전포고를 했다. 영국은 1815년에야 평화를 되찾으리라고는 예상하지 못했을 것이다. 프랑스 또한 국민이 자기 군주와 전쟁을 벌이는 남의 집 싸움을 도운 대가가 부메랑으로 돌아오리라고는 생각하지 못했을 것이다.

1783년 파리 조약의 체결로 전쟁이 공식적으로 끝났으며, 미국인들은 캐나다에서 미시시피 동쪽의 플로리다 사이에 있는 영토를 받았다. 이때 미국의 영토가 두 배로 커졌지만(1803년에 프랑스에게 루이지애나를 사들이면서 영토가 또다시 두 배로 확장되었다), 여전히 아메리카 대륙에서 가장 넓은 영토를 보유한 나라는 스페인이었다. 이들이 가진 땅덩어리는 아메리카인들의 영토보다 더 넓었다.

미지의 남쪽 땅

미국 독립 혁명의 여파로 예기치 않게 오스트레일리아 이주에 관심이 쏠렸다. 고대부터 사람들은 적도 이북 대륙의 평형추가 되는 미지의 남쪽 땅(Terra Australis Incognita)이 존재한다고 믿어 왔다. 이미 5만 년 전부터 오스트레일리아에는 토착 원주민인 애보리진(Aborigines)이 살고 있었으며, 마지막 빙하기가 끝나 해수면이 상승하면서 이 대륙은 지구의 다른 지역과 단절되었다. 1606년 동양으로 가는 새 무역로를 탐험하던 네덜란드인 빌렘 얀스존(Willem Janszoon)이 서부 해안에 상륙하면서 유럽인들에게 오스트레일리아의 존재가 알려졌다. 그러나 얀스존은 오스트레일리아가 동양과는 별개의 대륙이라는 사실을 알지 못했다.

1644년에는 또 다른 네덜란드인 아벨 타스만(Abel Tasman)이 북부 지역을 탐험하고 뉴홀랜드(New Holland)라고 불렀는데, 뉴홀랜드는 이후 100년 넘게 오스트레일리아의 이름으로 사용되었다. 타스만은 앞서 1642년에 뉴질랜드를 발견하고 뉴질란디아(Nieuw Zeelandia)라고 이름 붙였다. 지명은 네덜란드의 제일란트(Zeeland) 지방에서 따왔을 가능성이 높지만, 정작 타스만 자신은 뉴질랜드 섬에 직접 발을 디딘 적이 없으며 이후 추가로 탐험을 하지도 않았다.

네덜란드가 오스트레일리아를 식민지로 삼지 않은 이유는 크게 두 가지다. 우선 네덜란드인들은 널리 알려진 아시아 시장과 무역하는 데 더 관심이 있었다. 반면 오스트레일리아는 가물고 척박해 보였으므로, 주로 유럽에서 동인도 제도로 향하는 길에 항해 시설로 활용되거나 신선한 물을 얻기 위해 잠시 들르는 곳에 지나지 않았다. 둘째로 17세기에는 유럽 열강들이 한창 서로 전쟁을 벌였기 때문에 네덜란드는 새로운 대륙을 식민지로 만들 여력이 없었다.

1769년 영국의 제임스 쿡(James Cook) 선장이 뉴질랜드를 영국 왕의 영토로 선언한 데 이어, 1770년에 오스트레일리아도 영국령으로 만들었다. 쿡 선장은 이전까지 미지의 영역으로 남아 있던 오스트레일리아의 동부 해안을 탐험한 뒤 뉴사우스웨

일스라고 이름 붙였다. 과거에 죄수 처리장 역할을 하던 아메리카 식민지들이 독립을 쟁취하자, 영국은 아메리카 대신 오스트레일리아를 범죄자 수감 장소로 활용했다.

1788년 1월 포트잭슨 근처에 범죄자 식민지가 세워졌다. 8개월 전에 영국을 떠난 736명의 재소자들을 수감하는 시설이었는데, 후일 포트잭슨은 영국의 내무 장관 이름을 따서 시드니로 지명이 바뀐다. 오스트레일리아로 건너온 집단은 범죄자들뿐만이 아니었다. 기업인들도 새로운 기회를 모색하고 값싼 노동력의 이점을 활용하기를 원했고, 이들 덕분에 오스트레일리아에도 제대로 된 정착지가 세워졌다.

애보리진은 유럽의 정착민들이 다른 지역에서 마주친 원주민들과 마찬가지로 극도로 경멸적인 대우를 받았다. 마치 동물처럼 사냥감이 되기 일쑤였고, 유럽에서 건너온 질병에 면역력이 없어 몰살되기까지 했다.

뉴질랜드의 토착 부족인 마오리인들은 1840년에 체결된 와이탕기 조약에 따라 영국 왕의 통치를 인정했다. 뉴질랜드는 영국에 양모와 밀을 공급하는 산지였으며, 20세기에 영국이 전쟁을 치르는 동안 인력 공급처의 역할을 했다. 오스트레일리아와 뉴질랜드는 영연방(British Commonwealth)으로서 오늘날까지 영국과 긴밀한 관계를 유지하고 있다.

VI
현대

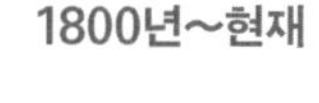

프랑스혁명 1789~1799년

아메리카 식민지가 영국과 독립 전쟁을 벌이는 동안 프랑스 왕실도 지출이 컸다. 루이 16세(Louis XVI)가 국가 운영 경비를 마련하기 위해 새로운 자금원을 모색해야 할 정도였다. 특히 루이 16세는 성직자(제1신분)와 귀족(제2신분)이 누리던 면세 혜택을 없애고자 했다. 이들이 세금 납부를 거부하자, 루이 16세는 의회에 가까운 형태로 존재하던 삼부회(Estates-General)를 소집했다. 삼부회에는 소작농과 중산층 및 도시 노동자들이 속한 제3신분이 포함되었으며, 제3신분은 인구의 95퍼센트를 차지했다. 1614년에 마지막으로 소집되었던 삼부회가 1789년 5월에야 다시 소집되면서 개혁에 대한 기대가 매우 높아졌다. 당시 세금의 대부분이 성장세에 있는 중산층에게 부과되었기에 이들은 의회에서 더 많은 발언권을 얻고자 했다.

일은 왕의 뜻대로 풀리지 않았다. 귀족과 성직자들이 불공정하게 투표권을 독식한 데 불만을 품은 제3신분의 대표자들이 따로 나가 자신들만의 국민의회를 결성한 것이다. 이들은 '자유(Liberté), 평등(Egalité), 박애(Fraternité)'라는 기치를 내걸고, 프랑스가 평민들의 합당한 권리를 인정하는 헌법을 채택하지 않는 한 해산하지 않겠다고 맹세했다. 게다가 이 시기에 흉작이 잇따르면서 주식인 빵의 가격이 올랐다. 낡은 질서에 대한 대중의 반감은 18세기 프랑스 계몽사상가들의 저서들을 통해 더욱 확산되었고, 시민들의 혁명 열기도 고조되었다.

어느 순간 왕이 거하는 파리 외곽의 베르사유 궁 인근에 군대가 모이고 있다는 소문이 퍼졌다. 군중은 자기 방어를 위해 무장할 필요성을 느꼈고, 총기와 화약류 보급품을 확보하기 위해 7월 14일 파리의 바스티유 감옥을 습격했다. 감옥에는 불과 일곱 명의 재소자밖에 없었다. 그러나 왕의 권위에 도전한 상징적 사건이라는 점에서 통상 7월 14일을 프랑스혁명의 시작일로 보고 있다.

변덕이 심했던 루이 16세는 왕의 군사를 군중의 민병대로 교체하라는 국민들의 요구에 굴복했다. 루이 16세와 마리 앙투아네트(Marie Antoinette)는 얼굴을 더 가까이 보려는 군중에게 떠밀려 베르사유부터 파리 중심부까지 행진했다. 이때 왕과 왕비는 지금이야말로 도망칠 기회라고 생각했고, 마침내 1791년 6월 도주를 감행했다. 그러나 변장을 했음에도 국경에서 불과 20킬로미터 떨어진 곳에서 발각되어 파리로 다시 압송된 후 옥에 갇혔다. 새로 탄생한 프랑스 공화국은 1793년 1월 루이 16세를 처형했고, 같은 해 10월 왕비도 처형했다. 이 시기부터 "프랑스의 혁명은 유럽의 전쟁이 되었다. 영토를 놓고 군주들끼리 싸우는 전통적 방식의 익숙한 전쟁이 아니었다. 대신 국민과 왕이 낡은 제도의 종식과 새로운 사회라는 꿈의 실현을 놓고 벌이는 이념적인 전쟁이었다."[1]

유럽 사회는 국민들이 국왕을 처형한 사건으로 충격에 빠졌다. 게다가 혁명은 프랑스 국경을 넘어 확장될 기미까지 보였다. 마리 앙투아네트 왕비의 오빠인 신성로마제국의 황제 레오폴트 2세(Leopold II)가 다스리던 오스트리아는 프랑스에서 도망쳐 온 망명자들(émigrés)의 송환을 거부했다. 프랑스는 망명자들이 혁명에 반하는 음모를 꾸미고 있다면서 오스트리아에 전쟁

---

1) 데이비드 톰슨(David Thomson), 『나폴레옹 이후의 유럽(Europe since Napoleon)』, 펭귄.

을 선포했다. 혁명의 메시지를 두려워한 유럽의 국가들은 대프랑스 동맹을 맺었다. 이렇게 시작된 전쟁은 전 세계로 확산되었고, 1815년에 종식되기 전까지 끔찍한 고통을 안겼다.

프랑스의 극단주의자들은 적국으로 둘러싸이게 되자 신속하게 프랑스 내부를 장악했다. 혁명에 반하는 발언을 하는 사람은 누구라도 시민의 적으로 지목하여 기요틴으로 보냈다. 아이러니하게도 공포정치를 이끈 두 명의 지도자 막시밀리앙 로베스피에르(Maximilien Robespierre)와 조르주 당통(Georges Danton)도 1794년 기요틴에서 처형되었다.

프랑스의 황제 나폴레옹 보나파르트 1799~1815년

혁명의 열기로 달아오른 프랑스는 짧은 시간 안에 놀랄 만한 변화들을 이루었다. 1799년 나폴레옹 보나파르트(Napoleon Bonaparte)라는 코르시카 출신의 젊은 장교는 서른 살에 권력을 장악하고 이렇다 할 반대 없이 군사독재를 선포했다. 나폴레옹은 앞서 이집트 정복과 영국의 인도 항로 차단을 위한 영국과의 전쟁에서 호레이쇼 넬슨(Horatio Nelson) 제독에게 패했음에도 대중의 지지를 얻는 데 성공했다. 5년 후 나폴레옹은 프랑스 황제에 오르기 위한 대관식을 마련하고, 자신에게 왕관을 씌워 줄 교황을 파리의 노트르담 성당으로 초청했다. 그러나 마지막 순간

그는 프랑스의 권력을 자신이 장악하고 있을 뿐만 아니라 스스로 운명의 주인임을 천명하기 위해 자기 손으로 왕관을 썼다.

영국은 나폴레옹의 야욕을 번번이 좌절시켰다. 특히 1805년 스페인의 남서쪽 해안인 트라팔가에서 벌어진 전투에서는 프랑스와 스페인의 연합 함대를 격파했다. 트라팔가 전투에서 프랑스와 스페인의 함선 20척이 나포되거나 침몰된 반면, 영국의 함선은 한 척도 손상되지 않았다. 다만 이 전투에서 영국의 함단을 지휘한 넬슨 제독이 심각한 부상을 입었다. 해전에서 패한 프랑스는 육상에서 승리를 이어 나가 오스트리아, 러시아, 프로이센 군대를 잇달아 격파했다.

유럽이 적대 세력에게 장악되는 것을 우려한 영국은 대프랑스 동맹을 결성했고, 이는 당연히 나폴레옹을 격분시켰다. 영국 해군이 영국 해협을 장악하고 있어 본토 침공이 불가능하자 나폴레옹은 영국 봉쇄령을 내렸다. 프랑스가 지배하는 모든 지역, 심지어 동맹을 맺고 있는 나라에게도 영국 제품의 수입을 금지시키는 한편 모든 영국의 선박을 표적으로 삼았다. 나폴레옹은 강경한 조치를 취하면 영국이 화평을 청하리라 기대했다.

대다수 국가들이 프랑스에 협조적이었지만, 영국의 오랜 동맹국인 포르투갈은 봉쇄령을 따르지 않았다. 이를 구실 삼아 나폴레옹은 1808년 이베리아 반도를 침공하여 형 조제프 보나파르트(Joseph Bonaparte)를 스페인 왕좌에 앉혔다. 포르투갈 왕은 브라질의 식민지로 피신했고, 이곳은 포르투갈 제국의 임시 수도 역할을 했다. 실망스럽게도 스페인은 프랑스에서 보낸 왕을 받아들이지 않고 오히려 영국의 지원을 받았다. 이베리아 반도는 나폴레옹이 한 곳에 역량을 집중해야 할 때 주의를 분산시키는 효과를 내면서 골칫거리가 되었다.

나폴레옹이 이베리아에서 난관에 봉착하기는 했지만 1812년에는 유럽 인구의 4분의 1을 통치했다. 이제 보나파르트 일가는 스페인, 나폴리, 네덜란드의 왕좌를 차지하여 유럽의 새롭게 부상하는 왕조가 되었다. 심지어 나폴레옹은 합스부르크 왕가의 오스트리아 황제 프란츠 1세의 딸 마리 루이즈(Marie Louise)와 결혼했는데, 새로 맞은 아내는 혁명으로 처형된 마리 앙투아네트의 조카딸이었다.

프랑스에 협조하기를 거부했던 것은 포르투갈뿐만이 아니었다. 러시아도 영국과 무역을 재개하자, 러시아 황실을 불신한 나폴레옹은 1812년 여름 50만 대군을 이끌고 러시아를 침공했다. 하지만 러시아는 초토 전술을 펼쳐 나폴레옹 군사가 먹을 만한 식량을 모두 없애 버렸다. 질병과 탈영이 만연하고 모스크바 근교의 보로디노에서 5만 명의 군사가 전사했음에도 전쟁은 끝나지 않았다. 나폴레옹이 모스크바에 당도했을 때 남은 군사는 10만에 불과했다.

러시아는 여전히 항복 의사를 전혀 보이지 않는 데다 혹독한 겨울까지 찾아오자, 프랑스군은 퇴각할 수밖에 없었다. 탈영과 굶주림을 가까스로 극복해 낸 군사들은 이제 '동장군'과 '티푸스 장군'의 발 앞에 무릎을 꿇고 말았다. 출정한 군사 50만 명 가운데 2만~4만 명만 프랑스로 돌아올 수 있었다. 러시아와의 전쟁에서는 약 20만 마리의 말도 죽었다. 기병이 전투의 향방을 쥐고 있는 시대에 말 부족 사태는 이후 수년간의 전투에서 나폴레옹의 직접적 패인으로 작용했다.

앞서 합스부르크 제국의 경우와 마찬가지로 나폴레옹의 제국 역시 확대될수록 유럽의 다른 열강들을 자극했다. 프랑스가 러시아에서 패배하자, 고무된 열강들은 또 다른 대프랑스 동맹을 결성하여 1814년 파리로 함께 진격했다. 나폴레옹은 항복할 수밖에 없었다. 지중해의 엘바 섬으로 추방되기는 했어도 그는 사실상 자주권을 가지고 다스릴 수 있었으며, 수입이 있었고, 제위도 유지했다. 야망을 쉽게 포기할 수 없었던 나폴레옹은 엘바 섬을 탈출하여 큰 군대를 일으켰다. 그는 프랑스를 거쳐 북진하여 유럽과 최후의 일전을 벌였다.

그러나 나폴레옹의 시대는 저문 지 오래였다. 그는 1815년 웰링턴 공작(Duke of Wellington)이 지휘하는 동맹군과 오늘날 벨기에의 브뤼셀 인근에서 워털루 전투[2]를 벌였지만 철저히 패하고 말았다. 나폴레옹은 남대서양의 세인트헬레나 섬으로 유배되었는데, 영국군의 감시를 받고 지리적으로도 멀리 떨어져 있어 더 이상 문제를 일으킬 수 없었다. 세인트헬레나 섬에서 6년을 조용히 살던 나폴레옹은 1821년 51세 나이에 암으로 사망했다.

나폴레옹의 권력욕은 죽음과 파멸로 이어졌고 "프랑스가 지배하는 통일 유럽을 건설하기는커녕 민족주의의 성장을 부추겼다. 그리고 최초의 '세계대전'으로 이어지고 말았다."[3] 그럼에도 나폴레옹이 단행한 여러 개혁은 유럽 각국의 국정 운영 방식에 변화를 불러일으켰다. 또한 나폴레옹 법전은 여러 유럽 국가들이 현재 사용하고 있는 법체계의 근간이 되었다. 그리고 그는 낡은 질서의 제도와 신념을 변화시켰다. 좋든 나쁘든 나폴레옹은 세속주의를 주류로 바꾸어 놓았다. 고대 이집트 상형문자의 비밀을 풀게 한 로제타석이 발견된 것도 나폴레옹의 이집트 원정길에서였다. 로제타석의 발견으로 이집트의 역사가 전 세계에 알려지게 되었다.

---

2) 웰링턴 공작은 '지독하게 아슬아슬했던 전투'라고 불렀다.

3) 윌리엄 우드러프(William Woodruff), 『근대 세계의 간략한 역사(A Concise History of the Modern World)』(2010). 팰그레이브 맥밀런(Palgrave MacMillan) 출판사의 허락을 받아 인용했음.

산업혁명 1780년대~1900년

18세기 영국에서는 유럽의 다른 나라와는 사뭇 다른 종류의 혁명이 일어났다. 인류 역사의 전환점이 된 산업혁명에 대해 혹자는 농업의 발전 이래 인류 사회에 가장 거대한 변화를 가져왔다고도 평가한다.

18세기 초 영국과 세계의 대부분 지역은 경제 활동이 토지나 곡물과 양모 같은 토지 산출물에 집중된 농업경제였다. 당시 영국의 인구는 겨우 500만 명 정도였고 기대 수명도 짧았다. 영양실조와 기근이 허다했다. 전기, 자동차, 기차 대신 풍력, 수력, 마력, 육체노동이 활용되는 시대였다. 1750년에 살던 사람이나 1,800년 전의 카이사르나 이동하는 속도에 큰 차이가 없었다.

그나마 영국은 여러모로 유럽 대륙의 이웃 국가들보다 상황이 나은 편이었다. 지리적으로 "주요 교역로가 지중해에서 대서양으로 점차 이동했다. 또한 서인도 제도, 북아메리카, 인도 아대륙, 극동 지역 등의 식민지와 기업에서 벌어들이는 막대한 이익은 자연스레 유럽 대륙의 서쪽 끝에 위치한 국가(영국)에게 이득이 되었다."[4] 영국은 북아메리카를 비롯한 식민지 교역을 오랫동안 독점했는데, 식민지는 영국에 원자재를 공급하는 동시

---

4) 폴 케네디, 앞의 책.

에 영국 제품이 판매되는 시장이었다. 점차 세계화되는 경제의 중심에 런던이 있었다.

결정적으로 영국은 산업화에 필수적 자원인 석탄과 철광의 대량 매장지에 손쉽게 접근할 수 있었다. 정부의 자유방임주의 정책은 혁신과 무역을 장려했으며, 위험을 부담하는 민간 부분은 투자할 수 있는 자본을 보유하고 있었다. 마지막으로 영국 정부는 상거래에 내국세를 부과하지 않았기 때문에 유럽의 다른 국가들에 비해 제품의 국내 유통 비용이 적게 들었다.

당시 영국은 인구가 전례 없이 폭발적으로 증가하기 직전이었다. 농업 개혁으로 대규모 농장의 형성이 촉진되어 농산물 생산이 증가했고 식품 가격은 떨어졌다. 식민지에서 정기적으로 육류를 수입한 덕분에 국민들의 식단도 개선되었다. 의학적 지식의 발전과 위생의 개선은 영아 사망률을 떨어뜨리고 평균 기대 수명을 늘렸다. 특히 식료품 가격이 하락하면서 국민들이 더 이상 소득의 전부를 식비로 지출할 필요가 없어졌고, 이에 따라 다른 제품을 구매할 여력이 생겼다. 소비 여력의 증가는 가장 인기 많던 섬유 제품을 비롯하여 공산품의 대량생산 여건을 조성했다.

면직물 수요는 영국뿐만 아니라 식민지에서도 사실상 무한대 수준에 가까웠다. 모직물에 비해 세탁이 쉬운 것은 말할 것도 없고 살갗에 닿는 감촉이 훨씬 부드러웠으며, 내구성이 좋고 가격이 저렴했다. 면의 인기가 높아지자 1700년 영국 정부는 자국의 모직물 산업을 보호하고자 인도에서 들여오는 면포의 수입을 제한하기까지 했다. 이에 기업들은 아예 목화를 들여와 영국에서 가공했다. 가공 작업에 많은 노동력이 필요해지면서 임금이 상승했고, 이는 생산 원가를 끌어올렸다.

인건비의 상승과 면의 수요 증가가 맞물리자 상인들은 경쟁력 제고를 위해 제품 가격 인상이 아닌 비용 절감 방안을 모색했다. 생산 속도를 높이려고 개발된 기계 덕분에 영국은 인도보다 더 저렴하면서 질 좋고 튼튼한 면직물을 생산할 수 있게 되었다. 그러나 이러한 발전은 오히려 스스로의 발목을 잡았다. 면화의 수요가 폭발적으로 증가하면서 도저히 공급이 따라갈 수 없는 상황이 된 것이다. 이 문제는 엘리 휘트니라는 미국인이 조면기[5]를 발명하면서 해결되었다. 조면기를 사용하면 노동자 한 사람이 이전보다 50배나 더 많은 면화를 처리할 수 있었다.

조면기로 의미 있는 발전이 일어나긴 했지만, 증기기관의 도입이야말로 섬유 산업에 혁신을 일으키고 사회의 양상까지 변화시켰다. 증기기관은 1700년대 초 탄광에서 물을 퍼 올리는 데

---

5) 조면기(cotton gin)의 'gin'은 '엔진(engine)'에서 유래했다.

사용되다가, 1760년대에 스코틀랜드의 엔지니어인 제임스 와트가 발전에 적용했다. 와트(watt)라는 전력 단위는 제임스 와트에서 유래한 것이다. 20년 후 와트는 기계가 회전하여 면직물을 짤 때 동력을 공급하는 회전식 엔진을 제작했다. 새로운 발명으로 생산량이 증가하고 원가가 절감되어 수동식 베틀은 사실상 종말을 맞을 수밖에 없었다.[6]

영국은 목재와 그 부산물인 숯의 공급이 줄어들자 석탄이라는 값싸고 효율적인 동력원을 개발했다. 철강 제조업자들은 숯보다 청정하면서도 고온을 내는 석탄을 선호하게 되었다. 선로, 기차, 선박뿐 아니라 많은 기계에 철이 소비되면서 석탄의 수요 또한 증가했다. 영국에 석탄 매장량이 풍부하지 않았다면 산업혁명은 실패로 돌아갔거나 훨씬 더 느리게 진행되었을 것이다.

산업혁명기에 막대한 이익이 창출되면서 산업 자본가들은 사회적으로 존경받는 신흥 세력으로 부상했다. 많은 자본가들은 이윤을 극대화하려고 기간산업에 투자하여 석탄과 최종재의 운송을 개선했다. 특히 운하, 철로, 도로에 대규모 투자가 집행되었다. 풍력에 의존하여 앞으로 나아가는 불안정한 범선 대신 증기

---

6) 숙련된 노동자는 기계만 작동시키면 되는 비숙련 노동자로 대체되었기 때문에 모두가 다 행복해진 것은 아니었다. 러다이트(Luddites)라는 집단은 새로운 기계를 공장에 도입하는 데 저항하여 기계를 내던졌다. 오늘날 러다이트라는 용어는 신기술에 저항하는 사람과 동의어로 사용되고 있다.

선이 각광받았고, 증기기관차는 육상 교통에 혁명을 일으켰다.

발전된 도로망과 대량생산으로 규모의 경제가 실현되면서 사람들이 구입할 수 있는 가격대의 재화들이 증가했고, 경제는 크게 부흥했다. 한쪽에서는 영국 정부의 세금이 증가한 덕분에 나폴레옹에 승리를 거둘 수 있었다고도 주장한다. 프랑스와 달리 영국은 전쟁 자금을 댈 만한 여력이 있었다는 것이다.

사회 구조적 측면에서도 전례 없이 많은 인구가 농촌에서 도시로 이주하는 혁명적 변화가 일어났다. 처음에는 새로운 농업 기술이 도입되어 토지에서 유리된 소작농들이 이동하는 수준이었다. 그러나 점차 더 나은 보수를 찾아 적극적으로 이주하는 사람들이 늘었다. 제품에 대한 수요가 증가하면서 노동력 수요도 급증했고, 이내 수백만 명이 농촌을 떠나 도시로 몰려들었다. 제조 거점을 중심으로 대도시들이 형성되었으며, 1850년에는 대다수 영국인들이 산업도시에서 일했다. 그러나 도시에는 대규모 인구가 거주할 만한 기초 시설이 미처 마련되어 있지 않았기 때문에 내부적인 문제가 발생했다.

세계를 이끄는 영국 1815~1900년

영국은 1815년 프랑스에 승리를 거두면서 희망봉과 전략적 거점인 몰타 제도, 모리셔스, 실론(스리랑카) 등을 거머쥐었다. 나폴레옹이 유럽의 동맹국들에게 요구했던 영국 봉쇄령은 아이러니하게도 영국에게 해상무역을 독점할 기회를 제공하여 더 많은 부를 안겨 주었다. 영국이 1815년 이후 새로 얻은 영토는 영국산 제품을 구매하는 시장의 범위를 넓힌 동시에 경제 성장의 동력이 되는 원자재를 공급해 주었다. 1850년 영국은 전 세계의 공산품 무역을 장악했다. 가령 잉글랜드 북부의 산업 중심지에서 생산된 면은 세계 3분의 2 지역에 공급되었다. 또한 해운, 금융, 보험 같은 연관 서비스도 장악하여 런던은 세계 최대의 도시가 되었다. 19세기 빅토리아 여왕 시대에 대영 제국이 차지한 영토는 전 세계 면적의 20퍼센트에 달했다.

1830년경에는 산업혁명이 영국에서 유럽 전역과 미국으로 확산되었다. 다른 나라들이 상대적으로 늦게 산업화를 겪은 데는 여러 이유가 있었다.

프랑스는 더 이상 영국의 맞수가 되지 못했다. 초기의 산업 발전은 1789년의 프랑스혁명에 가로막혔다. 이어 나폴레옹이 전쟁을 일으키면서 프랑스의 관심사는 전쟁에 묶여 있었다. 게다가 1815년에는 전쟁 패배의 대가로 제국의 많은 영토를 빼앗기기까지 했다. 1815년 이후에도 프랑스의 금융시장은 미성숙한 단계에 있었고, 석탄 공급의 부족과 취약한 운송 체계 탓에 농업에 집중했다.

독일은 석탄이 풍부했지만 아직 통일을 이루지 못했고, 옛 신성로마제국의 영토에서 가장 규모가 컸던 오스트리아와 프로이센 등 38개 영방국가들이 뒤죽박죽된 상태였다. 이들이 협력하는 데 실패하면서 국가 발전도 더뎠다.

17세기에 선진적인 해군력과 기술을 자랑하던 네덜란드는 18세기부터 서서히 내리막길을 걸었다. 유망한 섬유 산업 대신 향료와 노예에 지나치게 경도된 탓이 컸다. 또한 아메리카 대륙 식민지를 빼앗긴 상황에서, 아시아 식민지에서는 산출보다 투입이 더 많은 상황이었다. 18세기 들어서는 유럽 왕가의 계승 문제나 무역과 관련하여 잇달아 전쟁에 휘말렸다. 1795년에는 나폴레옹이 지휘하는 프랑스군이 침입하여 막대한 금액의 군 주둔 비용을 요구했다. 마지막으로 네덜란드의 투자자들은 산업에 대한 투자가 강대국과 약소국을 판가름 짓는 중요한 시기에 산업 대신 금융시장에 자금을 공급하는 데 치중했다.

러시아는 산업화를 이루는 데 필수적인 중산층이 형성되어 있지 않았다. 러시아에는 여러 이점이 있었음에도 "기술이 후진적인 상태에 머물렀고 경제적으로도 발전하지 못했다. 극단적인 기후 환경과 막대한 이동 거리, 미비한 통신망도 산업화를 가로막는 요인으로 작용했다. 그러나 차르의 군사 절대주의, 동방정교회의 교육 독점, 관료의 부패와 예측 불가능성, 봉건적이고 경직된 농노제도 같은 사회적인 결함도 문제였다."[7]

북아메리카에서는 산업 생산보다 농업과 무역을 중시하다가 1820~1830년대부터 북부를 중심으로 산업이 발전되었다. 오랫동안 미국에서 가장 부유한 계층은 남부의 목화 농장주들이었다. 지주들은 노예를 부릴 수 있는 상황에서 이윤을 기계에 재투자할 유인이 없었다. 이는 아시아에서도 마찬가지로, 임금이 싼 환경에서 기계에 투자할 이유가 없었다.

유럽 대륙에서는 인구가 증가하여 거대한 시장이 형성되고 노동력 공급이 증가하면서, 산업화된 영국을 따라잡으려는 노력이 본격적으로 시작되었다.

사회주의의 대두 19세기

산업화에는 어두운 면도 있었다. 유럽의 도시 인프라는 산업의 급성장에 따라 크게 증가하는 인구를 소화할 준비가 되어 있지 않았다. 그 결과 심각한 인구 밀집 현상과 질병, 빈곤, 사회불안이 발생했고 대중지들은 절망적인 상황들을 부각했다. 유럽의 암울한 공장 환경에 실질적인 평등의 개념을 도입하려는 시도가 이루어졌고, 이 과정에서 사회주의 이념이 부상했

---

7) 폴 케네디, 앞의 책.

다. 고된 일은 노동자가 다 맡아 하는데 왜 이익은 공장 주인이 전부 가져가는지, 이것이 정당한지에 대한 의문이 제기되었다.

카를 마르크스는 여러 유럽 국가에서 쫓겨난 이후 영국에 정착하여 사회주의 이념의 기초를 형성한 『공산당 선언』과 『자본론』을 집필했다. 마르크스에 따르면, 사회의 역사는 국가와 개인 간 갈등이 아닌 계급 간 투쟁이었다. 그는 노동자들이 마침내 기업의 주인, 곧 부르주아지에 맞서 일어나 계급투쟁의 시대를 종식시킬 것으로 예상했다. "프롤레타리아가 잃을 것은 착취의 쇠사슬이요 얻을 것은 온 세계니, 만국의 노동자여, 단결하라!" 산업자본주의가 무너지는 대신 사회 계급이 존재하지 않는 공산주의 사회가 들어설 것으로 그는 예측했다. 마르크스의 저서는 1870년대까지 빛을 보지 못했으나 20세기 들어 공산주의 정권이 설립되는 데 중요한 영감을 제공했다.

남아메리카의 독립 1808~1826년

18세기 미국 독립 전쟁과 프랑스혁명, 19세기까지 유럽에서 벌어진 나폴레옹 전쟁은 남아메리카 지역에도 지대한 영향을 미쳤다. 1800년 남아메리카의 대부분 국가들은 스페인과 포르투갈의 지배를 받고 있었다. 그러나 불과 26년 뒤에 이들 유럽 국가에 남은 영토라곤 스페인이 통치하는 쿠바의 카리브 제도와 푸에르토리코 정도였다. 이마저도 미국-스페인 전쟁(1898년) 후에는 미국의 보호국이 되었다.

스페인의 경제 통제, 정부의 권위주의적 행태, (아메리카 대륙의 스페인 부모에게서 태어난) 크리오요들에 비해 스페인 본토의 시민들을 우대하는 정책은 개별적으로는 중대한 문제가 아닌 듯 보였지만 한데 어우러져 많은 현지인에게 소외감을 주었다. 나폴레옹의 이베리아 반도 침입(1808년)은 남아메리카인들이 일어나 식민지 지배자들이 씌운 굴레를 벗어던지게 만드는 자극제가 되었다. 라틴아메리카의 조지 워싱턴이자 볼리비아라는 나라 이름의 기원이 된 시몬 볼리바르(Simon Bolivar)[8], 아르헨티나와 칠레의 독립을 이끈 호세 데 산 마르틴(Jose de San Martin) 같은 독립투사의 지휘 아래 스페인령 남아메리카의 대부분은 1825년 독립을 쟁취했다.

브라질은 1815년 나폴레옹이 완전히 패배한 뒤에야 독립을 추진했다. 1808년에 브라질로 도망쳐 왔던 포르투갈의 왕가는 나폴레옹의 패전 이후 리스본으로 되돌아갔다. 이어 포르투갈 군주의 아들이 1822년 무혈 쿠데타를 통해 독립 브라질의 황제가 되었으며, 브라질은 1889년에 공화국으로 전환되었다.

---

8) 볼리바르는 스페인어로 '해방자'를 뜻하는 리베르타도르(Libertador)라고도 불렸다.

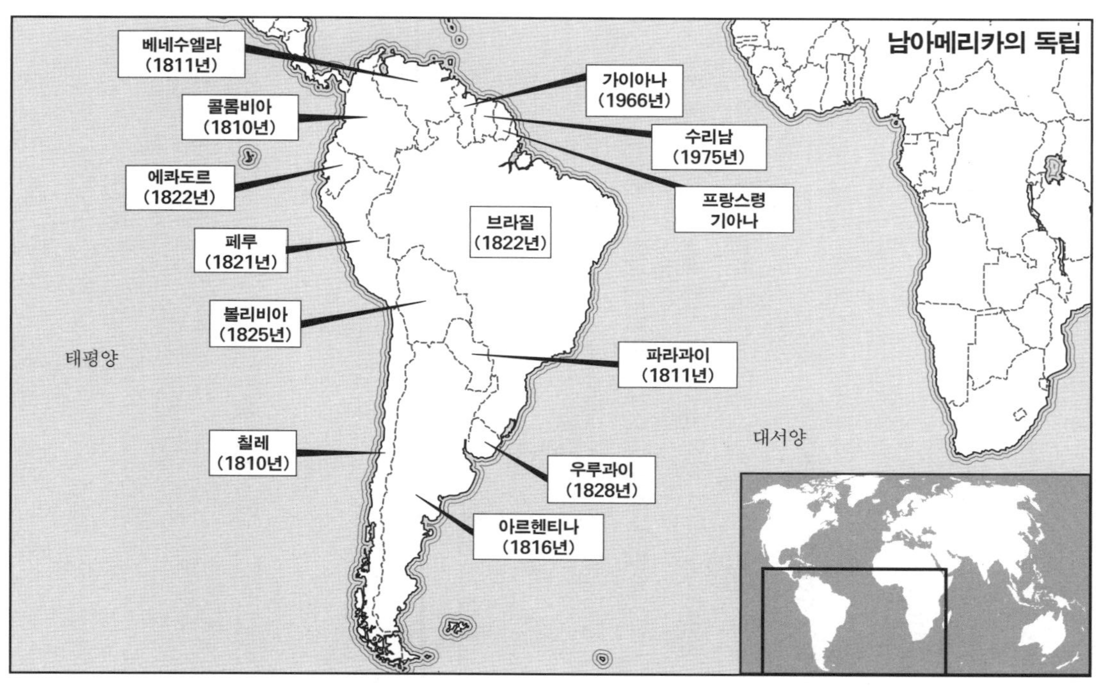

1800년 남아메리카의 대부분 국가들은 스페인과 포르투갈의 지배를 받고 있었다. 나폴레옹의 이베리아 반도 침입은 남아메리카인들로 하여금 식민 지배에서 벗어나게 하는 자극제가 되었다. 시몬 볼리바르와 호세 데 산 마르틴 같은 독립투사의 지휘 아래 스페인령 남아메리카의 대부분은 1825년 독립을 쟁취했다. 브라질은 나폴레옹이 패전하자 도망쳐 왔던 포르투갈의 왕가가 돌아간 데 이어 포르투갈 군주의 아들이 1822년 무혈 쿠데타를 통해 독립 브라질의 황제가 되었다. 남아메리카인들은 자유를 얻는 데 성공했지만, 대다수 나라들이 오래지 않아 독재적인 군부의 지배를 받게 되었다.

남아메리카인들은 자유를 얻는 데 성공했지만, 그들이 꿈꾼 이상과 현실은 사뭇 달랐다. 스스로 정사를 다스려 본 경험이 부족한 탓에 대다수 나라들이 오래지 않아 독재적인 군부의 지배를 받게 되었다.

민족주의와 자유주의의 부흥 19세기

1815년 빈 회의가 열렸을 때 처음에는 낡은 질서가 부활하는 듯 보였다. 25년이나 이어진 전쟁에 지친 많은 유럽인들은 왕이나 황제를 통합과 평화의 상징으로 보게 되었다. 지주들은 자기 재산을 강탈하려는 운동을 지원할 의사가 없었다. 그 결과 프랑스에서는 루이 18세(Louis XVIII)가 왕이 되면서 부르봉 왕조가 부활했고, 스페인에서는 페르난도 7세(Ferdinand VII)가 왕위에 올랐다. 새로 결성된 독일 연방의 양대 세력인 오스트리아와 프로이센은 민족주의와 자유주의의 새로운 세력들을 등한시했다. 러시아의 차르 알렉산드르는 기독교의 부흥을 위해 러시아, 오스트리아, 프로이센이 함께하는 신성동맹(Holy Alliance)을 제안하기까지 했다. 물론 실질적인 목적은 구체제를 변화시키려는 진보 사상 등의 반란을 억압하려는 데 있었다.

그러나 이미 나폴레옹이 개혁을 추진하고 민족주의 의식을 고양한 덕분에 변화를 향한 대중의 열망은 억누를 수 없을 정도로 커져 있었다. 서유럽에서는 산업화의 영향으로 삶이 윤택해진 중산층이 혁명의 민주적 사상에 관심을 가졌다. 비밀경찰, 임의적인 체포, 언론 검열, 독재정치에 대한 중산층의 인내심은 바닥났고, 이들은 대신 언론의 자유, 투표권, 대의정치, 자유경제를 추구했다. 이 가운데 프랑스혁명과 미국 독립 전쟁이 발발하면서 구체제가 도전받고 있다는 사실이 명확하게 드러났다.

자유주의 사상의 발전과 더불어 민족주의 의식도 새롭게 부상했다. 이러한 경향은 특히 오스트리아, 오스만, 러시아 제국의 굴레에 억눌려 있던 동유럽과 중앙 유럽의 민족들 사이에서 두드러졌다. 지배 계층은 민족주의 의식이 표출될 만한 빌미를 주면 제국이 와해될 수밖에 없음을 깨달았다. 그러나 민족주의를 억압하려는 시도 또한 전쟁으로 이어질 위험까지 있었다.

1820년대에 가장 먼저 봉기가 일어난 곳은 스페인과 그리스였다. 스페인의 반란은 난관 속에 진압이 되었지만, 그리스는 독립에 성공하여 1832년 오스만 제국의 압제에서 벗어났다.

다음 차례는 프랑스였다. 파리 시민들은 루이 18세로부터 왕위를 물려받은 샤를 10세(Charles X)의 언론 검열과 의회 장악의 시도 등 자유를 억압하려는 태도에 신물이 나 있었고, 결국 봉기했다. 1830년 샤를 10세는 퇴위하자마자 영국으로 건너갔다. 이어 루이 14세 동생의 후손으로, 온건한 성향의 루이 필리프(Louis-Philippe)가 왕이 되었다. 같은 해 일어난 혁명은 유럽 전역으로 확산되었다. 비록 혁명으로 실질적인 계기가 마련되지는 못했지만, 낡은 질서는 새롭게 대두된 정치적 이념들까지 완전히 뿌리 뽑지는 못했다.

1848년 유럽 전역에서 다시 한 번 봉기가 일어났는데, 이번에는 좀 더 진전이 있었다. 헝가리인들은 합스부르크 통치자들을 몰아내기 위해 반역을 꾀했지만 진압당했다. 체코인들은 자체 정부의 수립을 요구하면서 오스트리아인들을 이탈리아 북부로 내쫓았다. 프랑스에서는 루이 필리프가 국외로 쫓겨나고 제2공화국이 수립되었다. 국민투표로 나폴레옹의 조카인 루이 나폴레옹 보나파르트(Louis-Napoleon Bonaparte)가 통령에 선출되었다. 루이 나폴레옹은 헌법에 가로막혀 재선이 불가능하다는 사실을 깨닫자 쿠데타를 일으켜 제2공화국을 해산하고 독재자가 되었다. 1년 후인 1852년에는 제2제정을 수립하고 스스로 나폴레옹 3세에 올랐으며, 1871년 프로이센-프랑스 전쟁에서 패배할 때까지 황제의 지위를 누렸다. 전쟁에 패배한 루이 나폴레옹은 영국으로 망명하여 수술 중에 사망했다.

영국은 마지막 순간에 노동자 계급에 양보하면서 가까스로 혁명을 피해 갈 수 있었다. 혁명은 러시아의 몫이었다.

중앙아시아에서의 그레이트 게임 19세기

19세기 영국은 힘이 커졌음에도 권력을 넘보는 세력들로부터 제국을 방어할 필요가 있었다. 세기가 바뀌면서 러시아가 콘스탄티노플과 인도 사이에 위치한 중앙아시아에 관심을 보였다. 이에 러시아와 영국은 중앙아시아의 패권을 놓고 '그레이트 게임(Great Game)'으로 알려진 주도권 싸움을 벌였다.

양국 간 긴장은 러시아의 남진 정책으로 촉발되었다. 만약 러시아가 아프가니스탄을 통과하여 계속 남쪽으로 진출한다면 향후 카이바르 고개를 넘어 인도를 침공할 가능성을 배제할 수 없었다. 이에 영국은 이 지역을 장악하기 위해 1839년 아프가니스탄을 침공했다. 그러나 반란이 일어나 3년 만에 불명예스럽게 후퇴할 수밖에 없었다. 영국은 1만 6,000명의 군인과 민간인이 학살된 뒤에야 철군했다. 영국이 실패한 후로 아프가니스탄을 차지하려는 외세의 시도는 지금까지 단 한 번도 성공한 적이 없다.

더 우려스러운 일은 10년 후에 벌어졌다. 러시아는 세력이 약화된 오스만 제국의 발칸 지역 속국 두 곳을 동방정교의 보호라는 미명 아래 침공했다. 그런데 발칸 침략으로 러시아가 지중해를 흑해로 이어 주는 다르다넬스 해협과 인근의 보스포루스 해협에 더욱 다가갔다는 점이 문제였다. 이번에도 영국은 러시아가 인도로 향하는 해로를 확보하여 자국의 인도 지배를 위협하지 않을까 우려했다. 1854년 러시아의 흑해함대가 투르크의 소함대를 파괴하자, 영국은 이를 핑계로 전쟁을 선포했다. 1812년 러시아에게 패한 이후 복수를 열망해 온 프랑스도 기꺼이 영국 편에 가세했다.

이렇게 하여 크림전쟁이 시작되었다. 러시아인들은 침략했던 영토에서 순식간에 쫓겨났다. 연합국은 흑해에 위치한 러시아의 주요 해군 기지인 세바스토폴(오늘날 우크라이나)을 점령하기 위한 후속 계획을 세웠다. 연합국이 러시아의 방어력을 과소평가한 탓에 전쟁은 1년을 끌었지만, 결국 세바스토폴은 1855년 항복했다.

연합군이 전쟁에서 승리하기는 했지만, 양측 모두 막대한 피해를 입었다. 영국과 프랑스의 인명 피해는 각각 2만 5,000명과 10만 명에 이르렀고, 러시아의 사상자는 몇 배나 더 많았다. 사망자의 대부분이 티푸스, 콜레라, 이질 같은 질병으로 목숨을 잃었다. 플로렌스 나이팅게일(Florence Nightingale)과 동료 간호사들이 부상자들과 죽어 가는 병사들을 위해 최선을 다했음에도 많은 이들이 사망했다. 그러던 중 1865년 프랑스의 루이 파스퇴르(Louis Pasteur)는 대부분의 감염성 질병이 박테리아나 미생물 때문에 발병한다는 미생물 이론을 발표했다. 파스퇴르의 발견은 의학에 혁신을 가져와 수백만 명의 인명을 구했다. 또한 오랜 기간 많은 사람의 목숨을 앗아 간 질병을 이해하는 데 핵심적인 기여를 했다.

크림전쟁에서 패배한 러시아는 1855년 즉위한 차르 알렉산드르 2세(Alexander II)의 지휘 아래 개혁과 근대화를 추진했다. 1861년 러시아의 농노 해방이 알렉산드르 2세의 공적으로 평가받고 있지만, 실상 차르의 개혁은 무계획적이었고 제대로 시행되지 못했다. 아이러니하게도 개혁은 알렉산드르 2세의 암살로 막을 내렸다. 이후 수년 동안 혁명가들은 국민들에게 좌절감만을 안겨 주었고, 결국 1917년에 10월 혁명이 일어났다.

아편전쟁

유럽이 산업화와 혁명적인 변화를 거치는 동안 청나라 내부에서도 격변이 일어났다. 이미 1517년에 포르투갈인이 중국을 찾아오기는 했지만, 당시 중국인들은 자신들이 모든 면에서 앞서 있다고 여겼기 때문에 포르투갈에게 무언가를 배우는 데 관심이 없었다. 외국인들은 비록 동등한 대접을 받지는 못하더라도 마카오에서 차, 비단, 자기 등 유럽에서 인기 있는 품목들을 거래하는 영업은 할 수 있었다.

만주족은 처음부터 모든 교역 조건을 자기 측 중개인들을 통해 만주족이 정하고 유럽인들은 구입하려는 상품의 대금을 은으로 지불해야 한다는 점을 분명히 했다. 문제는 영국이 청나라의 물건을 사면서 막대한 은을 지불했지만 청나라는 외국의 제품을 사더라도 자국으로 유입된 은으로 지불하기를 거부한 것이다. 이는 영국의 무역수지에 영향을 미쳤다. 해결책을 모색하던 영국은 무역업자들이 영국 제품을 인도로 가져가서 원자재와 맞바꾸고, 그 원자재를 다시 중국으로 가져가 차로 바꾸면 자국의 곳간에서 은이 유출되는 사태를 막을 수 있다는 사실을 깨달았다.

영국이 인도에서 얻은 상품 가운데 하나가 아편이었는데, 기쁘게도 중국에서 아편의 수요는 무궁무진했다. 아편은 통증을 완화하고 배고픔을 달래 준 데다 중국인들이 탐닉하게 되는 모르핀과 헤로인 제조에 사용되었다. 오래 지나지 않아 40세 이하이면서 중국의 해안 지역에 거주하는 남성들의 상당수가 아편을 피우게 되었다. 1830년대에 중국은 연간 3만 상자 이상의 아편을 수입했다. 마약에 의한 사회적 손실을 인지한 청나라 정부가 수입을 금지하자, 대부분의 아편이 밀수를 통해 중국으로 흘러 들어갔다. 수입 금지가 효과를 발휘하지 못하고 있음을 깨달은 청나라 정부는 1838년 아편을 취급하는 모든 사람을 사형에 처한다는 법안을 발표했다. 금지법이 발표되고 1년이 지나도 여전히 아편 무역이 줄어들지 않자, 관료들은 동인도회사의 아편 2만 상자를 몰수하여 불태웠다. 아편 재는 바다에 뿌렸고, 무역업자들에게는 일절 보상을 해 주지 않았다.

영국 입장에서 아편과 차 무역은 막대한 수입원이었기 때문에 청 정부의 이러한 조치를 가만히 두고 볼 수가 없었다. 신식 무기로 무장한 영국의 전함은 광저우 항에서 손쉽게 중국에 승리를 거두며 개항을 강요했다. 게다가 홍콩 섬을 양도받고 청나라 정부가 태워 버린 아편에 대해 배상을 요구했다. 또 중국 전역에서 마약 유통이 허용되었다. 영국에서도 일련의 사태를 주목하는 이들이 있었는데, 윌리엄 글래드스턴(William Gladstone)이라는 초선 의원은 "본질적으로 이보다 더 부당한 전쟁이 있는가, 영국을 영원한 불명예로 먹칠하기 위해 계산된 전쟁이 있는가" 하고 개탄했다.

아편전쟁의 치욕은 중국인들의 그릇된 우월 의식을 산산조각 냈고, 1644년 명나라가 망한 이후 저변에서 들끓고 있던 반만주 감정을 확산시켰다. 이 시기 중국의 인구는 급격히 증가했고, 많은 자연재해가 일어났다. 여러 요인들이 복합적으로 작용하여 빈곤이 심화되고 사회불안이 가중되어 중국 역사상 최대 규모의 반란과 피의 내진이 발발하게 되었다.

태평천국의 난 1851년

1851년에 난을 일으킨 홍수전(洪秀全)은 자신이 예수 그리스도의 동생으로서 지상에 천국을 세우기 위해 하나님에게 선택받은 자이며, 그 지상천국의 왕이라고 주장했다. 지방의 교사였던 홍수전은 중국에서 유교와 불교를 포함한 악의 세력을 제거하고 부패한 만주족 청나라를 폐하여 영광의 옛 시절로 돌아가고자 했다. 노예, 중매결혼, 아편, 전족, 고문도 모두 철폐 대상이었다. 이렇게 하여 '태평(太平)' 곧 '거대한 평화'의 시대가 열렸다.

홍수전이 주장한 기독교는 사회 여건의 개선, 토지 분배, 남녀평등의 기대를 등에 업고 짧은 시간 동안 수백만 명의 신도를 확보했다. 남성들은 기존 질서에 대한 반항의 증거로 머리를 길게 길러 장발적(長髮賊)으로 불렸다. 14년의 반란 기간 동안 무려 2,000만 명가량이 목숨을 잃었다.

청나라는 영국 및 프랑스와 또다시 아편전쟁을 치르면서 대응 능력이 분산될 수밖에 없었기 때문에 태평천국의 난으로 거의 무너지기 직전이었다. 그러나 반란 세력은 목적을 달성하지 못했다. 여전히 중국 사회의 보편적 가치로 인정받던 유교를 공격하고 급진적 개혁을 주장하면서 부유층의 지지를 얻지 못했던 것이다. 게다가 태평천국의 지도부 내부에서도 다툼이 일어나면서 세가 약화되었고, 유럽인들도 홍수전의 기독교를 인정하지 않았다. 결국 홍수전은 자살로 생을 마감했다.

홍수전의 사망 후 청 정부는 중국의 많은 지역에서 군사 지도자들에 대한 통제를 상실했다. 이에 모종의 근대화 작업을 추진하지 않는 한 통치를 지속하기 어렵다는 것을 깨달았다. 정부는 서양 문물을 익히도록 학생들을 유학 보냈고, 공장도 서구 모델에 따라 설립했으며, 서양의 과학을 연구했다. 그러나 보수 세력의 반대가 완강하여 실질적인 변화를 일으키는 데 이르지 못했다.

이즈음 일부 유럽 열강들은 청나라가 실상은 약체임을 간파하고 영토를 확장할 기회를 노렸다. 처음으로 이러한 기회를 잡은 것은 러시아로, 1850년대 중국 동북부의 만주를 침략했다. 프랑스는 오늘날의 베트남을 식민지로 삼았고, 1864년에는 캄보디아를 보호령으로 편입했다. 영국은 1885년 버마를 장악하여 인도에 병합했으며, 말레이시아를 추가로 확보했다. 네덜란드는 동인도 제도를 얻었다. 자체적으로 근대화 사업을 추진해 온 일본은 19세기 말 청나라에 승리를 거두고, 청 정부에 일본의 한반도 지배를 인정하는 한편 대만을 양도하도록 강요했다. 이 때문에 중국은 19세기를 '수치와 모욕의 세기'라고 부른다.

인도의 혁명 1857년

1855년 크림전쟁 직후 영국은 인도에서 심각한 반란에 직면했다. 유럽인들이 인도에 당도한 이래 현지 인도인들의 이익은 유럽인들에 종속되었다. 기독교 선교사들은 토착 종교와 생활 방식을 배격하는 태도를 보였는데, 이는 부지불식간에 많은 인도인들에게 거리감을 주었다. 영국군은 탄약 소총을 들여오면서 돼지기름과 소기름을 바른 것으로 알려졌는데, 이러한 행동은 각각 무슬림과 힌두교도들을 격분시켰다. 인도인들은 수십 년 동안 분노를 삭혀 왔다.

결국 플라시 전투가 일어난 지 100년이 되던 1857년, 유럽식 훈련을 받은 인도군이 영국으로부터 독립하기 위해 반란을 일으켰다. 무굴 황제에 충성을 맹세한 인도군은 델리에 거주하던 영국인들을 살해했고, 이를 계기로 인도 전역에서 봉기가 일어났다. 처음에 영국 정부는 크게 당황했지만, 인도 반란 세력에 마땅한 지원과 훌륭한 지도자가 없었던 탓에 반란을 진압할 수 있었다.

인도에서 일어난 봉기의 직접적 결과로 1858년 영국 정부는 그때까지 인도를 300년간 다스려 온 무굴 왕조를 폐했다. 영국 정부는 황제를 버마로 유배한 후부터 자국보다 인구가 열 배나 더 많은 나라를 직접 통치하기 시작했다. 이후 90년간 영국은 인도의 3분의 2에 달하는 지역을 다스렸는데, 이러한 통치 기간을 뜻하는 '라즈(Raj)'는 산스크리트어로 왕을 뜻하는 '라자(raja)'에서 유래한 말이다.

영국 정부는 동인도회사를 해체하는 대신 총독부를 설치했다. 인도는 원자재의 공급지인 동시에 영국산 제품을 팔 수 있는 거대한 수출 시장으로 가치가 상당했기 때문에, 영국은 인도 지배권을 잃고 싶지 않았다. 인도를 누가 다스리는지에 대한 의문의 여지를 남기지 않으려고 빅토리아 여왕은 1877년 인도의 여제를 겸했다.

면화왕이 남북전쟁을 일으키기까지 1861~1865년

19세기 중반 산업혁명이 유럽을 휩쓸고 중국과 인도에서는 반란과 항쟁이 일어나는 동안, 미국도 내부적인 혼돈 상태에 있었다. 북부에서는 점점 산업화가 진행되는 반면 남부는 여전히 면화 산업과 노예에 기대면서 양측은 충돌했다.

유럽에서는 기계가 더 효율화되면서 원면과 면제품에 대한 수요가 증가했지만 공급이 수요를 따라가지 못하는 상황이었다. 이에 남부 내륙에 대규모 농장을 소유한 지주들은 막대한 이익을 기대하면서 면화 사업에 집중하기 시작했다. 조면기의 발명으로 면화에서 씨를 빼내는 중요한 문제가 해결되었으나, 목화를 따는 일은 여전히 수작업으로 해야 했다. 단순한 계산으로도 목화 따는 사람이 많을수록, 목화 재배 면적이 넓을수록 더 많은 이윤이 남는 것은 자명했다. 이 때문에 18세기 말경 감소세에 있던 노예 수요가 다시 치솟았다. 미국의 노예 인구는 1810~1830년에 두 배 가까이 증가했고, 1850년대에는 목화 생산이 집중된 4개 주 인구에서 노예가 차지하는 비중이 절반에 달했다.

1840년 미국은 세계 최대의 목화 생산국이 되었고, 목화 수출액이 다른 모든 재화의 수출을 합친 금액보다도 많았다. 목화를 수출해 벌어들인 돈은 미국의 초기 발전에 자금줄 역할을 했다. 목화 농장주들은 점차 미국에서 가장 부유한 계층이 되었다. 남부는 목화 산업과 노예에 크게 기대면서 위험할 정도로 단일 작물에 의존하는 경제로 변해 갔지만, 지주들이 생산 재화의 다변화를 꾀할 만한 유인이 없었다. 반면 (기후가 목화 재배에 적합하지 않았던) 북부에서는 반대 현상이 일어났다. 북부는 산업화를 거치면서 노예에 대한 의존도가 떨어졌다. 국제사회에서도 노예제도가 설 자리를 잃게 되면서, 남부는 미국 안팎에서 점점 고립되어 갔다.

1807년 영국이 아프리카의 노예무역을 금한 데 이어, 이듬해에는 미국도 이를 금지했다.[9] 그렇지만 기존의 노예들은 해방되지 않았고, 미국 내에서 노예에 대한 의존도가 높은 주들끼리 노예를 거래했다. 노예 수입 금지는 오히려 노예의 가격을 상승시켰다. 노예제 폐지를 찬성하는 에이브러햄 링컨이 1860년 11월 미 대통령에 당선된 것은 남부에 결정타였다. 사실 북부 주민의 대다수는 노예제 문제에 무관심했고, 노예 해방 움직임이 일어나기는 했어도 세력이 미약했다. 반면 남부에서는 링컨의 당선에 거대한 분노를 표출했다. 링컨이 취임 연설을 하기 한 달 전인 1861년 2월, 사우스캐롤라이나를 중심으로 7개 주가 연방을 탈퇴하여 아메리카남부맹방(Confederate States of America)을 세우고 제퍼슨 데이비스(Jefferson Davis)를 초대 대통령으로 선출했다.

남부군은 1861년 4월 사우스캐롤라이나의 찰스턴 항구 인근에 위치한 섬터 요새라는 북부의 군사 기지를 포격했다. 이전까지 링컨 대통령은 미국이 분단되는 사태를 막고자 온 힘을 기울였지만 이제 전쟁을 선포할 수밖에 없었다. 링컨에게 미국의 통합은 노예 문제 자체보다 훨씬 더 중요했던 것이다. 링컨이 남북 간 전쟁을 막기 위해서라면 노예제도를 유지할 의향이 있다는 서한을 작성한 일화는 유명하다. 노예제 폐지는 북부에서 링

---

9) 영국에서 노예제가 완전히 폐지된 것은 1834년이었다.

컨의 지지를 이끌어 낸 여러 공약 가운데 하나였을 뿐이다. 연방군에서 싸우던 북부인들의 대다수는 연방을 지키기 위해 참전했지 노예를 해방시키기 위해 전쟁에 뛰어든 것이 아니었다. 남부군의 대부분은 노예를 소유하지도 않았고 노예제도 유지로 누리는 이익도 미미했지만, 그럼에도 이들이 참전한 것은 연방군을 침략자로 인식했기 때문이었다. 여러모로 남북전쟁은 경제력을 장악한 상류층 사이의 전쟁이었다. 결과적으로 총 11개 주가 남부연합에 가담하면서 미국은 둘로 나뉘었다.

북부는 처음부터 유리한 위치에 있었다. 군대 규모도 더 컸을 뿐만 아니라 인구도 최소한 두 배에 달했다. 공업 기반이 잘 갖추어져 있었기 때문에 전쟁 물자의 생산이 용이했고, 교통 인프라 덕분에 군대 보급도 쉬웠다. 또한 북부는 해군을 장악하고 있어 유럽에서 남부로 향하는 지원과 보급품을 효과적으로 차단했다. 남부는 여러 악조건에도 로버트 리(Robert E. Lee) 장군이 초기에 여러 차례 승리를 거두는 성과가 있었고, 1862~1863년 북부를 침입하기까지 했다. 그러나 리 장군의 선전은 1863년 7월 펜실베이니아 게티즈버그에서 벌어진 사흘의 전투로 마감되고 말았다.

몇 달 후 바로 이 장소에서 링컨 대통령은 전사한 장병들을 기리는 추모식에 참석하여 게티즈버그 연설을 했다. "국민의, 국

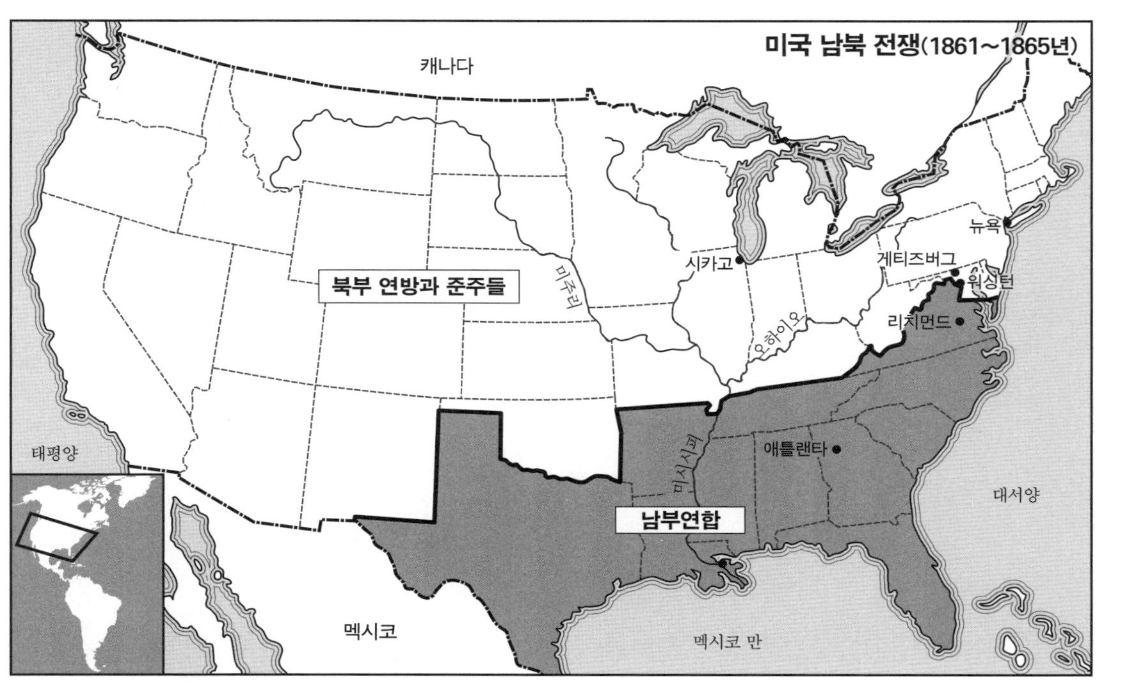

19세기 중반 미국에서는 점차 산업화가 진행되는 북부와, 면화 산업과 노예에 여전히 기댄 남부가 충돌했다. 노예제 폐지를 찬성하는 링컨이 대통령에 당선되자, 1861년 7개 주가 연방을 탈퇴해 남부연합을 세웠다. 남부군은 1861년 섬터 요새라는 북부의 군사 기지를 포격했고, 총 11개가 주가 남부연합에 가담하면서 미국은 둘로 나뉘었다. 남부군이 선전하다 게티즈버그 전투에서 패배하면서 전쟁의 향방이 바뀌었고, 리 장군이 그랜트 장군에게 항복하면서 공식적으로 1865년 4월 전쟁이 끝났다. 남북 전쟁은 미국 역사상 가장 비극적인 사건이었으나, 노예제도를 둘러싼 논쟁에 종지부를 찍었다.

민에 의한, 국민을 위한 정부"라는 구절로 잘 알려진 이 연설은 미국 역사상 가장 위대한 연설로 손꼽힌다. 나중에 미국의 18대 대통령이 되는 율리시스 그랜트(Ulysses S. Grant) 장군은 게티즈버그 전투 이후 9개월 동안 북부군을 지휘했으며, 남부군이 항복할 때까지 전면전을 벌였다. 남북전쟁은 리 장군이 그랜트 장군에게 항복하면서 공식적으로 1865년 4월 9일에 끝났다. 그러나 전쟁이 끝난 닷새 후 링컨 대통령은 남부 지지자의 저격으로 56세에 생을 마감했다.

남북전쟁은 미국 역사상 가장 비극적인 사건이었다. 60만 명에 달하는 미국인이 질병 등으로 목숨을 잃었다. 남북전쟁 중 사망자의 숫자는 미국의 다른 전쟁에서 발생한 사망자의 총합보다 많았고, 심지어 1차·2차 세계대전에서의 미군 사망자 수보다도 많았다. 부상자도 수십만 명에 달했다. 남부는 완전히 파괴되었으며, 재건하는 데 10년 이상이 소요되었다. 경제적 파괴를 회복하는 데는 더 오랜 기간이 걸려 후유증이 20세기까지 이어졌다. 하지만 남북전쟁의 결과 노예제도를 둘러싼 논쟁은 종지부를 찍었다.

미국의 팽창 1783~1867년

미국은 영국에서 독립한 이후로 인구가 크게 증가했다.

1790~1814년 사이 인구가 두 배로 늘어 800만 명에 이르렀고, 1850년에는 2,300만 명으로 급증했다.

1815년 이후의 증가는 주로 유럽을 탈출한 인구의 유입에서 비롯되었다. 이 시기에는 경제가 성장하면서 노동력 수요가 사실상 무한대에 가까웠다. 특히 1846년 이후에는 아일랜드인들이 대거 미국으로 이주했다. 1846~1851년 감자 농사의 흉작으로 벌어진 끔찍한 기근을 피하기 위해서였다. 이러한 인구 유입을 통해 경제는 호황을 누리며 미국의 서부 팽창이라는 중요한 결과로 이어졌다.

1803년 제퍼슨 대통령은 200만 제곱킬로미터에 달하는 루이지애나 영토 전체를, 유럽에서 벌어지는 전쟁 비용을 필요로 하던 나폴레옹에게 사들였다.[10] 거의 유럽 크기에 준하는 루이지애나의 편입으로 미국의 영토는 두 배가량 커졌다. 1845년 텍사스를 병합하면서 멕시코와 전쟁이 벌어졌고, 전쟁에 패배한 멕시코는 캘리포니아를 양도했다. 미국은 또한 1867년 러시아에게 720만 달러를 지불하고 알래스카를 사들였다.[11] 1898년에는 스페인과 10주에 걸친 전쟁을 벌인 끝에 쿠바와 푸에르토리코,

10) 나폴레옹은 같은 이유에서 카리브 제도의 아이티도 독립시켰다.

11) 에이커당 2센트 정도에 구입한 셈인데, 오늘날 물가로 환산하면 30센트 선이다.

괌, 필리핀을 얻게 되었으나 별도로 미국의 주로 편입하지는 않았다.

제조업이 성장하고 철에 비해 생산비가 싸면서 튼튼하고 가벼운 강철이 생산되면서 미국에서는 철도가 발전했다. 철도는 무역과 정착할 만한 영토를 확대하는 데 중요한 역할을 했다. 철도, 증기선, 전신은 교통과 통신의 비용과 시간을 절감했고, 미국 제품을 판매할 새 시장을 창출했다. 19세기 말 미국은 세계에서 가장 경쟁력 있는 산업국가가 되었다. 값싼 미국산 식품이 쏟아지면서 유럽에서는 사망률이 하락하고 인구가 증가하여 산업화의 원동력이 되었다.

이탈리아, 오스트리아-헝가리, 독일 등 신생국가 1867~1871년

인구 증가율이 상승하고 민족주의가 부상하면서 독립된 소국들이 할거하던 독일과 이탈리아는 19세기에 국가를 이루었다.

1848년 이탈리아의 많은 지역은 외세의 지배 아래 있었다. 이탈리아를 통일하고 옛 영광을 회복하기 위해 '리소르지멘토(risorgimento)'라는 이탈리아 통일 운동이 추진되었다. 이탈리아 북부에서 오스트리아를 축출하고자 여러 소국들이 힘을 합쳤고, 다른 소국들도 외교적 노력에 힘입어 이탈리아 왕국의 지배를 받게 되었다. 이탈리아는 카밀로 카보우르(Camillo Cavour) 수

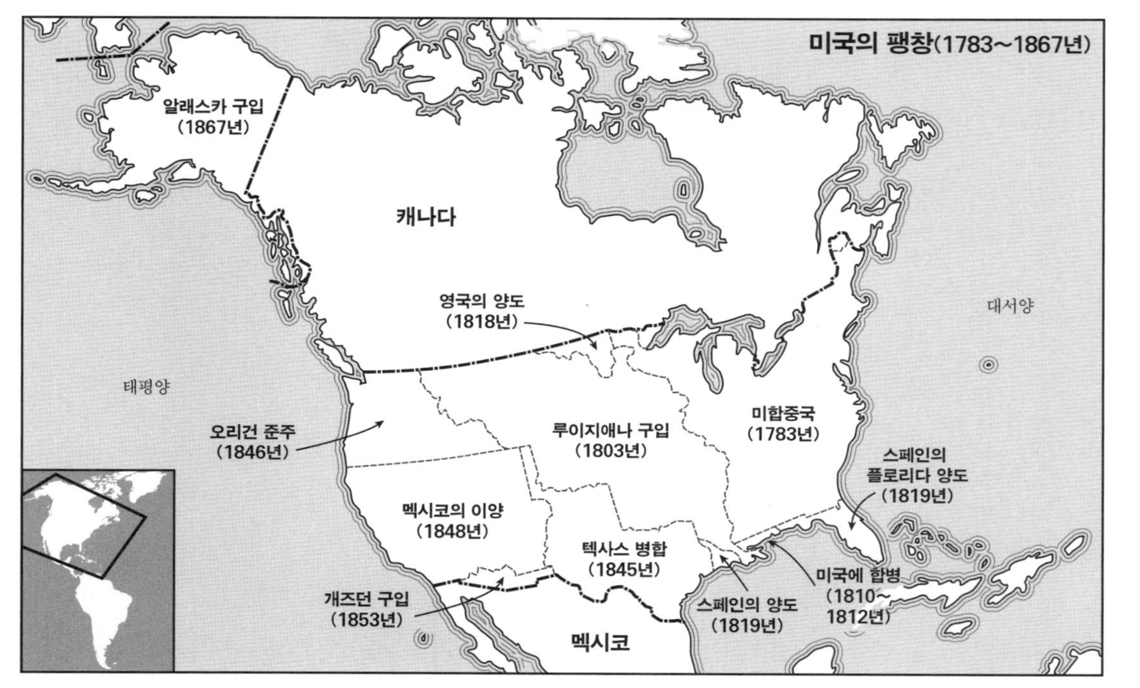

미국은 영국에서 독립한 이후 인구가 크게 증가했다. 인구 증가로 경제는 호황을 누렸고, 서부 팽창이라는 중요한 결과로 이어졌다. 1803년 제퍼슨 대통령은 나폴레옹에게 루이지애나를 사들였다. 1845년에는 텍사스를 병합하면서 멕시코와 전쟁이 벌어졌고, 전쟁에 패배한 멕시코는 캘리포니아를 양도했다. 또한 1867년 러시아에게 알래스카를 헐값에 사들였다. 1898년에는 스페인과 10주에 걸친 전쟁을 벌인 끝에 쿠바와 푸에르토리코, 괌, 필리핀을 얻게 되었으나 미국의 주로 편입하지는 않았다. 철도의 발전은 무역과 정착할 만한 영토를 확대하는 데 중요한 역할을 했으며, 19세기 말 미국은 세계에서 가장 경쟁력 있는 산업국가가 되었다.

상의 지도력 아래 1870년 통일을 이루었다.

독일 통일은 신성로마제국에서 이탈한 16개 영방국가들이 1806년에 나폴레옹의 보호 아래 라인동맹을 결성하면서 시작되었다. 한 달 후 황제 프란츠 2세(Franz II)는 신성로마제국을 최종적으로 해체했다. 1815년에 개최된 빈 회의에서도 신성로마제국을 되살리려는 시도가 이루어지지 않았고, 대신 독일연방(Deutsche Bund)이 결성되었다. 연방 결성 후 초기에는 오스트리아가 주도권을 잡았지만, 민족주의를 등에 업은 프로이센의 오토 폰 비스마르크(Otto von Bismarck) 수상의 영향력이 커지자 오스트리아는 적극적으로 통일을 추진하지 않았다.

탁월한 외교관이었던 비스마르크는 자신의 뜻을 독일 의회(Reichstag)를 통해 관철시켰다. 비스마르크는 통일 사업을 가로막는 국가들을 향해 "국가의 운명을 결정짓는 것은 연설이나 투표가 아닌 피와 철"이라며 비판했고, 특히 장애물이 되었던 오스트리아군을 7주 안에 격파했다. 프로이센은 개신교 성향의 북부를 통일한 이후 1871년에 프랑스에도 승리를 거두면서 가톨릭 성향의 남독일 연방을 제2제국으로 통일시켰다. 프로이센의 빌헬름(Wilhelm) 왕이 황제(Kaiser)가 되었다. (신성로마제국이 제1제국이며, 히틀러는 제3제국을 설립하고자 했다.) 급속한 산업화 덕분에 독일은 유럽에서 강력한 지상군을 보유한 국가가 되었다. 이상이 1848년의 혁명에서 1914년의 전쟁 사이에 유럽 대륙에서 일어난 가장 중요한 정치적 발전이다.

오스트리아는 이탈리아 북부에서 축출된 데 이어 1866년 독일과의 전쟁에서 패하여 독일연방에서도 쫓겨났다. 이에 제국에서 가장 큰 민족인 헝가리인들과 화해하는 것이 최선이라는 결론에 이르렀다. 화해는 오스트리아-헝가리 이중제국[12]이 설립되면서 성사되었고, 오스트리아의 프란츠 요제프 황제가 헝가리의 국왕을 겸했다. 헝가리 부다페스트에 별도의 의회가 설립되기는 했지만, 이중제국 내에서 외교 정책과 군대 및 통화 체계는 통일되어 있었다. 당초 이 같은 조치들이 오스트리아 제국의 분열을 막아 줄 것으로 기대되었지만, 현실적으로는 제국 내에서 수적으로 우세했던 슬라브족이 문젯거리가 되었다.

아프리카 쟁탈전 1880~1914년

이 시기에 유럽은 점차 아프리카 대륙에 관심을 갖게 되었다. 1870년 이전까지 유럽 열강들은 아프리카 내륙 지대를 경시하는 경향이 있었다. 단순히 관심이 없기도 했고, 열대성 질환에 저항력이 없었기 때문이기도 했다. 아프리카가 '백인의 무덤'이

12) 새로운 오스트리아-헝가리 제국은 러시아 제국에 이어 유럽에서 두 번째로 컸다.

라는 말까지 있을 정도로 열대병은 심각한 문제였다. 자연히 유럽인들의 진출은 케이프타운처럼 교역소나 연료 보충 장소 역할을 할 수 있는 해안가에 집중되었다. 내륙 지역은 미지의 땅이었기 때문에, 유럽인들은 아프리카를 '검은 대륙'이라고도 불렀다.

그러나 유럽이 산업화되면서 공장에서 소비되는 원자재에 대한 수요가 증가했고, 더 많은 국가들이 아프리카를 원자재 공급처이자 자국 제조품의 판매 시장으로 인식하기 시작했다. 말라리아를 어느 정도 예방해 주는 퀴닌이 발견되고 새로운 백신이 개발되면서, 유럽인들의 말라리아 사망률이 감소했다. 이는 아프리카 탐험을 촉진하는 효과가 있었다. 한편 종교적인 이유도 유럽인들의 아프리카 진출을 부추겼다. 유럽의 기독교인들이 보기에 완전히 새로운 대륙은 하나님의 말씀을 전파하기에 적격의 장소였다.

처음부터 유럽의 국가들은 아프리카 땅을 놓고 치열한 경쟁을 벌이다시피 했다. 프랑스는 1871년 독일에 (자존심과) 영토를 잃었고, 영국 때문에 프랑스의 아메리카 제국도 더 이상 존재하지 않게 되었다. 그러나 이미 1830년 알제리 침략을 계기로 식민지 소유에 대한 열망에 다시 불이 붙었다. 아프리카는 프랑스에게 영토를 확장하는 새로운 기회였던 셈이다.

아메리카의 식민지들이 독립하면서 제국의 영토가 축소된

영국 또한 아프리카에서 제국의 확장을 노렸다. 독일이 황제 빌헬름 2세의 지도력 아래 공격적인 성장 정책을 추구하면서 빠르게 산업화되는 점도 우려였다. 벨기에의 레오폴드 2세(Leopold II)는 유럽의 열강에 둘러싸여 샌드위치 신세가 되자, 지금이야말로 전쟁을 치르지 않고 영토를 확장할 수 있는 기회라고 여겼다. 땅덩어리가 넓을수록 위상이 더 높아진다는 생각에 레오폴드 2세는 콩고를 사유지로 만들었다. 포르투갈, 이탈리아 등도 영토 쟁탈전에 뛰어들었다.

영국은 이집트 내부의 불안이 1869년 개통된 수에즈 운하의 운영에 지장을 줄지 모른다고 우려하면서 1882년 이집트를 점령했다. 영국 입장에서 수에즈 운하는 인도로 가는 시간과 비용을 크게 단축하는 역할을 했다. 영국은 이집트를 지키려고 이집트 남쪽의 수단까지 정복했다. 이집트 침공에 앞서 19세기 초에는 케이프타운의 전략적 항구까지 손에 넣었기 때문에, 이제 영국에서 인도로 향하는 길은 한층 더 안전해졌다. 그러나 영국의 행보는 유럽 열강들의 아프리카 영토 쟁탈전을 부추기고 말았다. 열강들 사이에 앞다투어 경쟁이 벌어지자, 비스마르크 수상이 아프리카 분할과 관련된 규정을 정하고자 베를린에서 국제회의를 소집했다. 정작 그 땅의 주인인 아프리카인은 초대받지 못했다.

20년도 채 안 돼 아프리카 대륙의 대부분 영토가 유럽 주요국의 지배를 받게 되었다. 아비시니아(오늘날 에티오피아)와 라이베리아를 제외한 아프리카 전체가 유럽의 손안에 들어갔다. 이전의 유럽 침략 사례에서도 드러났듯 선주민들의 사정은 고려되지 않았고, 많은 사람이 노예가 되거나 열강의 영토와 자원 수탈 과정에서 살해되었다. 유럽 정부는 자신들이 보기에 미개했던 아프리카를 길들일 요량으로 인력을 파견했다. 소수의 유럽인이 파견되었지만 새로 개발된 기관총이 부족한 인력을 보완하는 역할을 했다.

유럽 국가들은 아프리카를 식민지로 만드는 과정에서 이후 오래도록 이 지역에 영향을 미치게 될 중요한 결정을 했다. 부족 간의 경계를 가로질러 국경을 설정한 탓에 오늘날까지도 아프리카에서는 갈등이 계속되고 있다. 유럽인들은 새로 확보한 식민지의 영역을 서둘러 나누면서, 언어 집단이나 기존에 존재하던 부족에 대한 충성심들은 고려하지 않고 임의로 지도에 직선을 그어 구획했다. 아프리카 국가들이 식민지 지배자들에 항거하여 독립을 요구하기까지는 거의 반세기가 걸렸다.

과학기술 혁명

미국의 서부 확장과 맞물려 일어난 기술혁명은 사회적으로

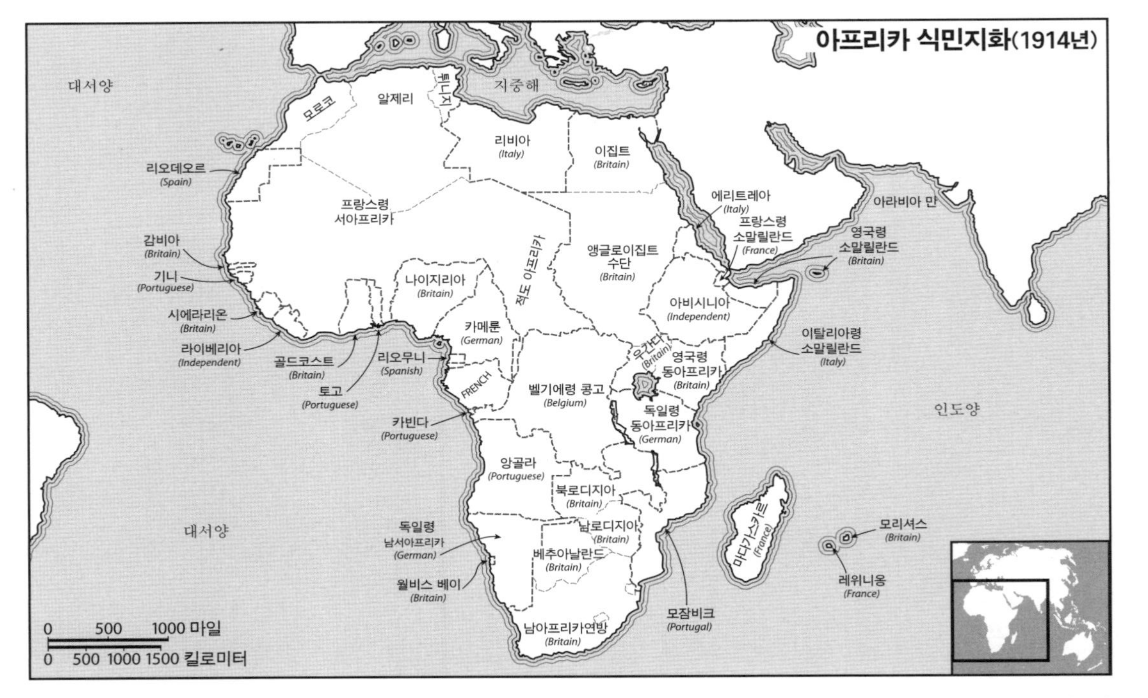

유럽이 산업화되면서 아프리카 땅을 놓고 치열한 경쟁을 벌였다. 열강들 사이에 앞다투어 경쟁이 벌어지자 비스마르크 수상이 아프리카의 분할과 관련된 규정을 정하고자 베를린에서 국제회의를 소집했고, 불과 20년 안에 아프리카 대륙의 대부분 영토가 유럽 주요국의 지배를 받게 되었다. 아비시니아와 라이베리아를 제외한 아프리카 전체가 유럽의 손안에 들어갔다. 유럽 국가들은 아프리카를 식민지로 만드는 과정에서 부족 간의 경계를 가로질러 국경을 설정한 탓에 오늘날까지도 아프리카에서는 갈등이 계속되고 있다. 아프리카 국가들이 식민지 지배자들에 항거하여 독립을 요구하기까지는 거의 반세기가 걸렸다.

지대한 영향력을 끼쳐 2차 산업혁명으로 불리기도 했다.

1831년 영국의 마이클 패러데이(Michael Faraday)는 동선에 자석을 통과시키면 전류가 발생하여 새로운 동력원이 된다는 사실을 발견했다. 패러데이는 발전기와 전동기의 기초가 되는 전기 다이너모를 발명했다.

실용적인 발전기는 약 40년 후 미국의 발명왕 토머스 에디슨(Thomas Edison)이 발명해 냈다. 이에 인류 역사상 처음으로 거의 어느 곳에서나 생산될 수 있는 값싸고 안정적인 동력이 확보되었다. 1879년 에디슨은 실용적이면서도 지속력이 강한 백열전구를 발명했는데, 인류의 생활 방식을 변화시키는 업적이었다. 전기는 전 세계에 빠른 속도로 전파되었고, 교통과 통신부터 가정에 이르기까지 모든 분야에 적용되었다.

세기가 바뀔 즈음 발명품이 쏟아져 나왔다. 1876년 알렉산더 벨(Alexander Bell)이 전화를 발명한 데 이어, 1885년에는 카를 벤츠(Karl Benz)가 최초의 가솔린 차량을 생산했으며, 1903년 라이트(Wright) 형제는 최초의 비행기로 하늘을 날았다. 전기의 발전으로 물리학과 화학의 비밀을 푸는 막대한 과학적 진전이 이어졌다. 비료, 약, 방부제는 과학 발전의 결과물 가운데 일부일 뿐이다.

일본의 부상 1895~1945년

20세기 들어 미국과 독일의 공산품은 세계시장에서 영국에 도전장을 내밀었다. 이 시기 동양에서는 일본이라는 새로운 강대국이 부상하여 국제 무대에 서게 되었다.

일본은 중국과 마찬가지로 오랫동안 외국에 빗장을 걸어 잠갔지만 점차 외부 세계에 눈을 뜨기 시작했고, 이러한 자각은 제국주의 야욕으로 표출되었다. 도쿠가와 이에야스의 막부 시대는 비교적 평화로웠지만, 인구가 급증하고 19세기에 여러 자연재해가 발생하면서 사회적 불안감이 조성되었다. 중국이 서양에게 어떻게 치욕을 당했는지를 목격한 일본은 고립의 길을 택하여 외세의 위협에서 스스로를 보호하고자 했다. 그러나 중국과 마찬가지로 교역을 할 수밖에 없게 되었는데, 일본의 상대는 미국이었다.

1853년 중무장한 미국의 함대가 도쿄 만으로 들어와 미리 정해 놓은 교역 조건을 지킬 것을 강요했다. 불평등한 교역 조건은 700년 역사의 막부를 붕괴시켰고, 1868년에는 왕정복고가 일어나 천황이 일본을 다스리게 되었다. 이 같은 개화의 시기를 '메이지 유신'이라고 한다. 쇄국주의자들은 어떠한 변화도 가로막으려고 애썼지만, 결국 유럽과 미국으로부터 독립을 되찾기 위해 일본을 근대화·산업화하려는 거대한 노력들이 시행되었다.

중국은 실패했지만 일본은 성공해 냈다. 국민개병제도가 도입되어 정규 징집병이 사무라이를 대체했고 육군은 프로이센을, 해군은 영국을 본받았다. 일본의 학자들은 서양의 과학을 배우기 위해 유학했으며, 철도가 건설되고 유럽식 의회 제도가 도입되었다. 계급의 철폐와 교육제도의 개선, 서양식 복식의 채택도 이어졌다. 불과 수십 년 만에 일본은 농경과 봉건 사회에서 강력한 산업국가로 탈바꿈했다. 특히 20세기 들어 중국과 러시아에 각각 승리를 거두면서 세계를 놀라게 했다.

1894년 메이지 정부는 일본과 중국의 완충지대 역할을 하던 조선의 통치를 놓고 청나라와 전쟁을 벌여 승리했다. 청일전쟁은 청나라가 수적으로 우세할지는 몰라도 매우 후진적이라는 사실을 드러냈다. 전쟁에서 이긴 일본은 대만과 중국 북동부의 남만주를 차지했다. 또한 청 정부는 조선의 독립성을 인정할 수밖에 없었는데, 일본은 1910년 조선을 합병하여 1945년까지 통치했다. 청나라에 승리를 거둔 일본은 떠오르는 세계적 강국으로 인정받게 되었다.

중국인들의 외세 배격과 청의 멸망 1900~1911년

서유럽의 열강들이 선교 활동을 하고 아편 수입을 강제하는 등 중국에 침투하고 외국인을 중국 법에서 면책시키는 불평

등 조약을 강요하면서, 중국인들은 강한 외국인 혐오감과 반기독교 감정을 갖게 되었다.

서양 제국주의에 항거하는 의화단은 굳게 쥔 주먹을 기치로 내걸었는데, 서유럽인들은 이들을 권투 선수(boxer)라고 불렀다. 1900년 청 정부가 의화단 운동을 지지하자 영국, 미국, 독일, 프랑스, 러시아, 이탈리아, 오스트리아로 구성된 4만 군대가 일본의 지휘 아래 반외세 투쟁을 진압했다. 그 결과 수만 명에 이르는 의화단원과 청나라 병사 및 민간인이 학살되었고, 청나라의 마지막 황제는 1911년 권좌에서 물러났다. 불행하게도 의화단 운동은 중국에게 20세기의 마지막 전쟁으로 기록되지 못했다. 오히려 시작일 뿐이었다.

VII
20세기

피의 세기

중국의 의화단 운동을 제외하면 20세기는 대체로 긍정적인 분위기로 출발했다. 평화와 번영의 분위기 속에 국가들 간의 교류가 증가했으며, 끈끈한 경제적 유대 관계가 대규모 전쟁을 방지할 것이라는 자신감이 있었다. 기술혁명으로 대중의 삶은 점차 개선되었고, 세계는 앞으로 나아가는 듯 보였다. 이로부터 반세기 안에 두 번에 걸친 세계대전과 대공황으로 여러 제국이 무너지고 힘의 균형이 변화하면서, 위대한 진보조차 인간의 비인간성을 가로막지 못한다는 사실이 온 천하에 드러날 줄은 아무도 몰랐다.

석유와 내연기관

20세기는 곧 석유의 시대라고 할 수 있다. 1859년 처음으로 미국에 막대한 원유가 매장되어 있다는 사실이 발견되었다. 이후 석유는 역직기나 기차 엔진 같은 기계의 윤활유로 사용되거나 부산물인 등유가 등을 밝히는 용도로 활용되면서 인기를 끌었다. 석유를 발견하기 전에는 가스와 고래기름이 불을 밝히는 데 사용되었지만, 부유층이 아니면 대개 접근이 불가능했다. 석유를 정제하여 등유를 값싸게 추출할 수 있다는 사실이 밝혀지면서 전 세계적으로 석유 탐사가 본격화되었다.

1879년 토머스 에디슨이 전기를 사용한 새롭고도 혁명적인 조명 방식을 발명하면서 '새 불빛'은 등유를 대신하여 가정을 밝혀 주는 수단으로 떠올랐다. 하지만 석유의 또 다른 부산물인 휘발유가 내연기관에 동력을 제공한다는 사실이 밝혀지면서 석유의 수요는 다시 증가했다. 1890년대에 휘발유를 자동차 연료로 사용하게 되자, 자동차는 이동의 주된 수단으로서 말을 대체해 갔다. 이러한 교통 혁명은 오늘날의 사회에도 여전히 영향을 미치고 있다. 물론 등유는 아직까지 개발도상국에서 점등과 요리, 난방의 중요 연료로 활용되고 있다.

20세기에는 동력 비행을 비롯하여 상상할 수 있는 모든 분야에서 석유를 활용하는 거대한 변화가 일어났다. 농업에서는 석유를 트랙터 연료로 사용한 데다 비료를 쓰면서 곡물 생산량이 증가했다. 식량 공급이 늘자 세계 인구도 1900년 16억 명에서 2011년에는 70억 명으로 급증했다.

석유는 군대의 이동 수단뿐만 아니라 전략에도 크게 기여했다. 단적인 예가 일본의 진주만 공격과 2차 세계대전 중 히틀러의 동진 전략이다. 20세기 초에 중동에서 석유가 발견되면서 이 지역의 정치 지형이 변화되었고, 1990년대에 미국의 이라크 침공을 비롯해 여러 차례의 전쟁이 벌어졌다. 석유의 활용은 인간 사회를 탈바꿈시켜 오늘날에는 석유 없이 사회가 작동할 수 없는 정도가 되었다.

인류가 값싸지만 재생이 불가능한 에너지를 사용하며 그 에너지가 창출하는 부에 기댄 결과, 석유 공급난에 취약해지고 갑작스러운 유가 폭등으로 역풍을 맞을 가능성도 높아졌다. 게다가 화석연료의 사용은 환경을 오염시키고 있어, 기후학자들은 화석연료의 사용을 줄이지 않는다면 인류에게 재앙적인 결과가 닥칠 것이라고 경고하고 있다.

러일전쟁 1904년

20세기 초 일본의 군사적인 성공은 천황이 머무는 황거에서 군국주의자들이 세력과 야망을 키우는 결과로 이어졌다. 러시아가 1904년 남만주에서 철군하겠다는 합의를 어기자, 일본의 군국주의자들은 전쟁을 강행했다. 일본 해군은 먼저 중국의 동부 해안에 위치한 뤼순(Port Arthur)에서 러시아 함대를 기습 공격했다. 육상과 해상에서 벌어진 전쟁에서 일본군은 러시아 함대를 격파했고, 엉성한 지휘 아래 보급에 어려움을 겪던 러시아군에게 승리를 거두었다.

러일전쟁에서 패한 러시아는 남만주를 중국에 반환하고 일본의 조선 통치를 인정하기로 합의했다. 그러나 이 시기 중국은 만주 지역에서 사실상 주권을 상실한 상태였기 때문에, 만주가 자국의 영토임에도 러시아와 일본 간 평화 조약에 참여하지 못했다.

일본의 승리는 근대 역사상 처음으로 아시아의 국가가 유럽의 강국을 이긴 사건으로, 세계인들에게 충격을 안겨 줬다. 유럽인들만 전능한 권력의 소유자가 아님이 드러난 것이다. 러일전쟁은 또한 1905년 러시아에서 국가적 혁명이 일어나는 중요한 단초로 작용했다. 러시아의 혁명으로 기본 시민권이 선포되었고, 같은 해에 러시아 의회(Duma)가 설립되었다.

'대전쟁' 1차 세계대전 1914~1918년

유럽에서는 민족주의가 발원하면서 주요 열강이 다시 한 번 갈등을 겪었다. 이번에는 러시아가 민족주의자들의 운동을 지지하면서 발칸 지역에서 오스트리아-헝가리 제국의 영향력을 위협했다. 1914년 6월 오스트리아-헝가리 합스부르크 제국의 후계자였던 프란츠 페르디난트(Franz Ferdinand) 대공 부부가 세르비아의 민족주의자 손에 저격당하는 사건이 발생했다. 오스트리아인들이 세르비아를 제압하고 이 지역을 지배하는 러시아에 도전할 근거가 생긴 것이다. 오스트리아는 독일의 분명한 지지 의사를 등에 업고 전쟁을 선포했다. 러시아의 병력이 이동하자 독일은 긴장 상태에 빠졌고, 마찬가지로 독일의 전쟁 선포에 프랑스에도 긴장감이 감돌았다. 프랑스, 러시아, 영국은 독일, 오스트리아-헝가리, 오스만 제국의 동맹국에 맞서 연합국을 결성했다.

이제 독일은 양쪽 전선에서 적군과 대치하는 상황에 놓였다. 서쪽에서는 프랑스 및 영국(과 영연방), 동쪽에서는 러시아와 대치하는 가운데 해상에서도 영국 해군과 맞붙었다. 1915년 오스트레일리아와 뉴질랜드 군대는 콘스탄티노플을 점령하여 터키에서 또 다른 전선을 형성하고자 했으나, 갈리폴리 반도에서 무참히 학살당했다. 갈리폴리 전투는 1차 세계대전에서 연합군이 당한 최대의 참극으로 기록되었다. 전쟁 중 터키군은 수많은 기독교 아르메니아인들을 학살했는데, 이들 중 많은 수가 강제로 포로 행진을 하는 과정에서 기근과 탈진으로 사망했다. 터키 정부는 뉴스 보도를 통제했을 뿐만 아니라 현재까지 공식적으로는 학살 사실을 부인하고 있다. 1915~1923년에 100만 내지 150만 명의 아르메니아인들과 기타 소수 종족들이 죽거나 도망친 것으로 알려진 이 사건은 20세기에 자행된 수많은 집단학살의 신호탄이었다.

전쟁은 주로 유럽 대륙에서 벌어지다가 아시아, 중동, 아프리카로 확산되었다. 아시아에서는 일본이 연합국을 지지했다. 중동에서는 영국이 오스만 왕조의 중동 지배에 항거하는 아랍 국가들의 저항을 지원하면서 전쟁이 끝나기 전에 모종의 합의를 맺었지만, 막상 전쟁이 끝나자 약속을 번복했다. 영국은 또한 미국 정부의 참전을 유도하도록 만들 요량으로 팔레스타인에 유대인의 민족국가를 건국하는 방안을 지지했다. 그러나 후일 영국은 당초의 지지[1]에서 한 발 물러서는 모습을 보였다. 20세기에 많은 민족이 세계 열강들의 각축전에서 노리개로 전락했듯, 팔레스타인인들도 자기 의견을 개진할 기회를 얻지 못했다.

---

1) 벨푸어 선언(1917년).

세계인은 1차 대전이 프랑스와 프로이센의 전쟁(1870~1871년)처럼 이내 끝날 것으로 예상했다. 그러나 현대식 무기에 힘입어 참호에서 오래 대치하는 상황이 이어졌고, 무기로 대량 학살을 자행하는 일도 벌어졌다. 전쟁 첫해에만 프랑스와 독일 국경에서 100만 명 이상의 전사자가 발생했다. 지휘관들이 전쟁 기술의 변화를 이해하지 못하고 19세기식 돌격을 명령한 탓에 수많은 병사들이 적군의 기관총과 철조망 앞으로 내몰렸다.

러일전쟁 후 러시아를 과소평가한 독일은 1915년에 서부전선이 점차 교착 상태에 빠져들고 있음에도 병력의 3분의 2를 동부전선으로 보냈다(전략적으로 동부전선을 먼저 평정하자는 의견이 득세했기 때문이다 – 옮긴이 주). 러시아는 표면상으로 세계 최대의 군대를 자랑했음에도 잔악한 전쟁에 미처 준비가 안 되어 있고 미숙하여 1917년에는 와해 직전에 몰렸다.

러시아혁명 1917년

러시아혁명은 1917년 2월 페트로그라드(오늘날 상트페테르부르크)에서 시작되었다. 추위와 배고픔, 전쟁 피로에 신물이 난 사람들은 빵과 더불어 독일과의 평화를 요구하며 거리로 쏟아져 나왔다. 당시 알렉산드라(Alexandra) 황후는 라스푸틴(Rasputin)

이라는 수도승[2]이 아들의 목숨을 살렸다고 믿고, 그 수도승의 말에 심취해 있었다. 국민들은 물론 황후의 독일 왕가에서조차 황후의 행동을 납득하지 못했다. 차르가 반란을 대충 무마하고자 했지만 오히려 많은 군사들이 군중의 편에 서서 소속된 연대에 총격을 가할 정도였다. 마침내 사태의 심각성을 깨달은 러시아의 마지막 차르는 1917년 3월 황위에서 물러났고, 300년 역사의 로마노프 왕조도 막을 내렸다.

대중을 대표하고자 노동자들의 의회라는 '소비에트(soviets)'가 구성되었으나, 권력을 이양받은 '임시정부'가 설립되어 연합국의 대의를 계속 지지했다. 그러나 이는 치명적인 실수였음이 드러났다. 4월에 독일은 절묘하게도 ('레닌'이라는 가명을 사용했던) 블라디미르 울리야노프(Vladimir Ulyanov)를 도왔는데, 스위스에서 망명 생활을 하던 레닌이 러시아로 돌아온 것이었다. 러시아 사회민주노동당에서 (소수파 '멘셰비키'에 대응되는) 다수파 '볼셰비키'를 이끌던 레닌은 1903년부터 '제국주의적이고 자본주의적인 전쟁'을 끝내자고 주장했다. 독일은 레닌이 러시아의 전쟁 노력을 무력화하고, 나아가 완전히 전쟁을 포기하게 만드는 데 필요한 사회불안을 조성해 주리라 기대했다. 이 경우 독일은 서부

2) 라스푸틴은 1916년 결국 암살되었다.

전선에 자원을 집중할 수 있었다.

이후 6개월의 여름 동안 러시아가 최후의 공세를 펼쳤지만, 무더기 탈영이 속출한 데다 육군 총사령관이 쿠데타까지 시도했다. 이 시기에 정부는 간신히 명맥만 유지하는 등 극도의 혼란이 벌어졌다. 독일의 지원을 받고 있다는 사실이 발각된 레닌은 핀란드로 도망칠 수밖에 없었다.

그러나 다시 레닌에게 유리한 상황이 전개되었다. 지칠 대로 지친 사람들은 평화, 토지, 빵, 소비에트로의 권력 이양이라는 레닌의 요구에 반기를 들 힘이 없었다. 이번에는 변장하여 러시아로 복귀한 레닌은 1917년 10월 무력 쿠데타를 일으켰다. 레닌의 쿠데타는 임시정부에 마지막 일격을 가해 세계 최초의 마르크스주의 정부가 러시아에 들어서게 되었다. 1917년 11월 8일 레닌은 러시아 인민평의회의 의장으로 선출되었다. 많은 사람들은 소비에트 정부가 오래가지 못할 것으로 예상했고, 이후 수십 년 동안 인민들이 어떤 참상을 당할지 짐작하지 못했다.

새로 들어선 소비에트 정부는 즉각 두 가지 포고령을 발표했다. 첫째로 평화에 대한 포고령에서는 협상을 통해 전쟁을 끝내고 러시아 군대가 전선에서 모든 적대 행위를 중지할 것을 명했다. (레닌을 러시아로 복귀시키는 조건으로 레닌과 독일 사이에 이뤄진 비밀 합의의 일부였다.) 둘째로 토지에 대한 포고령은 모든 토지가 인민의 재산이라고 선언했다. 당연히 땅이 없던 사람들에게는 탁월한 선전 효과가 있었다! 또한 정부는 은행을 국유화하고 로마노프 왕조가 지고 있던 채무의 의무를 부정했다. 신정부는 이제 유럽 전역의 노동자들이 러시아의 동지들을 지지하며 일어설 것으로 기대하고 공식적인 평화 조약을 미루었다. 독일 및 오스트리아와는 정전 협정을 맺어 독일의 추가 진격을 저지하고자 했다.

그러나 유럽의 노동자들은 봉기하지 않았다. 게다가 러시아는 어떤 방법을 써서라도 전쟁을 끝내려는 입장이었는데, 독일이 동진을 멈추지 않았다. 이에 러시아는 1918년 3월에 핀란드, 폴란드와 발트 3국, 우크라이나, 벨라루스를 포기하는 치욕적인 휴전 협정을 체결할 수밖에 없었다. 하지만 레닌은 소비에트 연방 지도자들의 특징처럼 자리 잡은 이중성을 드러냈다. 레닌은 애초에 조약을 이행할 의사가 전혀 없었고, 전쟁이 끝나자 조약의 무효를 선언해 버렸다. 이는 또한 러시아의 항복으로 잠잠해 있던 반볼셰비키 세력에게 최후의 일격이 되었다. 이후 3년 동안 이어진 내전으로 1,000만 명의 사상자가 발생했는데, 이는 1차 세계대전의 전체 사망자 숫자를 넘어선 수준이었다.

대전쟁의 끝

동부전선에 평화가 찾아오자 독일은 서부전선에서 공세를

강화할 수 있었다. 그러나 대서양에서 무제한 잠수함 전투를 개시한 것은 마치 레닌을 러시아에 보내 도움이 된 만큼이나 독일에게 독이 되는 결정이었다. 미국의 윌슨(Wilson) 대통령은 독일이 멕시코를 회유해 미국에 대항하도록 설득한 것이나 잠수함 전투를 개시한 결정을 구실로 삼아, 1917년 4월 6일 군사와 자원을 총동원하여 전쟁에 뛰어들었다. 미국의 참전으로 더 이상 전쟁을 끌 수 없었던 독일은 항복했고, 마침내 1918년 11월 11일에 평화가 찾아왔다.

1차 세계대전에 참전한 장병 6,500만 명 가운데 800만 명 이상이 전사했고, 최대 2,000만 명이 부상을 당했다. 부상자 가운데 수십만 명이 화학전의 영향으로 눈이 멀거나 불구가 되었다. 수백만 명은 사로잡혀 전쟁 포로가 되었다. 게다가 전쟁이 끝날 무렵 인플루엔자가 전 세계적으로 유행하면서 2,000만 명이 사망했다.[3] 이는 전쟁 사망자의 두 배에 달하는 수치다.[4] 스페인이 1차 대전 중 독감의 보도를 검열하지 않은 몇몇 국가들 중 하나였기 때문에 독감에는 '스페인 인플루엔자'라는 이름이 붙었다. 많은 건장한 청년들이 독감에 걸렸지만 사실상 치료가 불

---

3) 일부에서는 스페인 독감으로 최대 4,000만 명이 사망한 것으로 추정한다.

4) 전쟁 후 콜레라, 티푸스, 이질과 기타 질병에 의한 사망은 제외한 수치다.

가능했다.

전쟁이 끝난 후 열강은 전후 세계 질서를 정하고 유럽에서 다시는 1차 대전과 같은 참상이 벌어지지 않도록 파리 인근의 베르사유에서 회담을 가졌다. 독일과 러시아는 협상에서 배제되었다. 특히 1919년 6월에 조인된 조약 가운데 독일에 대한 조치가 눈여겨볼 만했다. 모든 승전국이 독일이 끼친 피해에 대해 처벌을 원하기는 했지만, 프랑스는 한 발 더 나아가 독일이 다시는 프랑스를 상대로 전쟁을 일으키지 않도록 가혹하고 파괴적인 징벌을 고집했다. 그 결과 독일은 1914년 영토의 13퍼센트를 빼앗겼고, 여기에는 1870년에 독일이 프랑스에게 빼앗은 영토가 포함되어 있었다. 독일은 600만 명가량의 시민을 잃었고, 독일의 해외 영토 역시 승전국들의 차지가 되었다. 이와 함께 독일은 수비군 10만 명 외에 군대를 가질 수 없었고, 항공기와 중화기 및 잠수함 보유도 금지되었다. 이에 더해 프랑스는 독일에게 수십억 금화 마르크에 해당하는 전쟁배상금을 요구했다. 이러한 치욕과 경제적인 파탄은 독일 사회를 불안정하게 만들어, 결국 히틀러와 극우 성향의 추종자들이 독일을 장악하게 되었다.

베르사유 조약에는 미래의 평화를 담보하고 국제적인 갈등을 전쟁 이전 단계에서 해결하도록 국제연맹이라는 다자 기구를 창설하는 방안도 포함되었다. 아랍 국가들 또한 자기들의 이익

보호를 위하여 아랍연맹을 설립했다. 아랍연맹의 주요 목적 가운데 하나는 아랍의 영토를 독일과 투르크족의 지배에서 해방시켜 자결권을 얻는 것이었다. 이에 따라 다민족의 오스트리아-헝가리 및 오스만 제국은 사용 언어에 따라 작은 국가들로 분할되었다. 오스트리아-헝가리 제국이 분할되어 체코슬로바키아, 유고슬라비아, 헝가리와 새 오스트리아 공화국이 설립되었다.[5]

아울러 발트 지역에서도 독립을 허용해야 한다는 요구가 거세지면서, 소비에트 정부는 러시아의 차르가 편입했던 폴란드의 독립을 인정하게 되었다. 앞서 폴란드는 1772~1795년에 차르가 통치하는 러시아, 합스부르크 오스트리아 및 신흥 프로이센이 분할통치를 하면서 사실상 지도에서 사라진 바 있었다. 1차 대전 후 국제연맹이 새로 건국된 폴란드 공화국을 인정했고, 세력이 약해진 러시아와 독일은 19세기에 빼앗았던 영토들 가운데 상당 부분을 되돌려줄 수밖에 없었다. 그러나 20년도 채 안 돼 폴란드는 다시 독일의 무자비한 침공과 소비에트의 점령으로 분단되고 국민 수백만 명이 목숨을 잃게 된다.

오스만 제국의 경우 와해되면 지역에 권력 공백이 발생하여 사태가 더욱 악화될지도 모른다는 우려 때문에 현상 유지가 되

5) 유고슬라비아와 체코슬로바키아 모두 20세기 말에 분리되었다.

었으나 결국 해체되었다. 당초 아랍인들은 독립을 얻는 조건으로 영국을 도와 투르크에 대항했다. 그러나 전후 영국은 이라크와 팔레스타인을, 프랑스는 시리아와 레바논을 통치하며 아랍인들의 불만을 묵살했다. 다만 영국은 아랍인들의 불만을 잠재우기 위해 식민지가 아닌 '위임 통치국'이라고 불렀다. (후일 아타튀르크, 즉 터키의 아버지로 불리는) 무스타파 케말 파샤(Mustafa Kemal Pasha)는 칼리프제를 폐지하고 1921년 터키 공화국의 수립을 선포했다. 아타튀르크는 터키를 비종교적 근대국가로 탈바꿈시키고자 신속하게 근대화 사업을 추진했다. 이 과정에서 샤리아 법을 서양식 법으로 대체하고, 아라비아 표기 대신 로마자 표기를 선택했다.

여성 해방

1차 대전이 미친 긍정적 영향이 있다면, 적어도 서양에서만큼은 여성의 권리와 지위가 신장되었다는 사실이다. 역사상 대부분의 기간을 남성이 지배해 온 사회에서 여성의 역할은 배우자를 섬기고 복종하며 아이를 낳는 데 그쳤다. 전통적으로 대다수의 직업이 여성에게 허용되지 않았고, 여성에 대한 교육도 제한적인 수준에서 이루어졌다. 미국 독립 혁명과 프랑스혁명 과정에서 정의와 평등에 대한 논의가 무수히 이루어졌지만, 여성의 평등권은 19세기 내내 부인당했다.

물론 오늘날에도 세계 최빈국에서는 여성들의 권리가 부인되고 있지만, 유럽과 북미에서는 19세기 중반부터 여성의 권리를 신장하기 위한 움직임이 일어나 점차 교육과 고용, 참정권의 확대로 이어졌다. 미국에서는 여성의 권리 확대가 반노예제 운동에서 시작되었다. 여성 운동을 주도하는 많은 사람들은 여성이 억압받는 상황을 노예와 동일시했다. 오히려 정치적 권리 측면에서 여성은 노예보다도 못한 대접을 받고 있었다. 유럽에서는 산업혁명을 비롯한 사회 변화들에 의한 문화적·정치적·경제적 대변화가 일어나, 현상 유지에 도전할 만한 환경이 조성되고 개혁에 대한 요구도 높아졌다. 읽고 쓰는 능력이 향상되고 의사소통 방법이 발전하면서, 여성은 자신들의 요구를 표현하고 알리기 시작했다. 여성 참정권 운동가(Suffragettes)로 알려진 영국의 여성들은 변화의 속도가 더딘 데 좌절하여 자신들의 목소리를 관철하고자 폭력을 행사하기도 했다. 어떤 경우에는 여성들이 노동자로서의 능력을 입증하기 위해 1차 대전을 활용하여 투표권[6]을 얻어 냈다. 미국에서 여성의 권리가 크게 신장된 시기는 1960년대로, 2차 대전에 징집된 남성들을 대신하여 많은 여

6) 세계 최초로 여성에게 투표권을 부여한 나라는 뉴질랜드(1893년)이다. 영국은 1918년 30세 이상의 여성에게만 투표를 허용했다가 1928년에는 21세로 기준을 낮췄다. 유럽에서 여성 투표권을 가장 늦게 허용한 나라는 리히텐슈타인(1984년)이며, 바레인의 경우 2001년에야 여성들에게 투표권을 부여했다.

성이 노동력을 제공한 것이 계기가 되었다.

그러나 여성 평등은 산업화가 덜 진행된 많은 빈국에서 여전히 어려운 상황이다. 특히 아프리카, 아시아, 인도, 중동에서는 문맹이거나 교육받지 못한 여성들에 대한 착취가 만연해 있다. 이런 국가들에서는 남자 아이가 노년의 경제를 보장해 준다는 생각에 남아 선호 사상을 고수하고 있고, 여아들이 기본적 권리조차 박탈당하는 경우도 있다. 여성이 남성과 동등한 수준으로 교육받기 전까지는 상황이 개선되지 않을 가능성이 높다.

러시아 내전 1917~1921년

러시아인들은 전쟁 기간 중에 평화를 추구했음에도 수년 동안 숨 돌릴 기회조차 갖지 못했다. ('적색'의 공산주의 세력에 대항하는) '백색'의 반볼셰비키 세력에는 군주제 지지자와 가톨릭교도에서부터 지주, 심지어 온건한 사회주의자들에 이르기까지 다양한 계층이 포함되었는데, 이들은 새로 들어선 무신론자들의 정권을 타도할 것을 선포했다. 자신들이 기득권을 가졌던 낡은 사회를 파괴하고 완전히 새로운 사회를 만드는 급진적인 실험에 나선 것이다. 볼셰비키들은 평화, 번영, 평등과 함께 민족 차별의 종식을 약속했지만 실제 이들이 안겨 준 것은 불행과 계급 전쟁, 내전이었다. 공산주의자들이 차르와 일가를 1918년 처형한 이후 자신들의 대의에 더욱 충실해지자, 공산주의의 싹을 초기에 잘라 내려는 여러 나라가 백군에게 물자와 인력을 지원했다. 이 나라들은 소비에트 정부의 목표가 모든 자본주의 정부를 타도하는 데 있다는 사실을 잘 알고 있었다.

볼셰비키가 내전에서 승리를 거두기는 했지만, 이미 막대한 인명과 경제적 손실이 발생한 후였다. 1920년에는 끔찍한 기근까지 겹쳤다. 볼셰비키는 주요 도시 장악, 레온 트로츠키(Leon Trotsky) 인민위원장의 효율적인 전쟁 물자 활용, 대중에게 공포를 심어 주는 잔혹한 정책 등에 힘입어 승리를 거둘 수 있었다. 한편으로는 볼셰비키가 맞서 싸운 백군이 내부적으로 단결하지 못한 부분도 볼셰비키 승리의 요인으로 작용했다.

아이러니하게도 소비에트는 이전의 차르보다 더욱 압제적이었다. 내전의 폭력이 가라앉은 후 인민들의 상황은 레닌의 완전 사회주의 경제 정책을 일부 완화하고 나서야 개선되었다. 그러나 1924년 레닌이 사망하고 스탈린이 권력을 잡으면서, 시장경제의 흔적은 사라지고 시민권도 인정받지 못했다. 스탈린은 우상화를 추진하면서 자신의 절대 권력을 거스르거나 반항의 조짐만 보여도 잔혹하게 탄압했다. 정권에 도전하는 사람들을 즉시 처형하는 스탈린의 정책은 이후 공산주의 정권의 특징으로 자리 잡았다.

파시즘과 전체주의의 부상

전후 유럽 사회는 인플레이션과 실업으로 고통을 받았다. 소규모 혁명이 시도되기도 했지만, 유럽인은 너무 지쳐 있던 탓에 봉기가 일어난다 해도 힘을 보탤 수가 없었다. 다행히 전쟁에 의한 궁핍한 상황을 벗어나 소비 심리가 개선되었고, 유럽 경제도 회복세를 보였다. 그렇지만 기업인들은 사회의 불안정한 상황을 이용하여 공산주의자들이 권력을 장악하고 기업의 자산을 몰수할지 모른다는 두려움을 가지고 있었다. 이러한 두려움 때문에 유럽 전역에서 민족주의가 부상하게 되었다.

이탈리아의 부유한 자본가들은 파업을 선동하는 공산주의자와 사회주의자들을 겁주기 위해 폭력단에 자금을 지원하기까지 했다. 또한 국가가 당면한 문제들을 가혹한 조치들로 해결하자는 반민주주의 파시즘 운동이 새롭게 주목을 받기도 했다. 파시즘이 지지를 받으면서 파시스트들의 지도자인 베니토 무솔리니(Benito Mussolini)가 권력을 잡는 데 성공했다. 전직 교사이자 언론인이었던 무솔리니는 점차 이탈리아를 독재 통치했다.

독일에서는 1차 대전 후 황제가 폐위되고 바이마르 공화국이 수립되었다. 정부는 전쟁 부채를 갚기 위해 화폐를 찍어 냈는데, 이 과정에서 극심한 인플레이션이 유발되어 수많은 독일인들을 재정 파탄에 빠뜨렸다. 누구라도 질서를 바로잡겠다고 약속하면 대중의 환영을 받을 수밖에 없는 분위기였다.

1차 대전에 참전했던 오스트리아인 아돌프 히틀러(Adolf Hitler)가 바로 이러한 인물 가운데 하나였다. 히틀러는 가혹한 조치로 많은 독일인들을 분노케 한 베르사유 조약을 파기하기 위해 사실상 단독 행동을 펼쳤다. 1923년 히틀러는 혁명을 선포하고, 뮌헨에서 자신의 군대와 추종자들과 더불어 바이에른 정부를 물려받고자 했다. 이른바 맥주 홀 폭동(Beer Hall Putsch)으로 알려진 실패한 반란으로 히틀러는 5년의 징역형을 선고받았지만 9개월만 복역했다.

감옥에서 히틀러는 『나의 투쟁(Mein Kampf)』을 집필했다. 이 책에서 히틀러는 공산주의와 독일의 패전을 비롯하여 세계의 모든 문제에 대한 책임은 유대인에 있다고 주장했다. 독일의 영토에서 게르만 혈통을 더럽히는 유대인들과 슬라브족을 제거해야 한다는 것이 히틀러의 주장이었다. 또한 독일이 생활권(Lebensraum)을 확보하려면 러시아와 슬라브 국가들을 정복해야 한다고도 주장했다. 베르사유 조약의 조인국들 역시 독일의 등 뒤에서 칼을 꽂은 반역자들이므로 제거 대상으로 꼽혔다. 독일의 경제난과 초인플레이션 상황과 맞물려 히틀러의 주장은 대중의 적극적인 지지를 받았고, 2차 대전이 시작되기 전에 『나의 투쟁』은 500만 부나 팔렸다. 독일의 주요 기업인들은 정부에

비우호적인 입장을 취하는 한편 공산주의의 위협을 우려했는데, 자신들이 히틀러를 마음대로 움직일 수 있으리라는 착각을 하면서 그에게 자금을 대 주었다.

러시아의 상황은 1920년대에서 1930년대로 가면서 더욱 악화되었다. 레닌은 그루지야 출신의 공산당 서기장인 이오시프 스탈린(Joseph Stalin)이 자신의 뒤를 이을까 걱정했다. 레닌의 우려대로 스탈린은 경쟁자들을 제치고 소련의 지도자가 되었으며, 1954년에 사망할 때까지 통치했다. 반면 트로츠키는 국가의 적으로 지목되어 모든 권력을 빼앗기고 유배되었다. 초기의 혁명가들 중 많은 사람이 스탈린에 저항했다가 처형되거나 굴라크라는 거대한 강제 노동 수용소에 수감되었다.

스탈린은 권력을 장악한 후 경제 면에서나 산업적으로 서양을 따라잡기 위해 노력을 기울였다. 1928년에는 1차 5개년 계획을 실행하여 전면적인 산업 국유화와 농업 집산화를 이루었다. 당시 소련은 산업의 발전이 미미한 농업 위주의 저개발 국가였다. 게다가 세계대전과 내전, 혁명을 5년이라는 짧은 기간에 겪은 점도 국가 발전을 저해했다. 스탈린은 소련이 선진 산업국가들에 비해 50년 내지 100년 뒤떨어져 있다고 판단하고, 10년 안에 이를 따라잡지 못하면 소련은 망할 것이라고 언급했다. 그리고 국가를 가능한 한 빠른 시일 안에 산업화하기 위한 목표를 설정했다.

우선 목표를 달성하려면 많은 노동자들을 먹이는 일이 시급했지만, 농촌 지역에서는 식량 공급에 어려움을 겪었다. 스탈린과 일당은 기계 사용이 제한적인 소규모의 비효율적 농장에서는 식량 생산에 제약이 있다고 진단했다. 대신 작은 농가들을 공산당의 거대한 농장으로 편입시키면 합리화되어 더 많은 편익이 따를 것으로 예상했다. 농장이 효율적으로 운영되고 농업 활동이 개선되면 자연스레 도시로 공급되는 곡물의 양이 늘어 노동자들은 걱정 없이 공장에서 일할 수 있게 된다. 또한 잉여 농산물은 해외로 팔아 더 많은 기계를 구입할 수 있다. 무엇보다 이러한 집산화 조치를 취하면 공산주의자들이 까다롭고 보수적이며 종교심이 강한 소농들에게도 권력을 행사할 수 있게 된다는 점이 중요했다.

문제는 스탈린이 비현실적인 생산 목표를 고집하면서 소농들은 잉여 곡물이 생산되는 경우에만 먹을 것을 가져갈 수 있었다는 사실이다. 게다가 갈수록 목표치가 높아지면서 농사를 지은 소농 자신은 아무것도 손에 쥐지 못하고 굶주리게 되었다. 당연히 소농들이 곡물 생산에 공을 들일 이유가 없었다. 더구나 소농들은 혁명의 결과로 이제 막 농토를 확보했는데 국가에 다시 반납하고 싶은 마음이 없었다. 나고 자란 고향을 떠나고 싶은 생각도 없었다. 땅을 소유한 부농인 쿨라크(kulak)는 국가의 적으로 규탄받았다.

적군(Red Army)이 곡물을 거두려 농촌에 파견되자 대규모의 반란이 일어났다. 농민들은 정권에 빼앗기느니 차라리 곡물에 불을 지르고 가축들을 죽이는 편을 택했다. 이 과정에서 집산제에 반대하는 자들이 체포되어 굴라크행 신세가 되거나 총살당한 결과 농업 생산에 심각한 차질이 빚어졌다. 우크라이나의 피해가 가장 커서 1932~1933년에만 최소한 400만 명이 사망했다. 이후 우크라이나인들은 '홀로도모르(Holodomor)'라며 우크라이나판 홀로코스트를 기리고 있다.

단순히 경제적인 차원에서 보면 스탈린의 산업화는 성공적이었다. 수력발전 댐, 철도, 운하 등의 사업이 진행된 1차 5개년 계획 기간 동안 산업 생산이 50퍼센트 증가했다. 한편에서는 스탈린의 계획이 성공한 덕분에 10여 년 후 히틀러가 맹공습을 했음에도 소련이 이에 맞설 만한 무기를 확보할 수 있었다고 해석한다. 그러나 또 다른 편에서는 결과만 가지고 수단을 정당화할 수 없다고 반박하고 있다.

대공황 1929~1932년

1929년 10월 뉴욕 증권거래소에서 주가가 폭락하면서 맹렬히 타오르던 1920년대가 허무하게 저물었다. 그리고 경제 불황은 1930년대 내내 암운을 드리웠다. 주가가 폭락하고 은행이 도산하자 유럽에 대규모 투자와 대출을 실행했던 미국인들은 채무자들에게 상환을 요구했다. 이는 전 세계에서 은행이 줄줄이 파산하는 도미노 효과를 일으켰고, 기업에 투자할 수 있는 여력도 줄어들었다. 이후 수년 동안 수요가 줄어들면서 산업 생산이 감소했고 대량 실업이 발생했다. 경제 상황이 녹록치 않자 사람들은 당면한 문제에 대한 해결책을 약속해 줄 수 있는 누군가를 학수고대했다. 사회주의자와 공산주의자들은 자본주의가 종언을 고할 때를 맞은 것으로 보았다. 반면 아돌프 히틀러와 나치당에게는 권력을 장악할 일생일대의 기회가 되었다.

편집증적인 스탈린은 소비에트 인민들의 고통이 충분치 않았다는 듯이 1934~1939년에 일련의 숙청을 자행했다. 이 기간에 소비에트 인민 수백만 명이 '인민의 적'이라는 낙인이 찍혀 처형되거나 굴라크로 보내졌다. 숙청은 무차별하게 진행되었고, 스탈린의 권력에 대항하는 자는 누구라도 피해 갈 수 없었다. 식자층, 전문가 집단, 과학자, 지식 계급, 대부분의 최고위급 장성들, 장교단의 상당수[7]가 숙청되었다. 2차 대전 중 히틀러가 소련을 침공했을 때 초반에 유리한 위치를 점할 수 있었던 이유는 이 숙청 기간에 수많은 군인이 희생된 영향이 컸다. 무딘 감정의 소유자였던 스탈린은 "한 사람의 죽음은 비극이나 수백만의 죽음은 통계에 불과하다"라는 말을 남기기도 했다.

동양의 변화

20세기 초 유럽에서 중요한 변화가 일어나는 동안 아시아에도 중국과 일본을 중심으로 거대한 변화가 있었다. 중국은 표면적으로 지난 수백 년과 다를 바가 없어 보였지만, 내부에서는 외세와 황제의 지배에 대한 불만이 커져 가고 있었다. 1911년에는 청나라 황제가 폐위되면서 중국에서 황제가 다스린 2,000년

---

7) 여러 추정치에 따르면, 숙청 기간 중 1만 5,000명의 장교들이 처형당했다.

의 역사도 막을 내렸다. 공식적으로 중화민국이 들어섰으나 실제로는 군벌이 득세하다가, 1926년 장제스(蔣介石)가 이끄는 민족주의자들의 국민당이 군벌을 몰아내고 통일을 이뤘다.

국민당은 군대를 조직하고 무기를 구입하기 위한 자금이 필요했는데, 당시 지원할 의사를 가진 나라가 소련밖에 없었다. 소련은 국민당이 공산당과 합작하는 조건으로 자금 지원을 약속했다. 중국에서는 1919년 소련의 감시 아래 공산당이 설립된 바 있었다. 그러나 공산주의에 강한 반대 입장을 취해 왔던 장제스는 나라를 통일한 직후 수만 명의 공산당원들을 숙청했다.

그럼에도 공산주의자들은 빈부 격차가 심한 도시 지역을 중심으로 부활하는 데 성공했다. 그러나 1934년 국민당의 군사작전에 휘말려 9만 명에 달하는 당원들이 1만 2,000킬로미터를 후퇴하는 역사적인 '대장정' 길에 올랐다. 바로 이 기간에 마오쩌둥(毛澤東)이 공산주의자들 사이에서 독보적인 지도자로 두각을 나타냈다. 대장정 중에 공산당원의 3분의 1이 사망하면서 국민당은 공산주의 위협을 제거하는 데 거의 성공한 듯 보였다. 만일 중국 앞에 일본이라는 더 커다란 위협이 나타나지 않았다면 국민당의 계획은 완벽하게 성공했을지 모른다.

전쟁에 빠져든 동양 1931~1945년

일본은 20세기 초 청일전쟁과 러일전쟁에서 승리한 이래 중국 동북부에서 경제적 지배력을 행사해 왔다. 일본은 경제가 빠르게 성장한 데다 1차 대전에서 연합국에 속했던 덕분에 베르사유에서 주요 열강으로서 권리를 주장하게 되었다. 패전국 독일을 희생시켜 배상이 이루어진 베르사유 조약에서 일본은 앞서 중국에서 차지했던 영토의 권리를 인정받았다.

일본은 1920년대에 중국 북부에서 세력을 확장했는데, 차지한 영토를 지키고자 점점 더 잔악한 군사 행동을 취했다. 일본이 만주를 넘본 이유는 자국의 인구가 증가하여 일본 열도의 경작지로는 식량 조달이 제한적이라는 점, 힘이 없고 인구밀도가 낮으며 지리적으로도 가까운 이 중국 땅에서 천연자원을 확보할 수 있다는 점 때문이었다. 특히 일본은 강한 군사력을 갖추면서 만주에서 일어나는 반란을 진압할 수 있다는 자신감이 있었다. 그러나 대공황의 여파로 일본의 무역도 타격을 입었고, 수입한 식량의 대금 결제도 어려워졌다. 서양 정부들의 보호주의 무역 정책은 일본의 상황을 더욱 악화시키면서 군벌의 영향력을 키우는 결과로 이어졌다.

1931년 12월 일본군은 민족주의 시위가 빈번해지고 반일본 감정이 대두한다는 점을 구실로 삼아 만주를 점령해 버렸다. 일

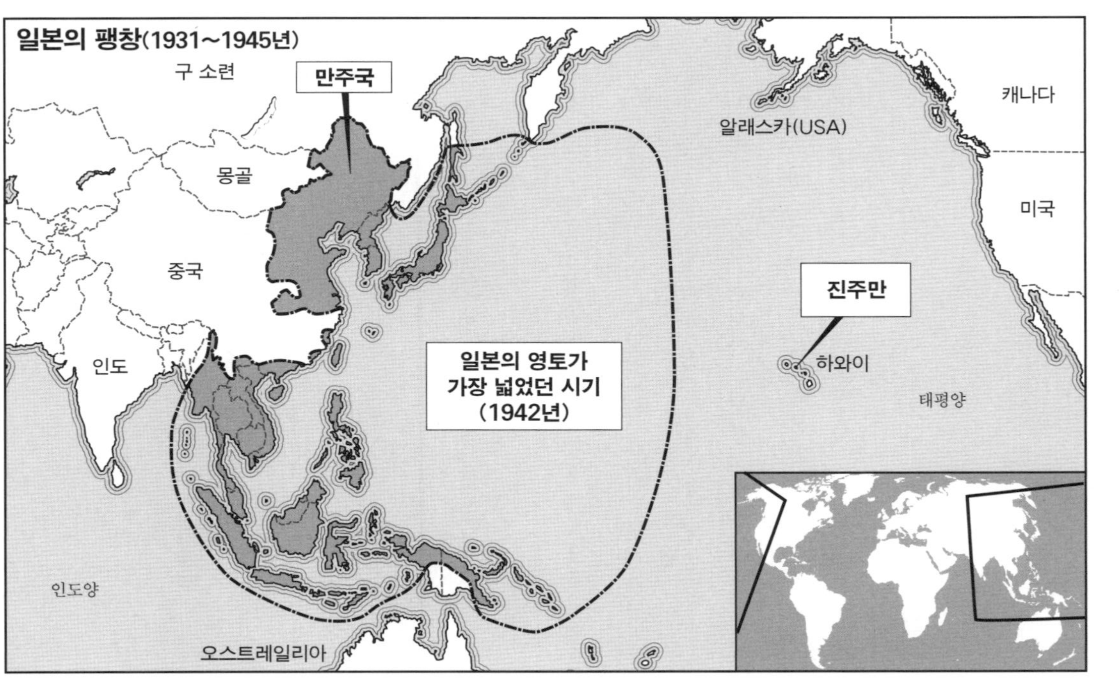

일본은 20세기 초 청일전쟁과 러일전쟁에서 승리한 이래 중국 동북부에서 경제적 지배력을 행사해 왔으며, 1920년대에는 중국 북부에서 세력을 확장했다. 1931년 12월 일본군은 민족주의 시위가 빈번해지고 반일본 감정이 대두한다는 점을 구실로 만주를 점령한 뒤 '만주국'이라고 이름 붙였다. 1937년 7월 일본은 전면적인 중국 침략을 단행했다. 아시아에서 벌어진 2차 세계대전이었다. 일본은 유례없이 잔인한 만행을 저지르며 5개월 만에 중국 해안 지역의 절반을 점령하고, 12월 난징 시에 진입했다. 일본은 (일본, 만주국, 중국, 동남아시아로 이루어진) 대동아 지역이 자국의 지도력 아래 정치적·경제적으로 통합되어야 한다고 주장했다.

본은 중국의 옛 황제를 수반으로 하는 괴뢰정부를 세운 후 이 지역을 '만주국'이라고 이름 붙였다. 히틀러가 독일이 동쪽에 '생활권'을 마련해야 한다고 역설하는 동안, 일본은 중국에서 생활권의 확보를 실천에 옮긴 셈이었다. 위대한 나라가 되려면 반드시 자급자족을 이뤄야 한다고 믿은 일본 정부는 영토를 확대하고 천연자원을 확보하는 데 의문의 여지가 없었다. 게다가 일본은 만주에 막대한 투자를 해 왔기 때문에 그것을 포기할 수도 없었다. 대공황의 여파로 나락에 빠져 있던 서구 열강들은 무력한 국제연맹을 통해 일본을 비난하는 것 말고는 취할 수 있는 대책이 없었다. 비난을 당한 일본은 만주를 떠나기는커녕 연맹에서 탈퇴했다.

많은 중국인들은 분노했고, 일본에 항거하지 않는 정부의 태도에 수치심을 느꼈다. 장제스는 아직 중국이 일본이라는 군사 대국과 싸우기에 역부족이라는 사실을 잘 알고 있었으므로, 일단은 공산주의자들을 몰아낸 후에 일본과 싸우려 했다. 그러나 휘하 장군들이 압박을 가하자 결국 공산주의자들과 불안한 휴전을 맺고 합작하여 일본에 맞설 수밖에 없었다.[8]

1937년 7월 일본은 중국과 벌어진 군사적 충돌을 구실로

---

8) 휴전은 1941년 국민당이 공산당을 공격하면서 깨졌다.

전면적인 중국 침략을 단행했다. 중국과 일본 사이에 벌어진 두 번째 전쟁이자 아시아에서 벌어진 2차 세계대전이었다. 일본은 손쉽게 중국을 제압했고, 유례없이 잔인한 만행을 저지르며 5개월 만에 중국 해안 지역의 절반을 점령했다. 1937년 12월 일본군은 난징 시에 진입하여 남녀노소 가리지 않고 30만 명을 학살하고 강간하는 끔찍한 악행을 저질렀다. 수년 후 나치가 벌인 무자비한 행동에 버금가는 수준이었다. 무엇보다 일본군은 중국인들을 철저히 무시하고 경멸적으로 대했다.

일본은 (일본, 만주국, 중국, 동남아시아로 이루어진) 대동아 지역이 자국의 지도력 아래 정치적·경제적으로 통합되어야 한다고 주장했고, 수백만 명의 중국인은 공포의 일본군을 피해 내륙으로 도망쳤다. 그러나 일본은 이내 문제에 봉착했다. 3개월 안에 끝날 것으로 예상했던 중국과의 전쟁이 교착 상태에 빠졌고, 중국의 질서를 유지하기 위해 더 많은 군대를 주둔시킬 필요성이 생겼던 것이다. 중국이 일본에 제공하는 것보다 더 많은 자원이 중국으로 빨려 들어가자 자원이 빈약했던 일본은 서양의 보급품에 기댈 수밖에 없었다.

2차 세계대전 1939~1945년

유럽에서는 독일 국민들의 고난이 계속되는 가운데 유럽

대중 사이에서는 공산주의자들에 대한 두려움이 만연해 있었다. 아돌프 히틀러의 국가사회당(나치당)은 모두에게 일자리를 약속하면서 1930년 실시된 일반 투표에서 18퍼센트를 득표했다. 3년 후 히틀러는 독일 수상으로 취임했고, 1934년에는 절대 권력을 장악했다. 바야흐로 '천년제국'의 막이 올랐다. 이후 수 년 동안 히틀러는 자신의 권력에 도전하는 자는 모두 제거하여 정적들을 공포에 떨게 만들었다. 또한 독일을 재무장시켜 베르사유 조약을 정면으로 위반했다. 1936년 스페인에서는 구세력이 공산주의자들과 사회주의자들의 연합에 대항하여 쿠데타를 일으키면서 내전이 일어났다.[9] 히틀러는 3년간 지속된 스페인의 내전을 독일 병력을 시험하는 계기로 활용했다.

1938년 히틀러는 독일어를 쓰는 오스트리아와 체코슬로바키아의 수데텐란트(Sudetenland)를 합병했다. 미처 전쟁 준비가 되어 있지 않았던 영국과 프랑스는 일본의 만주 침략을 묵인했듯이 평화를 유지하는 조건으로 독일의 합병을 용인했다. 다만 긴장 상황에 놓인 폴란드에는 독일이 침략할 경우 방어해 주겠다는 약속을 했다. 그러나 이미 히틀러는 세계 지배의 계획을 굳힌 후였다. 1차적으로는 폴란드와 프랑스를 공격하여 1차 세

9) 구질서를 대표하던 프란시스코 프랑코(Francisco Franco) 장군은 독재자가 되어 1975년 사망할 때까지 스페인을 통치했다.

계대전 이전의 독일 영토를 회복하고 소련을 침공할 계획이었다. 하지만 독일은 전략의 실행 가능성을 높이는 한편 프랑스를 공격하는 동안 동부전선의 안정성을 확보하기 위해 일단 소련과 상호 불가침 조약을 체결했다. 이 조약 아래서 독일과 소련은 서로를 공격하지 않을 뿐만 아니라 폴란드를 분할 통치하기로 합의했다.

1939년 9월 1일 히틀러는 폴란드를 침략했다. 이에 폴란드에 영토 보존을 약속했던 영국이 독일에 전쟁을 선포했고 다른 나라들도 가세했다. 몇 주 후에는 소련이 동쪽 방향에서 폴란드를 공격했고, 핀란드와 발트 해 지역을 합병했다.

카틴 숲 대학살 1940년

러시아와 독일은 폴란드를 침략하여 수많은 폴란드인 전쟁 포로들을 사로잡았다. 포로 중 다수가 굶주림과 질병으로 사망했고, 나머지 수백만 명은 강제 노동 수용소에서 죽었다. 1940년 스탈린의 지시로 2만 1,857명의 전쟁 포로가 처형당했는데, 이 사건은 처형이 집행된 러시아의 숲 이름을 따서 '카틴' 대학살로 알려져 있다. 사망자는 주로 군인이었으나 대학 교수, 의사, 변호사들도 포함되어 있었다. 소련의 바실리 블로킨(Vassiliy Blokhin) 소장은 7,000명에 달하는 포로들을 직접 쏘아 죽였는데, 처형에 실수가 없도록 독일제 권총을 사용한 것으로 알려져 있다. 독일인들이 1943년 러시아를 침공한 당시 대규모 무덤을 발견하면서 대학살이 세상에 알려지게 되었다. 당시 소련은 오히려 대학살의 주범으로 독일을 비난했지만, 1990년에 만행을 자인했다.

1940년 4월 히틀러는 유럽을 대대적으로 공격하기 시작했다. 덴마크, 노르웨이, 벨기에, 룩셈부르크와 네덜란드가 불과 수주일 안에 항복했고 프랑스도 마찬가지였다. 22만 5,000명가량의 영국군과 11만 명의 프랑스군은 됭케르크 항을 통해 필사적으로 후퇴했고, 2주 후인 6월 14일 히틀러는 당당하게 프랑스에 입성했다. 이후 프랑스는 둘로 분단되어, 적과 협력한 비시(Vichy) 정부가 프랑스 남부와 동부를 지배했고, 독일이 북부와 서부를 통치했다.

프랑스를 손에 넣은 히틀러는 영국을 항복시키기 위해 폭탄을 투하하고 침공할 계획을 세웠다. 영국은 독일의 덴마크 침공 직후 수상에 취임한 윈스턴 처칠(Winston Churchill)이 눈부신 지도력을 발휘한 데다 영국 본토 항공전에서 활약한 스피트파이어(Spitfire)와 허리케인(Hurricane)의 정예 조종사들이 용감하게 싸운 덕분에 가까스로 위기를 모면했다. 히틀러는 영국 침략의 계획을 접을 수밖에 없었다.

이탈리아의 무솔리니는 독일의 성공에 힘입어 지중해와 발칸 지역에 제국을 세우려는 야망을 품었다. 그리고 6월에 영국 및 프랑스에 선전포고를 했으며, 9월과 10월에는 각각 이집트와 그리스를 침공했다. 아울러 일본 및 독일과는 세계를 재분배하는 군사 협정인 3국 동맹을 체결했다.[10] 그러나 자신만의 군사 작전을 고집한 이탈리아는 침략 전쟁에서 낭패를 보았고, 독일 국방군(Wehrmacht)이 무솔리니의 군대를 구출해 내기에 이르렀다. 이탈리아가 침략하려던 지역은 원유가 매장되어 있어 독일에게도 전략적으로 중요한 의미가 있었기 때문에, 히틀러는 연합국이 이곳을 차지하도록 두고 볼 수가 없었던 것이다. 그리스는 이내 항복했지만, 북아프리카에서는 1943년 5월까지 전투가 이어졌다. 그런데 독일이 그리스를 침략하는 과정에서 소련을 공격하려는 계획이 3개월 지체되었다. 문제는 이 기간 동안 러시아에 혹독한 겨울이 찾아와 독일군이 진군하는 데 심각한 장애가 되었다는 것이다. 독일에게 이 3개월은 매우 중요한 의미가 있었던 셈이다.

유럽 대부분 지역이 독일의 손아귀에 들어간 가운데 히틀러는 1941년 6월에 러시아를 굴복시키기 위해 바르바로사 작전을 개시했다. 히틀러는 그저 문만 걷어차면 "완전히 썩어 버린 구조를 무너뜨릴 수 있다"고 믿고, 러시아와 맺은 상호 불가침 조약을 가볍게 무시했다. 무려 300만 군사를 이끌고 소련을 침공했는데, 이는 역사상 최대 규모의 군사작전이었다.

---

10) 독일, 일본, 이탈리아는 추축국(Axis powers)으로 영국, 소련, 미국, 중국 등으로 구성된 연합국에 맞서 싸웠다.

사실 스탈린도 독일이 침공할 것이라는 경고를 여러 차례 받은 바 있었으나 허위 정보전쯤으로 치부하고 무시했다. 게다가 러시아 국경에 독일군이 집결하고 있음이 분명한데도 스탈린은 전혀 의외의 반응을 보였다. 그리고 실제로 독일이 쳐들어오자 너무나 큰 충격에 빠진 나머지 일주일 동안 머뭇거렸다. 휘하 장군들이 이제는 군사 행동에 나서야 한다며 다급하게 간청하자 마지못해 따르는 정도였다. 이미 스탈린의 장교단과 장군들이 대부분 숙청당한 상황이었기 때문에 스탈린이 승낙하지 않으면 누구도 선뜻 의사 결정을 내리려고 하지 않았다. 심지어 전선에서는 구체적인 발포 명령이 내려지지 않으면 대응 사격을 하기까지 몇 시간을 기다리는 일도 있었다. 그 결과 불과 수주 일 만에 대규모의 소비에트 군인들이 포로로 잡혔고, 이들 대부분은 굶주림과 질병으로 목숨을 잃었다.

히틀러는 닷새 만에 300킬로미터 이상을 이동하며 가공할 만한 속도로 진군했다. 또한 독일 공군(Luftwaffe)은 공습 이틀 만에 2,000대의 소련 항공기를 격추시킨 것으로 전해졌다. 현장에서 스탈린이 상황을 제대로 파악하지 못하는 무능함을 보인 데다 지휘관들의 조언마저 묵살하면서, 6개월간 소련군은 거듭 뼈아픈 패배를 맛봐야 했다.

우크라이나인들은 독일군이 스탈린의 공포에서 벗어나게

해 줄 해방자라며 환영했다. 그러나 독일군은 점령지에서 받은 호의를 잔인하게 짓밟았다. 유대인들을 한데 모아 총살하고 여성들은 강간했으며, 마을을 불태우고 시민들을 처형했다. 사실 많은 우크라이나인들 입장에서는 소련 압제자들이나 독일 침략군이나 다를 바가 없었다.

동양의 전쟁

히틀러의 군대는 1941년 12월 모스크바 외곽에 당도했다. 그러나 소련군이 결연히 저항하기 시작하여 가로막힌 데다 혹독한 겨울이 찾아오면서 진군에 어려움을 겪었다. 독일군의 기세가 꺾이기 시작하자 이제 세계의 관심은 동양으로 옮겨 갔다. 일본은 '자위를 위한 전쟁'이라면서 하와이의 미국 해군기지인 진주만을 공격했고, 공습으로 2,200명의 미국인이 사망했다. 이에 앞서 미국은 중국과 태평양에서 펼쳐지는 일본의 제국주의를 군사적 위협으로 인식하고, 1941년 7월 석유와 철강 및 고무의 일본 수출을 금지하는 한편 일본인들의 자산도 동결했다. 일본에서는 군벌의 영향력이 더욱 강해진 상황이었고, 자원이 부족하자 자국이 아시아의 대국으로 올라서려는 노력을 미국이 가로막고 있다고 판단했다. 전쟁을 갈망하던 군벌은 석유가 풍부한 동인도 제도를 점령하는 것이 유일한 돌파구라고 보았다.

이 지역에는 미국의 태평양 함대와 영국군 일부만 주둔하고 있었다.

일본이 진주만을 공격한 이튿날 미국의 프랭클린 루즈벨트(Franklin Roosevelt) 대통령은 즉각 전쟁에 돌입했다. 그전까지 미국은 연합국을 지원하기는 했어도 전쟁과 거리를 두면서 고립주의 정책을 취해 왔다. 그러나 미국이 2차 대전에 뛰어들면서 연합국에 자원을 제공했고, 이는 1차 대전과 마찬가지로 전체 전쟁의 판도를 변화시키기에 충분했다. 한편 일본은 12월 중순까지 동남아시아의 상당 지역을 점령했다. 일본은 중국을 정복하고 나아가 동아시아 전체를 통일하기 위해 미국에게서 필리핀을, 네덜란드에게서 인도네시아를, 영국에게서 버마와 싱가포르 및 말라야를 빼앗았다.

유럽에서 독일이 그랬듯 동양에서는 일본이 순식간에 연승을 거두었고, 일본군은 독일군 못지않은 만행들을 저질렀다. 일본군은 모든 점령지에서 주민을 학살하고 강제 노동에 동원했다. 죽음의 행군에서는 수백만 명의 포로들이 사망했다. 주로 중국인, 인도네시아인, 조선인, 필리핀인들이 희생되었으나 일부 서양의 전쟁 포로들도 포함되었는데, 일본군은 투항한 이들을 특히 멸시했다.

1941년 미국이 2차 대전에 뛰어들고 이듬해 여름 미드웨이에서 일본 해군에 승리를 거두는 동안, 독일은 러시아에서 계속 진군하여 캅카스의 석유 공급을 위협했다. 처칠 수상은 히틀러가 소련을 점령하면 유럽 대륙 전체가 독일의 손아귀에 들어가 영국의 자유까지 위협하지 않을까 우려했다. 그래서 처칠은 소련을 완전히 신뢰하지 않았음에도 일단 도와주기로 합의했다.

1943년에야 전쟁은 연합국에 유리하게 전개되었다. 연합국 편으로 전세가 역전된 가장 중요한 계기는 독일이 스탈린그라드(오늘날 볼고그라드)에서 패하면서 마련되었다. 육상전으로는 역사상 최대 규모로 기록된 이 전투에서 총 100만 명 이상이 사망했고[11], 히틀러의 군대는 처음으로 쓴 패배를 맛보았다. 히틀러가 퇴각 명령을 내리기를 거부하면서 독일 제6군 전체가 포위되어 항복했다. 북아프리카에서는 사막을 넘나드는 공방전이 오랫동안 이어진 끝에 1943년 5월 연합국이 독일과 이탈리아를 몰아내는 데 성공했다.

승기를 잡은 연합국은 그해 여름 이탈리아 남부를 통해 유럽 본토를 탈환하는 데 나섰다. 이탈리아인들은 즉각 무솔리니를 축출하고 1943년 10월 연합국 편에 가담했다. 무솔리니는 체포되어 감금되었으나 독일 친위대 특공대가 구출했다. 한편

11) 독일의 전쟁 사상자 가운데 75퍼센트가 동부전선에서 발생했다.

이탈리아에서는 정권 교체가 단행되었고, 1943년 10월 독일에 전쟁을 선포했다. 1944년 6월 연합국은 노르망디 해안을 통해 프랑스 북부를 침공하는 대대적인 노르망디 상륙 작전(D-Day)을 전개했다.

추축국은 아르덴 숲을 통해 서부전선에서 반격을 하려다가 무위로 돌아간 벌지 전투를 비롯하여 몇 차례 더 공격에 나서기는 했다. 그러나 이미 독일의 운이 다한 상황이었다. 유럽에서는 종전을 앞둔 마지막 몇 달 동안 연합국과 러시아 사이에서 베를린을 놓고 경쟁이 벌어졌다. 러시아인들은 야만적인 군사작전을 수행하며 독일 시민들을 극도로 잔혹하게 대한 것으로 악명이 높았다. 1945년 4월 30일 무솔리니가 사로잡혀 교수형에 처해졌고, 이틀 뒤 히틀러도 자살했다. 일주일 후 독일은 항복했고, 유럽은 그 이튿날을 유럽 전승의 날(Victory in Europe)로 기념하고 있다.

유럽에서는 전쟁이 끝났지만 아시아에서는 아직 한창이었다. 미국인들은 태평양에서 주도권을 잡고 점차 일본을 압박하여 섬을 하나씩 탈환했다. 양측 모두 심각한 피해를 입었다. 연합국은 소련에게 영토를 주는 대신 일본과 맞서 싸우는 전투에 동참하도록 설득했다. 7월 미국인들은 일본 열도 최남단의 오키나와 섬을 침공했다. 일본 본토 침략이 임박했을 때 미국은 양측 모두에 막대한 사상자가 발생할 것을 예상하고, 무조건적인 항복을 요구하면서 이에 응하지 않을 경우 파괴가 있을 것이라고 경고했다. 예상대로 일본이 항복하기를 거절하자, 미국은 1945년 8월 6일과 9일에 각각 히로시마와 나가사키에 원자폭탄을 투하했다. 같은 달 14일 일본 천황은 무조건 항복을 선언했다.

전쟁 후

2차 대전으로 6,000만 명에 달하는 사망자가 발생했고, 역사상 처음으로 민간인 사망자가 군 사망자보다 더 많았다. 소련의 손실이 가장 커서 2,000만 명이 사망했고[12], 폴란드는 인구의 16퍼센트가 사망하여 전체 인구 중 사망자 비율이 가장 높았다. 폴란드의 사망자에는 300만 명의 유대인이 포함되어 있었는데, 2차 대전 중 사망한 유대인은 총 600만 명에 달했다.

스탈린 정권의 공포정치가 세상에 드러나기까지는 오랜 시간이 걸렸지만, 일본의 악행은 이미 잘 알려져 있었다. 여기에 나치의 강제 수용소와 죽음의 수용소의 실상이 드러나면서 세계인은 충격에 빠졌다. 주로 유대인이 수용소에 수감되었지만

12) 1941년 9월에서 1944년 1월까지 레닌그라드가 포위된 900일 동안에만 75만 명가량의 러시아인들이 목숨을 잃었다.

슬라브인들과 집시, 정신 질환자, 동성애자들도 수용소에 보내져 가스실에서 죽음을 맞이하거나 탈진과 기아 또는 체온 저하로 목숨을 잃었다. 1948년 국제연합(UN)[13]이 팔레스타인의 영토에 이스라엘 유대인 국가를 설립하도록 만든 데는 이러한 공포가 큰 기여를 했다.

연합국이 일본을 점령하면서 일본은 역사상 처음으로 외세에 본토를 내주게 되었다. 또한 다시는 군대를 보유할 수 없게 되었다. 기존에 보유하고 있던 군수품은 파기되었으며, 전쟁 산업은 민간 용도로 전환되었다. 또한 해외의 영토도 모두 잃었는데, 만주가 중국에 반환되고 한국은 미국과 소련이 분할하여 통치했다. 일본 천황은 가까스로 처형을 면했다. 천황이 일본을 점령한 연합국에 협조하는 모습을 보이면 통치가 용이하리라는 미국의 판단에 따른 것이었다. 다만 천황은 모든 정치적 권력을 박탈당했다. 천황과 달리 다른 군벌들은 운이 다하여 신속한 전범 재판 이후 처형되었다. 일본은 미국의 통치를 받다가 1952년 의회제 민주주의를 채택했다.

---

13) 국제연합은 2차 세계대전 후 분쟁을 평화적으로 조정하려는 목적에서 1945년 6월 설립되었다. 모든 주요 의사 결정은 미국, 소련, 영국, 프랑스, 중국으로 구성된 승전국들이 내린다.

아랍-이스라엘 갈등

1948년 이스라엘 유대 국가가 건국되자 시리아, 이집트, 이라크, 레바논 등 아랍 국가들은 합동으로 이스라엘을 공격했다. 그러나 전세가 역전되어 오히려 이스라엘이 영토를 3분의 1이나 더 확장하는 결과를 낳았다. 이 전쟁에서 50만 명의 팔레스타인인들이 강제로 쫓겨나거나 공포에 휩싸여 도망쳤는데, 이를 아라비아어로 재앙을 뜻하는 '나크바(Nakba)'라고도 부른다. 결국 UN이 팔레스타인을 분할하여 유대 국가를 세운 계획은 끔찍한 실패였음이 드러났다. 또한 1967년과 1973년의 아랍-이스라엘 전쟁을 비롯하여 중동 지역에서 갈등이 반복되는 단초를 제공했다. 특히 1973년의 전쟁은 전 세계적인 유가 폭등으로 이어져 심각한 경제 침체를 불러왔다.

팔레스타인 난민 문제는 지금도 해결되지 않아, 400만 명의 난민들이 세계 도처에 흩어져 고국으로 돌아가지 못하고 있다. 지난 수십 년 동안 전 세계에서 이슬람 테러 집단의 활동이 증가한 것은 팔레스타인과 이스라엘의 곤란한 문제를 해결하지 못하는 국제사회의 무기력함 때문이라고 보는 이들이 많다. 아랍 국가들과 새로 건국된 이스라엘의 갈등은 전후 상당 기간 동안 국제정치를 좌우해 왔으며, 미국은 과거나 지금이나 이스라엘을 지지하고 있다.

새로운 세계 질서

2차 세계대전이 종식되고 21세기가 도래하기까지 중요하고도 긴밀히 연결된 두 가지 주제가 세계 역사를 지배했다. 첫째, 서양의 자유민주주의와 공산주의 사이에 이념적인 냉전이 벌어지는 과정에서 세계의 중심은 유럽에서 미국과 소련으로 넘어갔다. 둘째, 열강의 식민지 국가들은 독립을 추진했다.

세계대전에서 파시즘과 나치즘은 패배한 반면 공산주의는 전 세계적으로 득세했다. 그러나 공산주의권이 이념 전파의 노력을 기울이는 과정에서 수백만 명이 사망했고, 세계는 핵전쟁으로 치달았다.

윈스턴 처칠은 2차 대전 중 본인의 의지와는 달리 스탈린과 협상을 했지만, 공산주의의 위험성을 제대로 인식하고 있던 몇 사람 중 하나였다. 이미 1946년 처칠은 '철의 장막'이 유럽 대륙에 드리워질 것으로 경고하면서, 서양의 열강들이 자유의 적인 공산주의를 막아야 한다고 강변했다. 소련은 2차 대전 중 동유럽의 많은 지역을 지배하게 되면서 어떠한 반대도 잔혹하게 억누르는 괴뢰정권을 수립했다. 소련 내부적으로도 편집증적인 스탈린의 통제가 강화되면서 공포가 수그러들지 않았다. 그는 귀환한 전쟁 포로를 강제로 노동 수용소에 보내는가 하면, 소련의 유대인을 강제 추방하고 숙청을 계속해 나갔다.

미국은 고립주의 정책을 완화하고 마셜플랜을 통해 서유럽의 경제 재건을 도왔다. (오늘날 1,000억 달러에 준하는) 125억 달러를 6년에 걸쳐 지원하며 이 지역의 경제를 부흥시켰다. 그러자 불만을 품은 소련이 1948년 베를린을 봉쇄하려는 시도를 했고, 이는 2차 대전 중에 구축된 양 진영의 신뢰를 일거에 무너뜨렸다. 서양의 열강은 새로운 상황에 대처하고자 1949년 북대서양조약기구(NATO)라는 군사 방어 동맹을 맺었다. 이에 동유럽 진영도 1955년 NATO 격의 바르샤바 조약기구를 설립했다. 양 진영은 자기 이익을 보호하기 위해 군비경쟁을 벌였다.

미국과 소련이라는 새로운 강대국은 서로를 직접 공격할 수도, 그럴 의사도 없었다. 대신 자국의 영향력을 확대하기 위해 우방을 지원하는 전략을 취했고, 이러한 지원의 결과 중국, 한국, 베트남에서는 군사적 충돌이 빚어졌다.

역설적이게도 2차 대전의 침략국인 일본과 독일은 한때 국가가 완전히 붕괴하기 직전까지 갔지만, 결국에는 전후 시대의 최종적인 승자가 되었다. 군사비 지출이 금지된 덕분에 두 나라는 산업에 투자하고 인프라를 재건하여 경제를 일으킨 것이다. 1950년대 독일은 빠른 속도로 경제 성장을 이뤄 '경제 기적(wirtschaftswunder)'으로 불렸고, 유럽의 경제 대국으로 올라섰다.

한편 전후 미국은 중국에서 성장하는 공산주의 세력을 견제하기 위해 극동 지역에 동맹국을 필요로 했다. 미국의 투자로 일본은 빠르게 성장하여 21세기 들어 중국에 추월당하기 전까지 세계 2위 경제 대국의 자리를 지켰다.

중국의 혁명 1949년

일본이 세계대전에서 패전한 직후, 중국에서는 소련의 지원을 받는 공산당과 미국의 지원을 받는 국민당 사이에 내전이 재개되었다. 초반에는 국민당이 우세했으나 공산당이 전세를 뒤집어, 장제스 총통은 1949년 1월 하야했다. 장제스는 200만 명의 중국인들과 함께 타이완 섬으로 건너가 중국의 임시 수도를 설립했다. 수십 년 동안 대다수의 서양 국가들은 장제스의 국민당 정부를 중국의 합법적 정부로 인정했다.

본토에서는 1949년 10월 마오쩌둥 주석이 "중국의 인민들이 우뚝 일어섰다"면서 (타이완의) 중화민국에 맞서는 중화인민공화국의 건국을 선언했다. 몇 달 후 중국과 소련은 중소 우호동맹조약을 체결했다. 이제 지구 땅덩어리의 절반 가까이가 공산주의의 지배를 받게 되었고, 중국은 세계 최대의 공산주의 국가로 올라섰다.

중국에서 권력을 잡은 공산주의자들은 북한의 공산당이 민주주의 남한을 침략한 전쟁을 지원했다. 1953년까지 이어진 한국 전쟁에서 400만 명의 사망자가 발생했고, 한국은 서양 세계의 지원 덕분에 가까스로 영토를 지켜 낼 수 있었다. 약 10년 후 중국은 북베트남의 공산주의자들이 남베트남을 통일하기 위해 전쟁을 벌일 때에도 막대한 지원을 했다.

스탈린 격하와 우주 경쟁

러시아에서는 1953년 스탈린이 사망하면서 오랜 공포정치가 막을 내렸다. 스탈린은 뇌졸중으로 쓰러진 뒤 몇 시간 동안 처치를 받지 못했다. 그 배경으로는 누구도 스탈린을 방해하는 위험을 무릅쓰고 싶지 않았을 것이라는 해석과 함께 고의적으로 방치했을 가능성도 제기되었다.

스탈린의 뒤를 이은 니키타 흐루쇼프(Nikita Khrushchev)는 스탈린의 사망 3년 후 그의 독재정치에 대해 점차 공개적으로 비판하면서, 그간 자행되었던 범죄들을 비난했다. 또한 많은 정치범들을 석방했다. 흐루쇼프는 막대한 국방비를 쓰는 대신 경제를 발전시키기 위해 서양과 '평화적 공존' 정책을 추구했다. 동유럽의 위성국가들은 소련의 정책을 환영했으나, 해빙의 분위기는 오래가지 못했다. 헝가리가 다당제를 도입하고 1956년 바르샤바 조약의 탈퇴를 시도하자, 소련군이 헝가리를 침공한 것이다.

독일에서는 동독 주민들이 서독으로 탈출하는 것을 막기

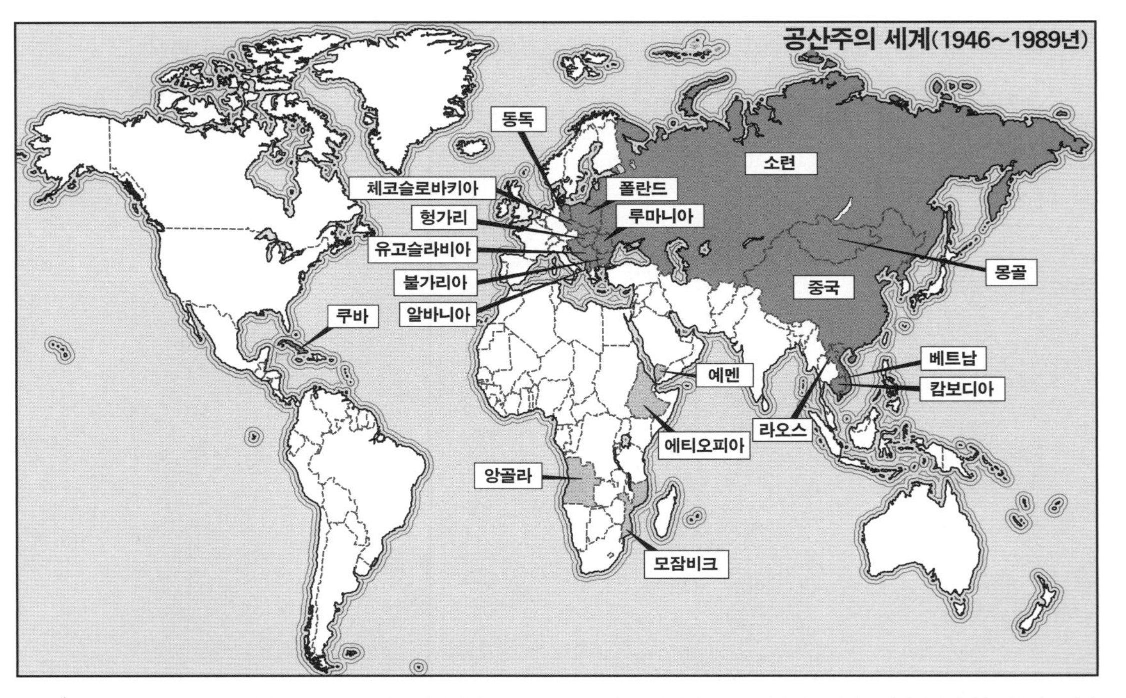

세계대전에서 파시즘과 나치즘은 패배한 반면 공산주의는 전 세계적으로 득세했다. 소련은 2차 대전 중 동유럽의 많은 지역을 지배하게 되었다. 미국과 소련이라는 새로운 강대국은 자국의 영향력을 확대하기 위해 우방을 지원하는 전략을 취했고, 이러한 지원의 결과 중국, 한국, 베트남에서는 군사적 충돌이 빚어졌다. 중국에서는 소련의 지원을 받는 공산당과 미국의 지원을 받는 국민당 사이에 내전이 재개되어 장제스가 하야하고, 1949년 마오쩌둥이 중화인민공화국의 건국을 선언했다. 몇 달 후 중국과 소련은 중소 우호동맹조약을 체결함으로써 지구 땅덩어리의 절반 가까이가 공산주의의 지배를 받게 되었다.

위해 1961년 베를린 장벽이 설치되었다. 이후 수십 년간 5,000명 가량의 동독 주민들이 서독으로 탈출하는 데 성공했지만, 170명 이상은 총살당했다. 1968년 체코슬로바키아가 일부 국민들의 해외여행을 허용하자, 개혁에 반대한 소련은 체코슬로바키아를 침공했다.

1957년 소련이 세계 최초의 위성인 스푸트니크 1호를 발사했을 때 미국은 충격에 휩싸였다. 위성의 발사는 곧 소련이 동일한 기술을 활용해 미국을 타격할 수 있음을 시사하기 때문이었다. 양국 간 우주 경쟁의 막이 올랐다. 소련은 1961년 최초로 우주인(유리 가가린)을 우주에 보내는 데 성공했고[14], 8년 뒤인 1969년 7월 미국은 인류 최초로 달 착륙에 성공했다(닐 암스트롱과 버즈 올드린). 라이트 형제가 최초로 비행을 한 지 불과 66년 만에 거둔 쾌거였다.

가가린의 임무 수행 후 두 진영 간 긴장이 고조되었다. 1962년에 흐루쇼프가 쿠바에 핵미사일을 설치하려고 시도하면서 세계가 핵전쟁의 위기에 몰렸다. '쿠바 미사일 위기'는 미국의 존 F. 케네디(John F. Kennedy) 대통령이 소련이 쿠바에서 미사일을 제거하는 대가로 미국도 터키에서 (구식) 미사일을 철수

14) 소련은 한 달 후 개를 우주선에 태워 우주로 보냈다.

한다는 데 합의하면서 가까스로 해결되었다.

스푸트니크 발사 이후 흐루쇼프는 소련이 15년 안에 경제 생산 측면에서 미국을 추월할 것이라고 공언했다. 세계에서 가장 비극적인 사건 가운데 하나는 소련과 늘 경쟁하면서 '체면을 잃지 않으려고' 노심초사했던 마오쩌둥이 소련을 따라 하기로 결정한 것이었다.

중국의 대약진 운동 1958~1962년

스푸트니크 1호 발사 이후 모스크바에서 돌아온 마오쩌둥은 소련에 뒤지지 않으려고 중국이 영국의 경제 생산을 15년 안에 따라잡고 궁극적으로는 추월하겠다고 선언했다. 이른바 '대약진 운동'이다. 마오쩌둥의 선언은 중국 역사상 최악의 재앙에 가까웠고, 수천만의 중국인이 아사하는 결과로 이어졌다.[15]

마오쩌둥은 1930년대 초 스탈린이 추진했던 5개년 계획 때문에 수백만 명의 러시아인과 우크라이나인이 사망했던 끔찍한 고통을 무시하고 신속한 산업화와 집산화를 추진했다. 달성 불가능한 목표를 추진하기 위해 전 국민이 뒷마당에 용광로를 설치하는 데 매달렸다. 철강을 생산하려고 솥, 냄비, 농기구 같

15) 프랭크 디쾨터(Frank Dikötter)는 『마오의 대기근(Mao's Great Famine)』에서 4,500만 명가량이 사망한 것으로 추산했다.

은 쇠붙이들이 모두 동원되었지만, 이렇게 생산된 철강의 품질은 늘 미심쩍었다. 용광로를 가동하기 위해 삼림이 벌채되고 가옥이 파괴되었다. 수백만 명의 인민들이 집산화된 농장의 공동체로 내몰렸으며, 또 다른 수백만 명은 실패에 가까웠던 전국적 규모의 관개 사업에 동원되었다.

여러 사업을 추진하다 보니 농촌에서는 작물을 재배하고 거둘 일손이 부족해졌다. 반면 생산 목표치가 계속 높아지면서 목표 달성은 점점 요원해졌다. 그러자 농민들은 생산한 곡물의 무게를 부풀리기 위해 물로 쌀겨를 불렸는데, 곡물을 모으는 기반 시설이 형편없다 보니 곡식이 썩기도 했다. 게다가 중국 정부는 가뜩이나 부족한 곡식을 대량으로 수출하기까지 했다. 해외에서 기계를 구입하는 데 쓸 뿐만 아니라, 내부의 대규모 곡물 부족 사태를 숨기고 공산주의 낙원의 달성이 임박했음을 알리기 위한 위장이었다. 또한 막대한 양의 곡물을 다른 공산주의 국가들에 기증하기도 했다.

공산당의 거대한 실수는 심각한 곡물 부족으로 이어져 중국 전역에서 집단 기아 사태가 발생했다. 수출되지 않고 남아 있던 가축이 인민과 함께 굶어 죽는 경우가 허다했다. 면화에도 수출 할당이 적용되다 보니 대다수의 인민이 넝마를 걸치고 근근이 살아갔다. 이처럼 문제가 명백했음에도 중국 공산당은 대약진 운동을 비판하면 스탈린 방식으로 감금하거나 처형했다. 스탈린이나 히틀러처럼 인간의 목숨을 경시했던 마오쩌둥은 “먹을 것이 충분치 않으면 사람은 굶어 죽는다. 그렇다면 절반이 죽어서 나머지 절반이 양껏 먹는 편이 낫다”고 일축했다.

마오쩌둥은 지금까지의 고통도 충분치 않다는 듯 1966년에는 권력을 강화하기 위해 문화 혁명을 실시했다. 청소년 혁명가 무리가 나라 곳곳을 다니며 ‘4구(四舊)’, 즉 낡은 관습, 낡은 습성, 낡은 문화와 낡은 사상을 공격했다. 낡은 권위주의적 인물들은 언어나 신체적으로 공격당했고, 공산당은 숙청되었다. 수백만의 ‘반혁명가’들이 전국 각지에 위치한 강제 노동 수용소로 보내졌다.

중국과 소련의 정치적·이념적 관계는 문화 대혁명 이전부터 악화되었다. 중국이 소련을 대신하여 세계 공산주의 운동의 이념적인 지도자로 올라서면서 양국의 관계는 금이 갔다. 스탈린은 마오쩌둥을 열등한 동생 정도로 취급했음에도 마오는 스탈린을 사상적으로나 정치적으로 지지했다. 그래서 흐루쇼프가 스탈린을 격하하고 공산주의와 자본주의의 평화로운 공존을 지지했을 때 마오는 우려를 나타냈다. 마오는 흐루쇼프의 행동이 마르크스주의를 배반한 것이며 전 세계를 공산화하는 투쟁에서 명백히 후퇴하는 행위라고 보았다. 1960년 소련은 대중국 원조를 철회했고(중소 분열), 1969년에는 국경에서 군사적 충돌까지 발생했다. 중소 관계는 마오쩌둥 사망 후 1980년대에야 회복되었다.

베트남과 캄보디아

한편 중국은 공산주의 체제의 북베트남에 상당한 지원을 했는데, 북베트남은 남베트남의 의지에 반하여 무력으로 베트남을 통일하려 했다. 남베트남에는 가톨릭교도와 비베트남계의 소수민이 거주했다. 베트남의 공산주의가 세계의 다른 지역으로 퍼질 것을 우려한 미국과 반공산주의 국가들은 민주주의 남베트남을 재정적으로나 군사적으로 지원했다. 8년 동안 이어진 미국의 대대적인 지원은 선전포고 없는 전면전으로 이어졌다. 1965년 미국의 린든 존슨(Lyndon Johnson) 대통령이 남베트남을 돕기 위해 50만 이상의 군사를 파병한 것이다. 베트남 전쟁은 미국이 휴전을 협상하고 1975년 철군할 때까지 이어졌다. 미군 측의 사망자는 전투 중 실종된 2,000명을 포함하여 총 6만 명이었던 데 반해, 베트남에서는 남북을 합쳐 20배 이상의 사망자가 발생했다.

인접한 캄보디아 역시 전쟁으로 끔찍한 고통을 당했다. 1969년 미국이 베트콩(남베트남의 공산 게릴라 부대 – 옮긴이 주)의 보급로를 폭격했을 때 50만 명의 캄보디아 시민이 사망했다. 수천 명은 당시 세력이 미약한 공산주의자 게릴라에 불과했던 크메르 루주(Khmer Rouge)에 합류하거나 도시로 도망쳤다. 크메르 루주는 1975년에 권력을 잡고 수도 프놈펜을 점령했다. 이후 도시 전체의 인구를 농촌으로 이주시켜 킬링 필드(Killing Fields)라는 처형장에서 몰살하는 정책을 실시했다.

크메르 루주가 캄보디아를 순수 농업 사회로 탈바꿈하려 시도했던 4년 동안 전 인구의 3분의 1에 해당하는 약 200만 명이 기아나 혹사, 처형으로 사망했다. 크메르 루주가 폴 포트(Pol Pot)와 심복들의 지휘 아래 광범위하고 체계적으로 저지른 악행들은 2차 대전 중 나치 친위대와 일본군의 만행에 비견되곤 한다. 폴 포트는 1998년까지 살았으며, 그 심복들은 2011년에야 법의 심판을 받았다.

공산주의 홀로코스트 1917~1991년

공산주의는 역사를 통틀어 그 어느 사상보다 많은 인명을 희생시켰다. 공산주의 유토피아라는 미명 아래 고문과 집단 처형, 기아, 공포, 강제 노동 수용소와 살인이 정당화되었다. 공산주의자들은 인간의 행복을 극대화하려고 인간의 고통을 극대화한 셈이다. 사망자 숫자는 실로 엄청났다. 농업이나 정부 정책이 잘못된 방향으로 실행되면서 5,000만 명이 아사했다. 공산주의의 직접적인 영향으로 사망한 사람은 20세기에만 1억 명 이상에 달한다. 간략히 말해 인류 역사에서 전쟁, 혁명과 분쟁으로 사망한 사람들을 전부 합한 것보다 더 많은 수치다.

중국과 소련의 공산주의자들은 최대 규모의 동족 살상을 자행했고, 캄보디아에서는 인구 대비 사망자의 비율이 가장 높았다. 희생자의 숫자를 기준으로 세계 역사상 최악의 독재자 네 명 가운데 세 명(마오쩌둥, 스탈린, 폴 포트)이 공산주의자다. 그럼에도 공산주의 정권은 오늘날에도 건재하며, 이 나라들에서는 여전히 강제 노동 수용소가 유지되고 있다. 2012년 현재 중국, 쿠바, 베트남과 라오스는 명목상 공산주의를 표방하고 있다.

마이크로칩과 디지털 혁명

증기기관과 전기가 인류의 생활과 작업 방식에 혁명을 일으킨 것과 마찬가지로, 20세기 중반에 발명된 마이크로칩 역시 인류 역사상 가장 중요한 혁명을 촉발했다. 계산기, 컴퓨터와 인터넷, 모바일 전화는 마이크로칩 덕분에 존재하게 되었으며, 디지털 기기들이 없었다면 세계인들의 생활 속도는 지금보다 훨씬 느렸을 것이다. 과거에 수주일이 걸렸던 의사소통이 단 몇 초 만에 가능해졌으며, 기술은 우리가 생활하고 사업하는 방식 자체를 바꾸어 놓았다. 다만 우리가 기술을 지배하는지, 반대로 기술이 우리를 지배하는지는 되새겨볼 문제이다.

탈식민지화와 해외 제국의 종언

2차 대전 후 전 세계적으로 일어난 또 다른 움직임은 세계 도처에서 진행된 탈식민지화다. 영국령 인도는 세계대전 종전까지 90년 동안 영국의 통치를 받았으나, 가장 먼저 식민지에서 벗어난 국가에 속했다. 모한다스 '마하트마' 간디(Mohandas Mahatma Gandhi)는 영국에서 유학한 변호사로, 평화적 저항 운동을 통해 힌두교도와 무슬림이 독립과 자치권을 위해 협력하도록 장려했다. 과거에 영국은 인도의 기간 사업에 막대한 규모의 투자를 하고, 이 거대한 시장에 영국산 제품을 판매했다. 한편 전쟁에 동원할 상비군을 값싸게 확보할 수 있었다. 그래서 처음에 영국 정부는 간디와 추종자들을 투옥하는 데 부정적이었지만, 비폭력 운동이 장기적으로는 인도의 독립에 기여하리라는 사실을 깨닫고는 체포할 수밖에 없었다.

그러나 간디도 인도의 힌두교도와 무슬림의 간극을 좁히는 일에는 실패했고, 양측은 빈번하게 충돌했다. 인도가 성공적으로 독립하려면 무슬림도 따로 영토를 얻어야 한다는 사실이 자명해졌다. 1947년 8월 마침내 350여 년에 걸친 식민지 역사가 종식되었고, 힌두교도 및 시크교도가 주를 이루는 인도와, 무슬림계의 파키스탄이라는 두 국가가 새로 탄생했다.

환희의 순간도 잠시, 새로운 국가에 정착하는 과정에서 종파 간 폭력 사태가 벌어져 양측에서 수십만 명의 사망자가 발생했다.

아시아의 많은 식민지 국가들은 세계대전 직후에 과거 통치자들의 지배를 다시 받게 되어 훨씬 나중에야 진정한 독립을 쟁취했다. 프랑스는 나폴레옹의 패배 이후 식민 제국의 건설을 위해 고군분투했는데, 2차 대전 후 캄보디아와 라오스를 독립시켰지만 다른 식민지 영토는 유지하려고 많은 노력을 기울였다. 이런 노력의 일환으로 베트남에 군대를 파병했으나, 1954년 디엔비엔푸에서 철저한 패배를 경험했다. 그러나 여전히 현실을 인식하지 못하고 알제리에서 반군을 진압하기 위해 10년 가까이 피비린내 나는 전쟁을 계속했다. 결국 1962년 샤를 드골(Charles De Gaulle) 대통령은 알제리에서 불명예스러운 철군을 명령했다.

전 세계적으로 자치를 요구하는 독립 운동이 일어났고, 알제리는 이런 움직임에 고무된 아프리카 국가들 중 하나였다. 많은 아프리카 국가들은 이 대륙에서 영향력을 확대하려던 공산주의 진영의 지지를 등에 업고 서구 열강으로부터 독립을 쟁취하기 위해 투쟁했다. 남아프리카에서는 백인 정부가 아파르트헤이트라는 인종차별 정책을 시행하면서 국민의 대다수를 이루는 흑인에게 국가 운영에 관한 발언권을 허용하지 않았다. 아파르트헤이트는 국제사회의 맹비난에도 불구하고 1991년까지 유지되었다. 국제적인 압박은 경제 제재와 고립으로 이어졌다. 그러나 투옥된 넬슨 만델라(Nelson Mandela)가 이끄는 인내와 비폭력 저항 운동은 남아프리카의 변화를 이끌어 내는 데 크게 기여했다. 만델라의 탁월한 지도력 덕분에 남아프리카공화국은 피로 얼룩진 내전과 오랜 기간의 사회 불안정, 빈곤의 심화 등 체제 이행 과정에서 통상 일어나는 불행을 겪지 않았다. 그리고 아파르트헤이트에서 평화적 공존으로 순조롭게 넘어갈 수 있었다.

서양의 국가들은 자국의 전략적 이익을 지키기 위해서 필요한 경우 서로 손을 잡기도 했다. 한 예로 이집트의 나세르(Nasser) 대통령이 수에즈 운하의 국유화를 추진한 사건을 들 수 있다. 당시 프랑스, 영국, 이스라엘이 군대를 파병했지만 국유화 저지에는 실패했다. 또한 1953년 영국과 미국은 민주적인 국민투표를 통해 선출된 이란의 모하마드 모사데크(Mohammad Mossadegh) 총리가 앵글로-이란 석유를 국영화하자 모사데크 대신 폐위된 샤(Shah)를 다시 불러들이는 계획을 세웠다. 그러나 샤는 1979년 축출되었고, 이란에는 중동의 테러 집단을 지원하는 무슬림 근본주의 정부가 들어섰다.

1980년에는 서방 국가들에게 남아 있는 식민지가 거의 없었다. 반면 동유럽의 많은 국가들은 세계대전 중 독일의 지배를 받다가 전쟁 후에는 공산주의의 지배 아래 있었다. 이들은 소비에트 연방이 해체된 뒤에야 진정한 자유를 맛볼 수 있었다.

소비에트 연방의 붕괴 1991년

소비에트 연방은 도덕적으로나 재정적으로 파탄에 이르러 붕괴가 불가피했다. 도덕적으로는 인민을 계속 압제하면서 파탄 상태였고, 재정적으로는 미국의 군비 지출을 따라가다가 결국 파산하게 되었다. 경제 침체와 재화의 부족, 체제에 대한 대중의 불만은 소련 사회의 어두운 그늘을 드러내는 대목이다.

러시아의 헌신적인 공산주의자였던 미하일 고르바초프(Mikhail Gorbachev) 대통령은 경제를 살리기 위해 1980년대 중반 시장 중심의 경제개혁('페레스트로이카')과 개방('글라스노스트')을 실시했다. 고르바초프 대통령은 개혁과 개방 조치 후 6년도 안 돼 소련이 해체되리라고는 짐작조차 못 했을 것이다. 이미 소련의 경제는 해결책이 없을 정도로 심각한 수준에 이르렀다. 그러나 공개 발언이 어떤 결과를 불러올지 더 이상 염려하지 않게 되었다는 사실만으로 고르바초프의 인기는 치솟았다. 고르바초프는 램프에서 지니를 불러낸 지도자였다.

공산주의 동구권은 마치 혁명과도 같이 순식간에 피 흘림 없이 무너졌다. 폴란드는 동유럽 최초의 비공산국가가 되었다. 체코슬로바키아에서는 인권 운동가인 바츨라프 하벨(Vaclav Havel)이 대통령에 선출되었다. 1989년 동독의 지도자인 에리히 호네커(Erich Honecker)는 압박 속에 사임하고, 동독은 국경을 개방했다. 수천 명의 동독인들은 언제 국경이 다시 닫힐지 모른다는 불안감에 서독으로 탈출했다. 그리고 한 달이 지나기도 전에 증오의 대상이었던 베를린 장벽이 무너졌고, 이듬해 독일은 통일되었다.

1991년 8월에는 그간의 변화를 못마땅하게 여기고 국민들과 교류하지 않던 소련 정부의 강경론자들이 쿠데타를 시도했다. 그러나 모스크바의 보리스 옐친(Boris Yeltsin) 시장이 주도하는 대규모 시위가 발생하고 국민들이 러시아 의회에 바리케이드를 설치하자, 쿠데타는 며칠 만에 막을 내리고 말았다. 제한적이나마 자유의 열매를 맛본 국민들은 낡은 체제로 되돌아갈 의향이 전혀 없었다. 1991년 크리스마스에 고르바초프는 소련 대통령에서 물러났고, 소련은 공식적으로 해체되어 15개의 독립국가들로 나뉘었다. 이로써 러시아는 냉전의 최종 패배자가 되었다. 이언 모리스는 『왜 서양이 지배하는가』에서, 소련의 "끝은 지나칠 정도로 완벽했다. 고르바초프가 소련의 해체 문서에 서명할 때 펜이 나오지 않자 CNN 카메라맨에게 하나 빌려야 했다"[16]라고 기술했다.

공산주의권의 해체로 신생 국가들이 탄생했지만, 이들의 앞길은 기대처럼 장밋빛이 아니었다. 독립에 대한 준비가 되어 있지 않은 데다 자유 시장경제를 운용한 경험이 거의 없었던 탓에, 거친 경제 환경 속에서 고통을 겪고 범죄율도 크게 증가했다. 유고슬라비아는 소련에서 독립하자마자 잔인하고 유혈이 낭자한 내전이 벌어졌고, 결국 국가가 분리되었다. 영토와 인종 갈등이 도처에서 격화되었고, 테러는 점차 일상이 되었다.

---

16) 이언 모리스, 앞의 책.

어떤 면에서 냉전은 부글부글 끓는 갈등을 봉합하는 역할을 해 왔다. “초강대국이 양 진영을 지배하고 제3세계에 영향을 미치면서”[17] 질서가 존재했던 것이다. 냉전이 끝나자 많은 나라들이 고도로 정교화된 무기를 확보했고, 심지어 핵무기까지 보유했다. 재래식 전투로는 승산이 없는 국가들로서는 무기야말로 강대국에게 도전할 수 있는 유일한 대책이었던 것이다. 실제로 미국은 2003년 원유가 풍부한 이라크를 침공하면서, 이라크의 핵무기 개발로 위협을 받았다는 핑계를 댔다.

추의 회전과 유럽의 지배력 상실

2차 대전 후 유럽은 “마침내 합스부르크, 부르봉, 나폴레옹과 히틀러가 폭력으로도 얻지 못한 평화를 이룩했다.”[18] 그러나 20세기 말에 접어들 무렵 세계정세에 미치는 서유럽의 영향력은 이미 약화되었다. 유럽은 1957년 유럽 경제 공동체(EEC)의 기치 아래 하나가 되었고, 40여 년 후에는 공동의 통화를 사용하게 되었다. 그러나 역동적인 성장을 구가하는 세계의 다른 지역들과 겨루는 데 한계가 있었다. 특히 중국은 세계를 호령하던 과

17) 새뮤얼 헌팅턴, 앞의 책.

18) 이언 모리스, 앞의 책.

거의 지위를 회복하고 있다는 말도 나올 정도로 성장했다. 이제 세계 권력의 축이 서양에서 동양으로 회귀하는 것으로 보인다.

1990년대 대부분의 기간 동안 아시아 경제는 높은 성장세를 보였다. 특히 홍콩, 싱가포르, 대한민국과 타이완은 '아시아의 네 마리 용'으로 불리며 높은 성장률을 기록했다. 이후에는 중국과 다른 아시아 국가들이 괄목할 만한 성장세를 나타내고 있다.

여러 아시아 국가들이 경제의 성장과 더불어 자본주의와 민주주의로 나아가고 있는 가운데, 중국은 자본주의와 권위주의를 성공적으로 혼합하여 세계에서 가장 빠른 성장세를 보이고 있다. 중국의 값싼 노동력은 다른 나라의 물가 수준을 낮추고, 서방 경제가 성장하는 데도 크게 기여했다.

그러나 중국은 (현재에도) 공산당이 독재하는 국가이며, 인권에 큰 관심을 기울이지 않고 있다. 이는 1989년 베이징의 톈안먼 광장에서 일어난 학살에서도 명백히 드러났다. 서양의 정부들이 교역과 중국의 인권 문제를 결부하려 할 때마다 중국은 예민하게 반응하면서, 인권 감시가 중국의 주권을 침해하는 행위라고 비판했다. 서방 국가들은 수치스럽게도 경제적인 이해를 위해 인권 문제에 눈감고 중국의 주장에 굴복했다. 경제의 중요성이 그만큼 커진 것이다.

이슬람의 부흥

냉전 후 옛 공산권에서는 정교와 이슬람이 부활했고, 아시아에서는 많은 중국인들이 기독교로 개종했다. 특히 이슬람 세계는 서양의 힘과 위상이 다소 약해진 틈을 타 점차 서양 세계를 적대시하고 있다. 양 강이 갈등 관계에 있던 냉전 시대가 저물고 이제는 '이슬람과 서양 사이의 문명적 냉전'이 벌어지고 있다. 새뮤얼 헌팅턴은 기념비적인 저서 『문명의 충돌』에서 '이슬람의 부흥'이 종교개혁, 프랑스혁명과 미국 독립 전쟁, 러시아혁명에 버금가는 중요한 의미를 가진다고 지적했다. 일부 이슬람 국가들은 지정학적 위치와 대규모 인구, 원유 매장량 등에 힘입어 세계정세에 점점 더 많은 영향력을 행사하고 있다. 서양의 세속주의와 타락, 부도덕을 거부하는 이슬람 운동은 이슬람의 독재정부에 대한 항거를 억누르고 있다. 이슬람 운동이 성공을 거두면서 정부는 이슬람의 관습을 장려하고 이슬람의 특성을 공고히 했다.

그러나 높은 인구 증가율과 도시 이주자의 급증은 이슬람 사회에서 실업과 사회불안을 야기했다. 비신자와의 전쟁이 모든 무슬림의 의무라고 믿는 무슬림 극단주의자들은 국민들의 분노를 활용할 기회를 노렸다. 이러한 배경에서 2000년 이후 10년 동안 극단주의자들의 테러 공격이 세계 도처에서 증가했다. 2001년

9월 11일 뉴욕의 세계무역센터를 무너뜨린 데 이어 발리(2002년), 마드리드(2004년), 런던(2005년)에서도 폭탄 테러가 잇따랐다. 미국은 세계무역센터 공격 이후 '테러와의 전쟁'에 돌입하고 아프가니스탄을 침공했다.

다음에는 어떤 일이 일어날까?

20세기에 인간은 세계 최고봉을 등정하고 극지방을 탐험했으며, 심지어 다른 행성에 착륙하기까지 했다. 일개 종(種)으로서 대단히 극적인 성과를 거둔 것이다. 여러모로 우리는 인류 역사상 황금기에 살고 있다. 값싼 에너지를 제한 없이 쓸 수 있고, 인류 역사에서 유례없이 의약품의 혜택을 누리고 있으며, 24시간 안에 지구의 어느 곳으로도 이동할 수 있다. 컴퓨터 사용과 이동통신 비용의 하락으로 세계 곳곳에서 갖가지 유형의 장벽이 무너졌다. 여기까지만 보면 우리는 인류 역사의 정점에 와 있는 듯하다.

역설적이게도 지난 세기에는 역사상 최악의 전쟁들이 일어났다. 우리가 가지고 있는 자원에도 불구하고 여전히 많은 사람은 '빈곤의 덫'에서 빠져나오지 못하고 있다. 과학과 교육 및 통신 분야에서 상당한 진전을 보였지만, 우리가 살고 있는 이 세상은 인신매매라는 현대판 노예로 얼룩져 있다. 게다가 인신매매는 가장 빠르게 증가하고 있는 범죄에 속한다. 2003년 UN이 발간한 보고서에 따르면, 그해에 약 250만 명이 강제 노동을 했고 이 가운데 120만 명은 상업적 목적으로 매매된 아동들이었다.[1] 물질적 부와 소유를 향한 인간의 끝없는 갈망은 부채의 폭발적 증가와 금융 위기로 이어졌다. 그런 측면에서 우리는 완벽한 정치체제를 향해 가는 여정에서 고대 그리스인들보다도 뒤처져 있는 셈이다.

이슬람의 군사적 위협은 현대 서구 사회의 근간인 자유사상, 민주주의, 법치를 흔들고 있다. 또한 사우디아라비아, 이란, 이라크, 쿠웨이트 등 이슬람 국가에 상당 부분 의존하고 있는 석유 공급도 위협받고 있다. 석유 공급에 차질이 빚어지면 서양과 그 교역 국가들은 고통을 받고 불안정과 갈등이 더욱 심화될 것이다.

---

1) http://www.unglobalcompact.org

그러나 경제 불황이나 불안정한 원유 공급과는 비교할 수 없이 세계의 번영과 평화를 위협하는 문제가 있다. 바로 기후변화다. 기후변화가 진행되고 있다는 명백한 증거들이 있음에도 우리는 취약한 기후를 계속 오염시키고 있다. 그리고 우리가 종으로서 의지하는 환경 자원들을 부주의하게 파괴하고 있다. 끝없이 이윤을 추구하는 과정에서 삼림이 파괴되고 있는데, 삼림은 산소를 공급하는 한편 지구온난화의 주범인 이산화탄소를 줄이는 중요한 기능을 한다. 이와 함께 우리는 탄화수소 자원에 중독되어 숨 쉬는 공기와 마시는 물을 오염시키고 있다.

과거에 많은 공동체가 자원을 과도하게 이용하다가 멸망했다. 우리가 현재 하고 있는 행위가 이와 다르지 않다. 다른 점이라면 전 지구적 차원에서 일어나고 있다는 것뿐이다. 현재 인간은 문제점을 잘 알고 있음에도 단기적인 접근을 반복하고 있다. 또한 인기 없는 의사 결정이라도 감내할 만한 정치적 의지가 없어 실상 아무 조치도 취하지 않는 것과 마찬가지 상황이다. 우리는 그저 부인하는 시대에 살고 있다.

종으로서 인간은 적응력이 뛰어난 동물임에 틀림없지만, 현재 세계 인구가 70억 명에 달하고 증가 추세에 있다는 점에서 물 같은 자원을 향한 경쟁은 한계에 직면할 것이다. 장기적 안목에서 사고하지 않고 소중한 자원을 보존하려는 노력을 기울이지 않는 한 그 자원을 둘러싼 갈등은 불가피하다. 그렇다면 우리의 미래는 과거와 마찬가지로 편협함과 전쟁, 기아와 집단 학살로 점철될 가능성이 매우 농후하다.

◆ 역자의 글 ◆

방대한 인류 역사를 솜씨 좋게 안내하는 최고의 세계사 가이드

이 책은 무려 137억 년 전을 거슬러 올라가 빅뱅에서 출발한다. 우리 은하에는 지구를 포함해 수천 억 개의 별이 있고 우리 은하 밖에는 그런 은하가 1,000억 개 이상 존재하는 것으로 추정된다는, 책상 앞에서는 짐작조차 하기 힘든 내용이 읽는 이들을 압도한다. 어디 그뿐이랴. 35억 년 전 단세포 미생물이 출현한 이후 마침내 영장류가 등장하기까지의 까마득한 시간을 짚어나갈 때에는 우주 앞에 겸허함마저 느끼게 한다. 빅뱅에서 21세기까지 숨 가쁘게 훑어 내려간 저자의 이야기는 다시 지구 이야기로 돌아가 끝맺음을 한다. 기후변화 전문가이기도 한 저자는 인간의 탐욕으로 환경이 파괴되어 인류의 존재 자체를 위협함에도 우리는 그 어떤 의미 있는 조치도 취하지 않고 있다는 우려로 마무리를 했다.

다시 말해 저자는 인류가 알고 있는 거의 모든 것을 이 한 권의 책에 총망라하였다. 아득한 내용을 담고 있음에도 독자들이 지루함을 느낄 새 없이 단숨에 읽어 내려갈 수 있다는 부분이 아마 이 책의 가장 큰 미덕일 것이다. 앞서 이 책을 접한 아마존의 많은 독자들이 평했듯 저자는 비교적 이해하기 쉬운 말로 간결하게 이야기를 풀어나간다. 그리고 우리가 알고 있는 파편적인 사건들이 어떻게 유기적으로 연결되어 있는지 맥락을 부여하였다. 그 흐름을 따라가다 보면 마침내 하나하나의 나무가 어떤 숲을 이루고 있는지를 보게 된다. 특히 필요한 길목마다 때맞춰 등장하는 36장의 지도가 가이드 역할을 해 준다.

대학 졸업 이후 역사에 관련된 지식을 구글 검색에 의존하면서 전체적인 흐름을 점점 놓치게 되는 것이 안타까웠다는 독자에서부터 전문적이고 세분화된 용어와 학설로 무장한 역사책에 도전했다가 흥미를 잃고 말았던 독자들, 자녀의 공부를 돕기 위해 오랜만에 역사책을 펴든 부모님들에 이르기까지 다양한 배경의 사람들이 이런 이유로 호평을 아끼지 않았던 것이리라. 역사에 대한 호기심을 다시 일깨워 준 점을 긍정적으로 평가한 리뷰를 읽어 내려가다 보면 왜 이 책이 아마존의 역사 분야에서 1위까지 오를 수 있었는지 짐작할 수 있다.

저자가 염두에 둔 독자층은 비교적 명쾌해 보인다. 서문에서도 단도직입적으로 밝혔지만 저자는 깜짝 놀랄 만한 새로운 주장을 가미하기보다는 일반적으로 받아들여지고 있는 사실을 단순한 구조로 전달하는 데 역점을 두었다. 더불어 학계에서 이론이 있는 부분에서는 학자들 사이의 상이한 주장을 성실하게 소개하였다. 균형 잡힌 시각을 견지하려는 저자의 노력 덕분에 우리가 기존에 알고 있던 역사적인 지식에 배치되는 부분이 드물다는 부분도 이 책이 넓은 독자층의 공감대를 얻을 수 있게 한다.

그렇다고 너무 뻔한 이야기의 나열이라고 단정 지을 필요는 없을 듯하다. 중간 중간 등장하는 별도의 박스는 충분히 흥미진진한 읽을거리를 제공한다. 세계 주요 종교인 기독교, 불교, 힌두교 등이 탄생한 배경, 석유가 주요 자원으로 활용되기까지의 과정, 2차 세계대전 중 인간의 잔학함을 여실히 보여준 카틴 숲 대학살 사건, 홀로코스트 등이 소개되어 있다.

저자가 방대한 내용을 솜씨 좋게 압축하여 풀어갔지만 이 과정에서 생략된 부분을 제대로 이해하여 원문의 의도를 최대한 살리는 것이 번역할 때의 난제였다. 필요한 경우 독자들의 몰입을 방해하지 않는 선에서 역자 주를 통해 설명을 덧붙였다.

한편으로는 번역을 하면서 예상치 못했지만, 흥미로운 경험을 맞닥뜨리기도 했다. 여러 사람들이 즐기는 게임의 콘텐츠가 많은 경우 역사적인 사건이나 배경에 기반하고 있다 보니 사실 관계를 확인하기 위해 검색을 하다가 사실과 허구가 뒤섞인 정보 속에서 발을 헛디디는 경우도 적잖았다. 특히 우리나라의 경우 온라인 게임의 70퍼센트 이상이 중세를 배경으로 한다는 연구 결과도 있다. 이런 콘텐츠가 세계사에 대한 관심을 키울 수 있는 발판이 될 수도 있지만 한편으로는 어디까지가 사실이고 무엇이 상상력의 산물인지 모른 채 길을 잃게 만들지는 않을까 하는 우려도 들었다. 그런 점에서 이 책은 세계사의 큰 그림을 알고자 하는 호기심을 발전시켜 나가는 데 있어 손쉽게 접근할 수 있는 좋은 입문서라는 생각도 들었다.

2015년에 한국과 일본 사이에 일본군 위안부 협상이 타결되었지만 합의를 둘러싼 갈등은 여전히 진행 중이다. 이 문제가 불거질 때마다 뉴스에서는 "역사를 잊은 민족에게 미래는 없다"는 윈스턴 처칠의 말이 종종 인용된다. 인류가 지나온 발자취를 통해 오늘 우리의 위치를 되새겨보고, 더 나은 미래를 준비하려는 모든 사람들에게 이 책이 훌륭한 디딤돌 역할을 해 주기를 기대해 본다.

옮긴이 박홍경

추천 도서

세계 역사에 대한 좀 더 깊이 있는 내용을 읽기 원하는 독자들에게 다음과 같은 책들을 권한다.

◆ W. Bernstein, A Splendid Exchange

◆ 제레드 다이아몬드, 『**총, 균, 쇠**(Guns, Germs and Steel)』, 문학사상사

◆ 폴 케네디, 『**강대국의 흥망**(The Rise and Fall of Great Powers)』, 한국경제신문사

◆ 데이비드 랜즈, 『**국가의 부와 빈곤**(The Wealth and Poverty of Nations)』, 한국경제신문사

◆ 이언 모리스, 『**왜 서양이 지배하는가**(Why the West Rules for Now)』, 글항아리

◆ 안토니 파그덴, 『**전쟁하는 세상**(Worlds at War)』, 살림

이 밖에 다음과 같은 책들도 추천한다.

◆ 제레드 다이아몬드, 『**문명의 붕괴**(Collapse)』, 김영사

◆ 에이드리언 골즈워디, 『**로마 멸망사**(The Fall of the West)』, 루비박스

◆ 조너선 라이언스, 『**지혜의 집, 이슬람은 어떻게 유럽 문명을 바꾸었는가**(The House of Wisdom)』, 책과함께

◆ Frank Dikötter, Mao's Great Famine

◆ 대니얼 예긴, 『**황금의 샘**(The Prize - The Epic Quest for Oil, Money and Power)』, 고려원

옮긴이 박홍경

서울대학교에서 언론정보학과 지리교육학을 전공했으며, KDI MBA 과정 finance & banking을 공부했다. 헤럴드경제신문사, 머니투데이, 머니투데이더벨 등에서 정치·경제 기자로 활동했다. 현재 번역 에이전시 엔터스코리아에서 출판 기획자 및 전문 번역가로 활동하고 있다. 옮긴 책으로는 『긍정적 이탈』, 『7가지 결정적 사건을 통해 본 자유의 역사』, 『미국 초등 교과서 핵심 지식-사회와 지리 편』 등이 있다.

압축세계사

초판 1쇄 발행 2016년 4월 25일
초판 4쇄 발행 2017년 5월 25일

지은이 | 크리스토퍼 라셀레스
옮긴이 | 박홍경
발행인 | 정상우

교정 · 교열 | 김좌근
외부 디자인 | 김형균
인쇄 · 제본 | 두성 P&L
용지 | 진영지업사(주)
펴낸곳 | 라이팅하우스
출판신고 | 제2014-000184호(2012년 5월 23일)
주소 | 서울시 마포구 월드컵북로 400, 문화콘텐츠센터 5층 10호
주문전화 | 070-7542-8070 **팩스** | 0505-116-8965
이메일 | book@writinghouse.co.kr
홈페이지 | www.writinghouse.co.kr

ISBN 978-89-98075-25-5 (03900)

* 이 도서의 국립중앙도서관 출판예정도서목록(CIP)은 서지정보유통지원시스템 홈페이지(http://seoji.nl.go.kr)와
국가자료공동목록시스템(http://www.nl.go.kr/kolisnet)에서 이용하실 수 있습니다.
(CIP제어번호: CIP2016008400)